POCHES ODILE JACOB

L'HOMME
ET LE CHIEN

PATRICK PAGEAT

L'HOMME ET LE CHIEN

Illustrations de François Poulain

Odile Jacob
poches

15, RUE SOUFFLOT, 75005 PARIS

www.odilejacob.fr

ISBN : 978-2-7381-2425-8
ISSN : 1621-0654

« Pour Véronique, Romain, Margot et Lucie »

Sommaire

Introduction

L'homme et le chien, c'est un peu le duo infernal du créateur et de sa créature. Tout a été dit et tout semble pouvoir être dit sur leur relation. D'où le nombre impressionnant d'ouvrages consacrés aussi bien au chien en tant qu'espèce qu'à chacune des races connues. Les médias et les brochures produites par les clubs d'amateurs de telle ou telle race fournissent aussi nombre d'informations tant sur l'élevage que sur le dressage. Mais surtout, il est difficile de trouver un être humain qui n'ait pas d'opinion sur la question, qui ne sache pas ce qu'on doit faire ou ne pas faire avec un chien.

Bien qu'à aucun moment de notre scolarité on ne nous explique comment fonctionne le chien et comment nous devons interagir avec lui, nous sommes tous censés posséder ce savoir, comme s'il s'agissait de quelque chose d'inné. À tel point que, lorsque des gens éprouvent des difficultés relationnelles avec leur chien, ils ont les plus grandes réticences à en parler : tout se passe comme s'ils avaient honte. Cette gêne est assez comparable à celle de parents qui ne savent plus gérer la relation avec leur enfant. Dans les deux cas, nous sommes supposés intrinsèquement compétents et donc forcément ridicules en cas d'échec.

Pourtant, le chien est un animal, donc un être différent, obéissant à des règles et à des motivations qui n'ont souvent rien à voir avec les nôtres. Pourquoi devrions-nous forcément les connaître ? Ceux qui prétendent donner des recettes, des méthodes pour régler tous les problèmes de cette cohabitation ont-ils réellement les compétences qu'ils revendiquent ? En évoquant les « tares », la consanguinité ou la spécialisation de telle ou telle race, ils dissimulent leur ignorance : le chien dont ils parlent n'a pas grand-chose à voir avec la réalité, et leurs discours, bien loin d'éclairer les propriétaires de chiens, les plongent dans la perplexité la plus totale.

Portraits de chiens avec maîtres

Riga est une chienne croisée berger allemand âgée de 4 ans. Sa maîtresse se plaint d'être mordue, de plus en plus souvent. Elle est mordue chaque fois qu'elle veut embrasser son mari, quand elle fait descendre Riga du canapé, et lorsqu'elle veut essuyer les pattes de la chienne au retour des promenades. Un psychologue pour animaux a expliqué que Riga était caractérielle. La famille de monsieur, pour sa part, pense qu'un chien qui a goûté au sang devient un fauve. D'autres encore prétendent que la chienne est « tarée ». Bref, tout le monde a son avis sur la question.

Ce qui se passe est en fait très simple : au cours de son éducation dans la famille, Riga a progressivement obtenu des prérogatives de dominante. C'est-à-dire que, sans s'en rendre compte, ses propriétaires lui ont donné à penser que c'était elle la maîtresse. D'où son rapport privilégié avec le maître de la maison (elle se considère comme la femelle dominante) et sa volonté de conserver son statut (elle mord quand on la fait descendre du canapé).

Après deux semaines de thérapie associées à un traitement médicamenteux, Riga a cessé de mordre.

Nimbus, siberian husky âgé de 16 mois, a littéralement démoli tout le mobilier de ses maîtres. Depuis l'âge de 6 mois, chaque fois que sa maîtresse part travailler ou s'absente, il détruit les meubles, déchire rideaux et vêtements, éventre matelas et canapés, s'acharne sur les livres, les bibelots, etc. Ajoutons à cela qu'il urine et défèque un peu partout dans la maison.

Deux dresseurs ont tenté d'y remédier et ont expliqué leur échec en disant que les huskys étaient des chiens impossibles à éduquer. Nimbus est vu en consultation alors que sa maîtresse envisage de l'abandonner. Son problème sera réglé dix semaines plus tard : il s'agissait d'une anxiété de séparation. C'est-à-dire que Nimbus se comportait comme un chien « infantile », dans un tel état de dépendance par rapport à sa maîtresse qu'il ne pouvait pas vivre séparé d'elle un seul instant.

Peter a 10 mois. Ce superbe golden retriever désespère ses maîtres par sa malpropreté. En dépit des recours à toutes les méthodes préconisées par les brochures, les voisins, les amis, la famille, l'éleveur et les livres, Peter ne fait ses besoins que dans la maison. De surcroît, maintenant il se cache pour les faire. En fait, le problème vient de ce que Peter ne sort de la maison qu'avec difficulté, et ce dès le premier jour. Il ne supporte pas les bruits de la rue, des voitures, les gens et semble paniqué dès qu'il est hors de chez lui : il s'aplatit par terre et refuse d'avancer. Il ne se calme qu'à l'intérieur de la maison ; c'est pourquoi il parvient à y faire ses besoins.

Peter est né en pleine campagne, dans un élevage qui maintient les chiots en chenil isolé pour des raisons sanitaires. Il a passé les trois premiers mois de sa vie coupé de l'animation et des bruits de la vie ordinaire. Il n'est pas « génétiquement » peureux ou malpropre : il souffre de ce qu'on appelle un « syndrome de privation ». Il ne deviendra propre que lorsque ce trouble aura été traité.

Bart est un boxer de 8 ans. Il fait ses besoins dans son panier depuis deux mois et réveille toute la maisonnée par ses cris et ses pleurs. On a considéré qu'il devenait capricieux et on l'a puni et enfermé, ce qui a aggravé les troubles.

Il s'agit en fait d'une dépression d'involution qui a pu être stabilisée par un traitement médicamenteux, ce qui a permis la réinsertion du chien.

En suivant le cours de la vie d'un chien, nous verrons comment les connaissances scientifiques actuelles nous permettent de comprendre ces troubles. Les difficultés relationnelles entre l'homme et le chien sont souvent bénignes et peuvent être prévenues et résolues très simplement : en comprenant ce qu'est véritablement un chien.

Le développement du chiot[1]

Période	Âge	Développement corporel	Réflexes caractéristiques	Comportement
Période néonatale	**0 jour**	Absence de cortex cérébral. Système nerveux inachevé.	Réflexe de fouissement : le chiot s'enfouit dans toute surface souple et chaude. Réflexe labial : le chiot tète quand on stimule ses lèvres. Réflexe périnéal : le chiot défèque et urine quand la mère lèche son périnée.	Le chiot recherche les surfaces douces et chaudes : il répond aux sollicitations tactiles.
		Achèvement des voies de contrôle des sphincters : contrôle urinaire et fécal.	Le chiot commence à déféquer et à uriner volontairement. Fin du réflexe périnéal.	
Période de transition	**2 semaines**	Début de la corticalisation. Ouverture des yeux.	Fin du réflexe du fouissement : le chiot se dirige grâce à la vue. Fin du réflexe labial, sauf chez les chiots sous-alimentés.	Amorce du comportement exploratoire.
Période de socialisation	**3 semaines**	Corticalisation temporale : apparition de l'ouïe.	Réflexe de sursautement : le chiot sursaute quand on frappe dans les mains.	Le chiot suit des yeux une personne ou un animal qui bouge et rampe vers lui.
	4 semaines			Le chiot remue la queue quand il se sent bien.
	5 semaines		Identification des différentes espèces amies.	Apprentissage de la morsure inhibée.
	6-8 semaines	Sevrage.		Hiérarchisation alimentaire.
	9 semaines		À partir de ce moment, tout nouvel être vivant provoque une réaction de peur.	Acquisition des systèmes de communication.
	3-6 mois	Apparition des sécrétions d'hormones sexuelles.		

1. Ces repères sont approximatifs et varient selon les races.

CHAPITRE 1

Les débuts de la vie chez le chien

Pendant très longtemps, on a considéré que les caractéristiques comportementales d'un chiot ne se mettaient en place qu'après sa naissance. Même les 15-20 premiers jours de la vie du chiot semblaient être une sorte de vie végétative. Aujourd'hui, tout cela est remis en question : le chiot, même dans le ventre de sa mère, a déjà des compétences. Ce qui nous conduira à certaines remarques et recommandations concernant les conditions d'élevage.

Dans le ventre de la mère

Si la période qui suit la naissance est considérée comme une période importante, on a aussi constaté qu'il existait une période prénatale, c'est-à-dire une période durant laquelle l'animal, encore dans l'utérus de la mère, commençait à interagir avec son milieu.

Le toucher

En dépit des progrès de l'échographie, on ne peut pas décrire des comportements très complexes du fœtus ; tout ce qu'on peut dire tend simplement à donner un certain nombre d'idées, avec leurs conséquences pratiques. La première chose que l'on sait, c'est que le fœtus, aux alentours de 24-25 jours avant la mise bas, a une compétence tactile, c'est-à-dire que son système tactile devient réceptif. Il est donc capable de répondre à une stimulation lorsqu'on caresse le ventre de la mère.

Il est intéressant de constater que, comme tous les petits mammifères, il est en relation avec la paroi utérine de sa mère par sa région dorsale. Même s'il y a des enveloppes fœtales interposées entre la région du dos et la paroi de l'utérus, le fœtus peut sentir, notamment, les contractions utérines de la mère. D'ailleurs, la compétence tactile commence au milieu de la région dorsale et va petit à petit s'étendre partout autour.

Quelles sont les conséquences pratiques de cette compétence tactile ? On s'est aperçu que lorsque la mère est soumise à un stress, quelle qu'en soit la nature (dans les études expérimentales, ce sont généralement des pétards), elle présente des contractions d'un certain nombre de viscères ; les intestins bien sûr (on sait combien la réaction des intestins est importante chez l'homme aussi), mais également l'utérus qui subit un rythme de contractions brutales. À ce moment-là, si l'on fait une observation des réactions du chiot durant la réponse au stress de la mère, on s'aperçoit qu'il présente une agitation qu'il n'avait pas juste avant, avec des mouvements de haut en bas, des mouvements de rotation.

Par ailleurs, on observe, à partir de la cinquième-sixième semaine de gestation, des mouvements de succion d'une patte et du cordon ombilical. C'est très intéressant parce que, chez le chien adulte, se lécher la peau ou se mordiller permet d'apaiser l'état de tension émotionnelle. Or, tous les chiens qui présentent un problème d'anxiété ne vont pas se mettre à se lécher et à se faire des plaies. On aimerait donc savoir si les chiens qui plus tard se lécheront lorsqu'ils auront des problèmes d'anxiété sont des animaux qui au départ, *in utero*, avaient tendance à réagir à des situations stressantes en suçant leur patte ou leur cordon ombilical. Aujourd'hui, c'est difficile à déterminer parce qu'il faudrait repérer l'individu dans l'utérus et être sûr qu'à la naissance on est capable de le reconnaître.

Chez une autre espèce de carnivores que l'on connaît bien, le chat, il a été démontré que cette sensibilité tactile est déterminante. Pour cela, on compare le comportement de deux groupes de chatons, de la même race, qui naissent au même moment ; une partie de ces chatons est issue de mères dont on masse l'abdomen gentiment, tous les jours, de façon à entrer en contact avec l'utérus et donc à pouvoir stimuler les fœtus. Si on compare la tolérance à la manipulation des chatons après leur naissance avec celle de chatons dont la mère n'a pas du tout été manipulée pendant cette période, on s'aperçoit que ceux qui ont été stimulés *in utero* sont plus tolérants à la manipulation que ceux qui n'ont pas été stimulés.

C'est pourquoi, de plus en plus, on recommande, dans le dernier tiers de la gestation, de ne pas hésiter à caresser – évidemment avec douceur – et à masser l'abdomen de la chienne de façon à commencer à établir des stimulations.

Le goût

La deuxième chose qu'on peut affirmer chez les carnivores et notamment chez le chien, c'est que, manifestement, des stimulations gustatives vont pouvoir atteindre le chiot durant la période de vie intra-utérine.

Un certain nombre de substances, présentes dans l'alimentation, sont capables de passer la barrière placentaire et se retrouvent en solution dans le liquide amniotique. Dans la mesure où le chiot, comme tous les fœtus, ingère du liquide amniotique et en recrache en permanence, il va y avoir stimulation gustative des chiots par ces substances.

On a réalisé une expérience qui consiste à faire consommer à la mère une ration alimentaire enrichie avec de l'essence de thym – qui n'est pas vraiment une substance classiquement présente dans l'alimentation des chiens. Pendant la gestation, la mère a donc reçu une alimentation parfumée à l'essence de thym. Après la naissance des chiots, on enduit un mamelon sur deux avec de l'essence de thym (expérience facilement réalisable : le chiot est posé au milieu de l'abdomen de la mère, elle-même placée sur le dos) et on compare deux groupes de chiots, des chiots dont la mère a mangé de l'essence de thym pendant la gestation et des chiots dont la mère n'en a pas consommé. On observe quel type de mamelle les chiots vont aller rechercher spontanément. On s'aperçoit que ceux dont la mère a consommé du thym s'orientent volontairement vers les mamelles enduites de thym, alors que les autres présentent principalement des réactions d'évitement de cette essence de thym, ou dans le meilleur des cas vont indifféremment sur l'une ou sur l'autre. En tout cas, il y a une différence hautement significative entre les deux, et les chiots qui ont été stimulés *in utero* par l'essence de thym (qui passe très bien la barrière placentaire) sont attirés et présentent un phénomène d'imprégnation à ce stimulus gustatif.

Ce n'est pas vraiment étonnant, puisqu'il y a déjà eu de nombreuses études chez l'homme notamment, ainsi que des observations assez anciennes d'obstétriciens qui, en Inde, avaient remarqué que les bébés naissaient avec l'odeur de curry sur la peau et appréciaient beaucoup que l'on frotte la tétine avec du curry. Géographiquement plus proche de nous, on trouve des observations sur la région de Marseille avec des bébés qui, lorsque la mère consomme de grosses quantités d'ail, sont très attirés par des tétines frottées à l'ail, ce qui n'est pas le cas des autres enfants. On a aussi observé ce genre de phénomènes chez l'insecte.

Les échanges par voie hormonale

Il existe d'autres types d'échanges entre la mère et les fœtus qui se font manifestement par voie hormonale.

➤ Comment le stress de la mère retentit sur le fœtus

Un certain nombre d'hormones circulant dans le sang, dont le taux varie en fonction de l'état de stress, vont intervenir pour modifier la tendance réactionnelle du jeune animal, notamment sa probabilité de réagir avec des émotions fortes, voire à développer des réactions de panique ou des réactions anxieuses à des stimulations fortes.

Qu'a-t-on constaté ? On a réalisé des études, d'abord chez le rat, qui ont montré la chose suivante : lorsqu'on compare le devenir comportemental de ratons dont la mère a été systématiquement agressée par les expérimentateurs pendant la gestation au comportement d'un autre groupe de ratons dont la mère a été soignée, protégée et bien nourrie, on constate que les petits dont la mère a été stressée présentent des réactions émotionnelles extrêmement fortes qui vont gêner leur comportement exploratoire. Par ailleurs, dans le test psychométrique qu'on peut mettre en place pour ce genre d'animaux, on s'aperçoit qu'ils ont de mauvaises performances. On trouve évidemment le résultat inverse chez ceux dont les mères n'ont pas été stressées mais ont vécu dans des conditions optimales et qui vont pour leur part présenter un comportement exploratoire plus riche, des performances aux tests bien meilleures et une moindre fréquence des réactions de stress.

➤ L'importance des conditions d'élevage

C'est évidemment un élément intéressant parce que cela signifie que les conditions d'élevage ont un rôle déterminant pour l'équilibre et les performances du futur chiot. Qu'il s'agisse des informations tactiles ou de l'échange d'informations par voie hormonale entre le fœtus et la mère, on peut dire que des conditions d'élevage inappropriées, soit parce qu'elles sont stressantes, soit parce qu'il y a un défaut de stimulations, vont avoir tendance à gêner le développement du chiot. Il est clair que certains élevages de type élevage en batterie, comme on en a malheureusement rencontré ces dernières années, sont à proscrire : il existe notamment des élevages de races de petite taille où les mères vivent dans des bacs en plastique stockés en grande quantité dans des locaux généralement à la limite de l'insalubre. Ces chiennes font deux portées par an jusqu'à ce qu'elles ne puissent plus. Les chiots naissent dans ces espèces de boîtes dont ils ne sortent la plupart du temps que pour des manipulations médicales réalisées par des personnes qui n'ont pas les compétences pour le faire et qui vont notamment leur couper la queue et les oreilles sans aucune précaution.

Ces chiots dont les mères ont été extrêmement stressées, soumises à des bruits permanents sont des animaux qui, dès la naissance, présentent un comportement déjà très orienté vers un état de stress chronique. Il est bien évident que l'on ne peut que préconiser des conditions d'élevage qui ménagent au maximum l'état émotionnel de la mère.

➤ Les chiots de mères anxieuses

Mais les observations sur le retentissement du stress de la mère sur le chiot ont une autre conséquence. Cela veut dire aussi que si la mère est elle-même déjà atteinte de troubles anxieux, *a fortiori,* elle va avoir tendance à orienter, non pas par voie génétique mais de façon congénitale, le futur comportement de ses chiots. Cet état de fait tend à maintenir la croyance d'une transmission génétique du caractère parce que, effectivement, c'est quelque chose qui se joue avant la naissance. Mais l'anxiété n'est pas dans les chromosomes : elle va simplement s'inscrire en quelque sorte dans le câblage cérébral. L'orientation des types de réactions se fait à cause de ces échanges entre mère et fœtus.

Il est évident que, si on empêche ces mères-là de se reproduire, la population d'animaux anxieux dans l'élevage diminuera, mais, si l'on veut être rigoureux, il ne faut pas parler de transmission génétique.

Avant la naissance : comment favoriser le développement du futur chiot

– Il faut stimuler les futurs chiots en massant et en caressant l'abdomen de la chienne pendant les deux dernières semaines de la gestation.
– Si l'alimentation de la mère est une alimentation monotone – comme on a tendance à la préconiser pour des raisons diététiques –, notamment avec un seul type d'aliments industriels, les chiots n'auront pas eu les stimulations qui leur permettront de rechercher des aliments plus typés. C'est intéressant parce que ce seront des animaux qui poseront moins de problèmes pour accepter une alimentation de type industriel, mais, à l'inverse, ils seront moins adaptables.
– Faites en sorte que la chienne vive dans un milieu protégé, à l'abri du stress, cela afin que l'état émotionnel et le comportement exploratoire du futur chiot soient optimaux.

Questions sur les compétences du fœtus

« La répartition mâles-femelles dans l'utérus a-t-elle une influence sur le comportement du chiot ? »
Chez certaines espèces, notamment le rat et la souris, on sait qu'il peut y avoir des modifications comportementales chez les femelles qui, en tant que fœtus, sont environnées par deux mâles. On a observé qu'au départ les mâles – notamment les jeunes mâles – avaient un comportement agressif nettement plus important que celui des femelles. Ensuite, on s'est aperçu que, si on suivait

le devenir des femelles qui, dans l'utérus, étaient entourées par deux mâles (chez le rat, c'est assez facile de marquer, pour les identifier, les petits *in utero*), elles avaient un comportement presque aussi agressif que celui des mâles, en tout cas nettement plus agressif que celui des autres femelles.
Certains auteurs sont allés un peu vite en disant que cela devait probablement exister chez le chien. En fait, ce que nous venons de décrire n'est possible chez le rat que parce que le placenta a une structure particulière et qu'il y a des communications sanguines. Le chien n'a pas du tout le même type de placenta et, *a priori,* ce type d'échanges a peu de probabilité d'exister.

« Le fœtus est-il capable d'entendre les sons dans l'utérus de la chienne ? »

Ce que l'on cherche également à savoir, bien que pour l'instant, cela n'ait pas du tout été étudié, c'est s'il y a une influence, une organisation par rapport au son. Il faut savoir qu'à la naissance le développement des aires cérébrales qui analysent les informations auditives n'est pas arrivé à maturité, loin s'en faut. Ce qui fait que le chiot naît sourd. Il ne semble donc pas qu'il ait une sensibilité particulière aux stimulations sonores *in utero* et encore moins que le chiot soit capable notamment de reconnaître la voix de sa mère, comme c'est possible chez d'autres espèces.
En revanche, le milieu utérin du chiot se prêterait tout à fait à la transmission du son puisque c'est une transmission dans du liquide. Mais l'audition ne sera en place qu'à la fin de la période de transition, donc chez des chiots âgés de deux semaines et demie à trois semaines.

De la naissance à l'ouverture des yeux

On nomme « période néonatale » la période qui commence à la naissance et s'achève avec l'ouverture des yeux. Pendant ces quinze à vingt premiers jours de vie, le chiot a des possibilités très limitées : il ne peut que vivre dans ce lieu très protégé qu'est le « nid » organisé par la mère.

Le chiot dépend entièrement de sa mère

Le chiot vient au monde sourd et aveugle.

Pour bien comprendre la nature de ses réactions, il faut savoir que, pendant cette période, ce qu'on considère comme la partie de contrôle supérieur du cerveau, le cortex cérébral, n'est pas achevé. En fait, ce sont essentiellement les parties basses du cerveau qui fonctionnent et le font réagir. Le chiot a donc ce que l'on appelle des réactions primaires ou des comportements primitifs. Ce sont des réflexes qui lui permettent de survivre et de réaliser ce qui est important pour lui : trouver une source de chaleur, une source de nourriture.

➤ Comment le chiot s'oriente

Au cours de ses deux premières semaines de vie, le mode d'orientation principal du chiot est à la fois :

– tactile : c'est la structure qu'il touche avec ses pattes ou avec son nez qui lui permet de s'orienter ;
– et thermique, c'est-à-dire que le chiot s'oriente systématiquement vers les sources de chaleur.

Vers la fin de cette période, le chiot percevra des informations olfactives, au sens propre du terme, c'est-à-dire non pas des phéromones (dont nous parlerons longuement plus loin, pages 153 à 160), mais des odeurs grâce auxquelles il peut trouver son chemin. Mais pour l'instant, alors que le chiot vient de naître, ce sont essentiellement le toucher et la recherche de chaleur qui lui permettent de s'orienter.

➤ Le chiot ne peut se réchauffer seul

Pourquoi le chiot a-t-il besoin de trouver une source de chaleur ? C'est un autre élément important de cette période : les parties de son cerveau qui devraient normalement contrôler la température corporelle et faire en sorte qu'il se réchauffe quand la température baisse ou au contraire qu'il se refroidisse lorsqu'elle a tendance à monter ne sont pas fonctionnelles. Le chiot est donc dépendant d'une source de chaleur pour pouvoir se maintenir à température.

En principe, c'est la mère qui fournit cette source de chaleur. Mais quand il n'y a pas de mère, pour telle ou telle raison, il faut fournir une source de chaleur : classiquement, on utilise des lampes infrarouges pour maintenir les chiots au chaud.

➤ Le chiot ne peut faire ses besoins seul

Ce chiot est aussi incompétent au plan sphinctérien. C'est-à-dire qu'il n'est pas capable d'éliminer ses excréments ni ses urines lui-même. Les voies nerveuses qui lui permettraient de percevoir que sa vessie est pleine ou que son rectum est plein, et de provoquer la défécation ou la miction, ne sont pas fonctionnelles. C'est grâce à un réflexe que l'on appelle le « réflexe périnéal » que cette élimination se fera.

Pendant la période prénatale, c'est-à-dire pendant les deux premières semaines de la vie et pratiquement jusqu'à l'âge d'un mois – alors qu'il sera donc déjà sorti de la période néonatale –, le chiot fait ses besoins chaque fois qu'on stimule tactilement la région du périnée. C'est ce que fait la mère durant toute cette période : avec la langue, elle stimule la région périnéale, à savoir la région entre l'anus et l'appareil génital et, même si cela ne paraît pas très poétique, ingère systématiquement les urines et les excréments des chiots.

Il y a des cas dans lesquels une chienne ne peut pas s'occuper de ses chiots soit parce qu'elle est dangereuse pour ses petits, soit parce qu'elle est décédée ou bien parce qu'un chiot nouveau-né a été abandonné par des gens indélicats. Si, dans ce cas, vous décidez de « nurser » le ou les chiots, il faut savoir que vous devrez effectuer vous-même cette stimulation périnéale. Concrètement, cela veut dire qu'avec une petite éponge humide ou avec des petits cotons de type cotons à démaquiller par exemple, vous stimulez en chatouillant avec un peu d'insistance cette région : vous verrez alors sortir urine ou excréments, en fonction de ce qui est présent dans la vessie ou le rectum du chiot. Cela va lui permettre d'abord de pouvoir survivre en éliminant ses besoins. Si on ne le fait pas, il meurt. Cela est à effectuer à proximité des biberons, c'est-à-dire toutes les deux heures et demie-trois heures. La chienne manifestement semble avoir d'autres informations, probablement olfactives, qui lui permettent de repérer les moments opportuns. Comme ce n'est pas notre cas, nous sommes obligés de le faire systématiquement.

➤ Le chiot ne peut quasiment pas se déplacer

Le chiot n'est pas autonome sur le plan moteur. Il n'est pas capable de se dresser sur ses membres tout simplement parce que, au début de sa vie, il passe immédiatement par deux périodes particulières au plan moteur :

- D'abord une période pendant laquelle ce sont les muscles fléchisseurs qui prédominent : le chiot a des voies nerveuses pour se contracter mais non pour s'étendre. Or, pour se tenir debout, il faut arriver à équilibrer extension et flexion.
- Ensuite, une période pendant laquelle il y a une prédominance des extenseurs au détriment des fléchisseurs.

Il va lui falloir passer par toutes ces étapes pour commencer progressivement, à la fin de la période néonatale et au début de la période de transition, à pouvoir se redresser sur ses pattes avant.

Le seul mode de locomotion du chiot est donc la reptation : il rampe. C'est suffisant pour les faibles déplacements qui lui sont nécessaires.

Plus les jours passent, plus les chiots sont capables de ramper efficacement : petit à petit, il y a une harmonisation du contrôle du tonus musculaire et ils deviennent capables de parcourir des distances relativement importantes eu égard à leur mode de locomotion et à leur taille – c'est-à-dire quelques dizaines de centimètres, autour du point central qui est le nid. De toute façon, la mère ne les laisse pas s'éloigner. Dès qu'il y en a un qui a tendance à s'écarter, elle le ramène dans le groupe.

On est typiquement, avec le chien, dans ce que l'on appelle les « espèces nidicoles », c'est-à-dire des espèces chez lesquelles les petits sont extrêmement dépendants de la mère et cela vitalement puisqu'ils ne peuvent se nourrir seuls, ni se réchauffer, ni faire leurs besoins. Donc, si le chiot n'est pas « nursé », il meurt.

Attention !

Sauf à être extrêmement disponible et à avoir une grande compétence technique de ce qu'est le développement d'un chien, il ne faut pas prendre en charge un chien non sevré : cela équivaudrait à se transformer en maman chien, avec des risques énormes sur le plan comportemental.

Les compétences du nouveau-né

➤ Pourquoi il est important de toucher un chiot

On a constaté que pendant cette période se poursuit un processus très important, à l'œuvre depuis la période prénatale : les neurones, donc les cellules nerveuses, ont un énorme potentiel d'interconnections, c'est-à-dire qu'ils passent leur temps à envoyer des prolongements pour se connecter avec la cellule d'à côté et établir une multitude de circuits. Tous ces circuits ne vont pas survivre : seuls ceux qui sont stimulés vont persister. C'est pourquoi il est important, à cette période-là, que le chiot trouve dans son environnement tous les types d'informations dont il a besoin, notamment des informations tactiles variées.

On retrouve donc à nouveau (comme pour la période prénatale) la nécessité de manipuler les chiots, de les caresser, de les toucher. En effet, la stimulation tactile fournie par la main de l'homme n'est pas du tout la même que celle de la maman avec sa langue. Or, dans la mesure où ce chien va devoir vivre et interagir avec l'être humain, il doit prendre l'habitude d'être manipulé.

Souvent, les gens pensent qu'il ne faut pas toucher un petit animal nouveau-né. C'est totalement faux ! La chienne passe son temps à pousser ses chiots avec son nez, à les lécher, parfois même à exercer de petites pressions avec ses dents pour les faire bouger ; si elle est amenée à les déplacer, elle peut les prendre à pleine gueule. Toutes ces stimulations sont vitales pour le chiot.

Si elles n'existent pas, par exemple lorsqu'un jeune chiot est abandonné ou séparé de sa mère pour telle ou telle raison, le chiot aura des troubles comportementaux et notamment un tableau clinique sévère, qu'on appelle la « dépression de détachement précoce ». C'est pourquoi il faut d'autant plus stimuler un chiot, si on est amené à le materner, qu'il est seul ou qu'il n'a qu'un ou deux frères ou sœurs. Car là aussi, interviennent les stimulations réciproques des chiots les uns sur les autres quand ils viennent téter ou bien au moment où ils s'endorment, serrés les uns contre les autres.

Comment manipuler les chiots

- La manipulation doit être extrêmement douce et ne pas provoquer de réaction de douleur, de retrait ou de blocage de l'animal. Il faut le caresser avec la pulpe des doigts, très doucement, de préférence, au début, dans le sens du poil.
- Tout d'abord, à partir du moment où la mère est correctement socialisée à l'être humain et qu'elle le laisse s'approcher, il est recommandé de commencer à manipuler les chiots alors qu'ils sont à la mamelle ou serrés contre la mère. Souvent quand on les caresse dans cette situation, la mère va elle-même donner des coups de langue, ce qui est très bien parce qu'on associe la manipulation par l'homme avec une stimulation positive par la mère.
- Après, progressivement, on peut décider de les prendre dans la main et commencer à les manipuler de façon plus spécifiquement humaine.
- Comme le chiot est dépendant thermiquement, il ne faut jamais le poser sur une surface froide. Les vétéri-

naires le savent bien car il arrive qu'ils soient amenés, pour ce qui concerne certaines races – notamment qui sont prédisposées à avoir certaines anomalies neurologiques –, à faire un examen neurologique précoce pour voir si ce n'est pas une maladie congénitale. Si on pose le chiot sur une table de consultation en Inox, bien froide, l'animal reste bloqué, tétanisé et, très vite, il est engourdi parce que, thermiquement, il est dans une situation de détresse. Quand on s'occupe d'un petit chiot qui présente un problème quelconque et que l'on doit lui appliquer des soins, il faut toujours le faire sur une surface à la fois douce, moelleuse et tiède. Jamais sur du carrelage, sur de l'Inox, ni sur une surface qui peut être froide.

Il ne faut pas s'affoler si le chiot réagit à la stimulation de façon très décalée dans le temps par rapport au moment où l'on vient de le manipuler. Ce qui se passe est un peu particulier : dans le système nerveux, l'information circule sous la forme d'une onde électrique. Cette onde électrique, pour aller vite, « saute » le long des fibres nerveuses qui sont entourées par une gaine isolante, que l'on appelle la « gaine de myéline ». Cette gaine de myéline, à intervalles réguliers, présente des étranglements dans lesquels elle disparaît ; là, la fibre nerveuse est quasiment à nu. En fait, l'influx nerveux saute d'un point non isolé à l'autre, ce qui lui permet d'aller très vite. Or cela n'est pas en place à la naissance. Seules quelques fibres nerveuses ont de la myéline : tout le reste est à nu, donc l'influx nerveux chemine lentement. C'est pourquoi, entre le moment où l'on applique une stimulation au chiot et le moment où il va répondre, il se passe beaucoup plus de temps que sur un adulte ou même simplement sur un chiot plus âgé de trois mois.

« Le chiot reconnaît-il sa mère ? »
Pendant la période néonatale, le chiot vit en permanence dans le nid que la mère a mis en place ; les chiots ont d'ailleurs tendance à se rassembler en paquets pour dormir contre la mère, au chaud. Il semble bien que la mère, à cette période, présente un comportement d'attachement vis-à-vis de ses chiots. En revanche, pour les chiots, il n'y a pas de reconnaissance individuelle de la mère. C'est-à-dire que tout ce qui est mou et chaud, et dans lequel il y a du lait, peut tout à fait calmer l'état de détresse des chiots. Les éleveurs, empiriquement, le savent très bien : lorsqu'il n'y a pas de mère, ils mettent une lampe infrarouge ou ils utilisent une bouillotte revêtue d'un tissu ou d'un chiffon doux de façon que les chiots puissent se serrer contre elle pour être apaisés et ne pas présenter de troubles.

➤ La future posture de soumission du chien

Pendant cette période se met en place un élément intéressant, qui correspond à l'un des facteurs de dépendance du chiot, et qui est lié au réflexe périnéal d'élimination. Comme on l'a vu, à intervalles réguliers, la chienne donne un coup de nez sur le côté des chiots pour les retourner ; en général, le chiot émet des petites vocalises à ce moment-là, et la mère donne un coup de langue sur la région périnéale pour provoquer l'élimination.

On s'est aperçu qu'en fait cette interaction entre la mère et le chiot servait de base pour construire la future posture de soumission du chien adulte. On a en effet réalisé l'expérience suivante : des chiots, au lieu d'être maternés par une chienne, sont maternés par un être humain. On a ensuite comparé des chiens que l'on retournait pour leur faire faire leurs besoins et des chiots à qui l'on faisait faire leurs besoins en restant à plat ventre. On a constaté que, arrivés dans la période de socialisation, ces derniers développaient une posture de soumission en s'immobilisant à plat ventre alors que les autres chiens basculent sur le côté.

Lorsqu'un chien se met en posture de soumission, surtout s'il a en face de lui un congénère qui a beaucoup grogné ou un être humain très en colère, il émet souvent un peu d'urine. En fait, cette émission d'urine – qui peut d'ailleurs mettre l'être humain en colère parce qu'elle l'oblige à nettoyer – est considérée comme un résidu de cette interaction. On s'aperçoit qu'on revient toujours dans la même thématique et que, pour apaiser un dominant, le mieux est d'adopter soit un comportement d'acceptation sexuelle – c'est l'acceptation du chevauchement par le dominant –, soit un comportement infantile type posture de stimulation périnéale.

C'est très intéressant dans la mesure où l'on voit combien un comportement primitif comme celui-là devient ensuite un élément très important dans la communication chez le chien adulte.

➤ Le réflexe de fouissement

Il y a quelques réflexes que les vétérinaires surveillent, surtout dans quelques races pour lesquelles certaines anomalies peuvent être repérées de bonne heure. Notamment, le réflexe de fouissement qui illustre bien la double orientation du chiot : une orientation tactile et thermique. Le chiot, pendant sa période néonatale, a tendance à s'enfoncer dans toute surface molle et chaude. En réalité, c'est ce qui lui permet de s'enfouir entre les chaînes de mamelles de sa mère et de venir rechercher un téton.

On met ce réflexe de fouissement en évidence simplement en plaçant les poings fermés devant le nez du chiot avec un creux entre les doigts juste en contact avec le nez du chiot :

on a alors l'impression que le chiot rampe pour essayer de s'enfoncer dans la main.

Ce réflexe va disparaître dès que le chiot sera capable de s'orienter de façon visuelle. C'est-à-dire que, quelques jours après l'ouverture des yeux, dès qu'il est dans ce qu'on appelle « la période de transition », le chiot cessera de s'orienter de cette façon. À partir de ce moment, les chiots entrent dans un autre monde, avec davantage de possibilités sensorielles, et ils s'ouvrent à l'environnement extérieur.

➤ Le réflexe labial

Autre réflexe souvent étudié, mais surtout pour sa persistance éventuelle au-delà de la période néonatale : le réflexe labial. Durant la période néonatale, dès que quelque chose de doux ou d'arrondi touche les lèvres du chiot, cela déclenche un réflexe de succion, de tétée.

Ce réflexe aussi disparaîtra dans des conditions normales quelques jours après l'ouverture des yeux, à partir du moment où la vision est devenue fonctionnelle, sauf chez les animaux qui ont subi des carences protéiques importantes. Ce sont des chiots qui souvent ont des mères en état de détresse physiologique, avec un lait de mauvaise qualité et aucune supplémentation. Ils peuvent avoir des formes de retard de développement, notamment avec une persistance du réflexe labial. On voit des chiots d'un mois qui répondent encore au réflexe de tétée dès qu'on leur touche les lèvres. Normalement, ce réflexe doit avoir disparu à cette période.

➤ Les problèmes

Il peut y avoir des problèmes chez certaines races, notamment tout ce qui est lié à des anomalies cérébrales, principalement l'hydrocéphalie. Certaines races sont prédisposées, notamment toutes celles qui ont une boîte crânienne très ronde, c'est-à-dire beaucoup de petites races de compagnie type chihuahua, yorkshire, des chiens comme les carlins, les bouledogues, les teckels miniatures et les caniches-nains.

Dans la plupart des cas, les hydrocéphales sont faciles à reconnaître parce qu'ils ont vraiment une tête plus grosse. Mais il y a des cas où ce n'est pas si évident, d'autant plus qu'il s'agit de races qui de toute façon, dès le départ, ont une boîte crânienne très ronde.

L'hydrocéphalie se manifeste de plusieurs façons. La plupart du temps, on a un retard dans le développement donc une persistance des réflexes primaires au-delà de leur date normale de disparition. Ensuite, on aura d'autres troubles, que certains ne présentent pas pendant la période néonatale, ni pendant la période de transition : c'est au cours de la période de socialisation que la clinique explose car la compression est suffisamment modérée pour qu'il n'y ait pas forcément tout de suite une destruction des tissus nerveux. Il faut une certaine durée de compression pour cela. En outre, cela peut toucher des structures dont la destruction ne se manifestera que dès que l'animal aura des comportements un peu plus sophistiqués. On est donc obligé d'être prudent face à ce type de risques.

Il y a d'autres types de problèmes qui touchent des parties plus périphériques du système nerveux, notamment chez les races que l'on appelle « anoures », c'est-à-dire les chiens qui naissent sans queue. C'est le cas chez un certain nombre de lignées de bobtails. En principe, on coupe la queue de la plupart des bobtails, mais certains naissent sans queue.

C'est surtout le cas chez le schipperke, un petit chien de 7-8 kg, noir à poils mi-longs avec une petite tête de berger, des oreilles dressées, et qui était, à l'origine, le chien des gens vivant sur les péniches aux Pays-Bas. Il servait à la fois de chien de garde, de chien de compagnie et aussi de tueur de souris et de rats pour protéger les cargaisons qui étaient transportées. C'est une race qui n'a pas de queue. Le problème, c'est que le développement des parties les plus postérieures des grandes racines nerveuses de la moelle épinière se fait en même temps que les bourgeons embryonnaires qui vont donner la queue. Dans certains cas, on peut avoir une anomalie qui touche très en avant le développement de la moelle épinière. Résultat : des animaux qui n'ont pas d'innervation correcte, notamment de l'anus, du col de la vessie, et chez lesquels le réflexe périnéal va être notamment tout à fait aberrant. Dans certains cas, il y a même une perte continuelle d'urine et d'excréments, mais, surtout, une persistance du réflexe périnéal.

La période néonatale prend fin avec l'ouverture des yeux et l'entrée dans la période de transition qui se caractérise par la fin de la maturation du système nerveux central et véritablement l'ouverture sur le monde.

CHAPITRE 2

Le chiot s'ouvre au monde

La « période de transition » commence avec l'ouverture des yeux et s'achève dès que le chien est en mesure d'entendre. C'est une période très courte (de 14 jours à 21 jours pour les races naines et moyennes, et de 18 à 32 jours pour les plus grandes) mais déterminante parce que, pendant ces quelques jours, des événements très importants vont survenir.

Les sens se développent

Pendant la période de transition, toute la vie du chiot change parce que sa relation avec le monde se modifie. En effet, avec ses nouvelles compétences sensorielles, le chiot acquiert la capacité de percevoir ce qui se passe à grande distance, et cela grâce à la vue, puis grâce à l'ouïe. Dans le même temps, dans la mesure où sa motricité, sa capacité à se déplacer se modifient, il est capable d'aller plus loin. Se met donc en place une logique qui est déjà une logique d'exploration active de son monde et d'autonomisation.

Le premier grand événement, au niveau des organes des sens, est, à partir de l'ouverture des yeux, l'apparition de la vision.

La vision

➤ Voir pour anticiper

Jusque-là, comme on l'a vu précédemment (voir page 26), les chiots s'orientent de façon tactile : c'est le toucher qui leur permet de savoir où ils vont. Évidemment, ce mode d'orientation présente un inconvénient majeur : le chiot est obligé de maintenir une proximité avec ce qu'il explore, et ne peut donc rien faire à distance. Et surtout, point très important qu'on va retrouver tout au long de la période de développement du chien et durant son éducation, il n'est pas capable d'anticiper. Cela veut dire que l'information lui parvient au moment où le contact est établi, alors que, dans le cas d'une information perçue par voie visuelle, on peut anticiper puisqu'on aperçoit son environnement de loin, et qu'on a donc le temps de modifier son attitude en fonction de ce qu'on a vu.

L'apparition de la vision va évidemment modifier la relation aux autres ; elle permet d'établir une communication plus complexe parce que le chiot voit l'autre de loin et peut anticiper, à l'aide de multiples signaux, ce qui va se passer quand il entrera en contact direct avec lui. La capacité de découvrir et de connaître par le regard modifie donc considérablement les comportements.

Cependant, il faut savoir que la vision n'est pas totalement fonctionnelle le jour de l'ouverture des yeux : quelques jours sont encore nécessaires, le temps que la rétine soit vraiment opérationnelle. Au moment où les yeux s'ouvrent, tous les réflexes qu'on appelle « photomoteurs », c'est-à-dire l'adaptation du diamètre de la pupille en fonction de l'éclairement, ne sont pas encore en place.

➤ Voir et s'attacher à la mère

Au bout de quelques jours, le chiot commence à recevoir des informations visuelles. En dehors des informations de type topographique, c'est-à-dire en dehors des informations concernant l'endroit où il se trouve, la façon dont cet endroit se présente, son organisation, etc., la vision va permettre au chiot de vivre un événement fondamental, qui est l'autre acquis important de sa vie pendant la période de transition. Jusque-là, il percevait un certain nombre d'informations qui ne le renseignaient que partiellement sur l'individu qui lui apporte les soins, et le materne – en général sa mère biologique. Maintenant, grâce à ses capacités visuelles, il va pouvoir l'identifier de façon complète. C'est-à-dire que la mère n'est plus simplement un objet chaud dans lequel il y a du lait et où il trouve un certain nombre de substances indispensables ; elle est aussi un être avec des caractéristiques suffisamment précises pour qu'on puisse la distinguer des autres. C'est ce qui va permettre l'apparition de la phase importante du développement qu'on appelle *l'attachement* et *l'imprégnation* et que nous décrirons plus en détail page 63.

➤ Être stimulé pour mieux voir

Une partie du développement est génétiquement programmée, mais en réalité le fonctionnement correct de ce développement dépend aussi des stimulations fournies par l'environnement. Ce qui veut dire que, pour qu'une vision complète s'installe, il faut que le chiot évolue dans un environnement où il a des choses à voir, avec des formes variées et des éléments dans toutes les directions de l'espace, horizontales et verticales.

Certaines expériences, qui sont maintenant relativement anciennes et peuvent sembler un peu barbares, mettent bien en lumière l'importance de ces stimulations. L'expérience porte ici sur le chat. Elle consiste à faire grandir des chatons dans un environnement qui ne comporte que des lignes horizontales, c'est-à-dire que, volontairement, on a placé des contrastes horizontaux, mais aucun qui soit vertical. On s'aperçoit alors que, lorsqu'on sort ces chats de leur environnement « horizontal » et qu'on les met dans un environnement où il y a toutes sortes de lignes, ils sont en quelque sorte aveugles : par exemple, quand ces chats rencontrent sur leur chemin des barreaux verticaux, ils ne les voient pas et se cognent. Si l'on fait une étude de leur système nerveux, on s'aperçoit qu'une partie des fibres nerveuses des bandelettes optiques qui transmettent les informations de l'œil aux zones du cerveau chargées d'interpréter les images est atrophiée : elle ne s'est pas développée.

Ainsi, pour que les capacités visuelles d'un chiot fonctionnent complètement, il faut les stimuler. D'où l'importance, pendant la période de transition, d'enrichir l'environnement visuel du chiot, si l'on veut éviter des anomalies dans le développement de sa vision.

C'est pourquoi il faut éviter une pratique qu'on pourrait qualifier de traditionnelle et qui consiste à penser que le chiot nouveau-né est un individu qui a besoin d'un grand calme, d'un environnement le moins oppressant possible. Ainsi, on arrive à des situations caricaturales comme un coin de grange ou un appentis un peu sombre dans lesquels la chienne est censée pouvoir se cacher avec ses petits. Beaucoup de gens pensent que c'est la meilleure façon de permettre un développement correct des chiots. Or c'est exactement ce qu'il ne faut pas faire. Du reste, ce genre d'isolement est néfaste pour l'ensemble des éléments du développement du chiot parce qu'il génère ce qu'on appelle des « situations de privation sensorielle » (voir page 117).

Il faut ne faut pas oublier que ce chien, dans 90 % des cas, va être amené à vivre en compagnie de l'homme, de façon très étroite, et donc dans un environnement complexe, qui comporte de multiples objets. Plus il a été stimulé au départ par des expériences sensorielles variées, plus il va être préparé à évoluer dans ce monde.

En résumé, rien de très compliqué, mais évitez à tout prix d'isoler l'animal par rapport à votre milieu de vie normal.

Où et comment installer une chienne et ses chiots ?

Si vous voulez créer un environnement visuel stimulant pour votre chienne et ses chiots :

– Installez-les tout simplement chez vous, dans un endroit de votre maison ou de votre appartement, dans la mesure, bien sûr, où c'est compatible avec votre mode de vie, car il est vrai que le chiot entre dans une période où il est une source importante de souillure et que vous préférez sans doute limiter son terrain d'exploration. Répétons-le, ce qu'il faut éviter, c'est de faire le vide autour des chiots.

– Vous pouvez placer dans leur environnement des objets, des jouets d'enfant, en prenant garde de sélectionner ceux qui ne sont pas dangereux, c'est-à-dire qui ne peuvent pas être déchiquetés en petits morceaux que le chiot risquerait d'avaler. En effet, c'est aussi le moment de l'exploration buccale et il ne faut pas que le chien mange n'importe quoi. Concrètement, des ballons, des gros cubes, des morceaux de cordes conviennent parfaitement.

– Prévoyez un éclairage suffisant pendant la journée : il faut qu'il fasse bien jour et, si l'endroit est sombre, il ne faut pas hésiter à prévoir une lumière électrique. Évitez à tout prix les endroits sombres et vides.

➤ Le chiot aveugle

Il existe une autre illustration du rôle fondamental de la vision : c'est l'observation des chiots qui présentent des anomalies anatomiques souvent héréditaires (parfois ce sont des accidents congénitaux) et qui sont aveugles, même si leurs yeux sont d'aspect complètement normal. Il s'agit d'animaux qui vont continuer leur développement sans la vision.

Que se passe-t-il ? D'abord, ce handicap induit très tôt des attitudes de retrait : les chiens ont des réactions très augmentées dès qu'il se passe quelque chose autour d'eux, parce que leur système nerveux reçoit des informations mais qu'il n'a pas de possibilité d'anticipation (voir page 136). Ils reçoivent les stimulations de façon brutale et se retrouvent tout d'un coup contre un autre être vivant qu'ils n'avaient pas perçu.

On pourrait croire que le flair peut, chez un chien, remplacer les yeux, mais l'odeur n'est pas un système d'information qui donne la même appréciation du temps. Si on compare la vision (un individu qu'on voit approcher) et la perception olfactive (un individu qu'on sent approcher), on peut dire que la perception olfactive ne permet pas d'évaluer l'accroissement de la présence avec le rapprochement. C'est-à-dire qu'on ne perçoit pas la progressivité qui procure également de multiples informations, alors qu'évidemment la vue offre cette dimension-là. Les chiots qui se développent sans avoir les compétences visuelles normales seront donc des chiens avec des réactions brutales et vives lors des contacts physiques. Leur propriétaire doit apprendre à parler, juste avant d'établir un contact physique ; ainsi, il évite l'effet de surprise. Cela nécessite toute une éducation particulière.

Par ailleurs, ces animaux ont aussi de gros problèmes avec leurs congénères dans la mesure où ils ne peuvent pas répondre aux nombreux signaux posturaux qui accompagnent normalement le moment de la prise de contact physique, et où ils ont tendance à répondre de façon décalée. Or il se trouve que leurs congénères ont rarement la tolérance et l'adaptabilité de l'être humain, de telle sorte que cette réponse incompréhensible va déclencher chez eux toute une série de comportements plus ou moins agressifs. Cela tend à augmenter, petit à petit, le caractère craintif du chiot aveugle.

C'est pourquoi il est, à double titre, important de détecter cette cécité le plus tôt possible chez le chiot. Il faut savoir se poser cette question : est-il éthiquement raisonnable de laisser un chiot se développer, compte tenu de toutes les difficultés qu'il rencontrera quotidiennement dans sa vie future ? Diagnostiquer une cécité est aussi très important en termes de prévention. En effet, s'il s'agit d'une cécité d'origine héréditaire, il faut se poser une question de bon sens : est-il fondé de maintenir en reproduction cette chienne ou le mâle qui l'a saillie ?

Comment détecter la cécité chez un chiot

Il ne faut pas hésiter, si votre chienne a eu des chiots, à rechercher très tôt une éventuelle cécité. À partir des quelques jours qui suivent l'ouverture des yeux, vérifiez déjà, avec une lampe de poche, si vous voyez le diamètre de la pupille se rétrécir quand vous dirigez la lumière vers les yeux du chiot.

Il faut aussi savoir si le chiot est capable de suivre des yeux un objet qui se déplace devant lui ; choisissez un objet assez attrayant, mais évidemment pas quelque chose qui a une odeur. Il ne faut pas prendre une croquette ou un gâteau, parce que, dans ce cas, bien sûr, on ne sait plus si on est en train de tester l'orientation vers une source d'odeur ou vers le mouvement de l'objet. Prenez par exemple une petite balle de couleur ou une petite source de lumière afin que le chiot manifeste sa capacité à s'orienter vers cet objet.

➤ Idées vraies, idées fausses sur la vision du chien

« Est-il vrai que le chien ne voit qu'en noir et blanc ? »
La question de la vision chez le chien véhicule toutes sortes de croyances : on a ainsi longtemps entendu dire que les chiens voyaient en noir et blanc. Tout cela était lié à la connaissance assez partielle qu'on avait de la structure réelle de la rétine du chien. Par ailleurs, des tests un peu grossiers avaient été pratiqués pour l'identification des couleurs qui semblaient montrer que le chien ne s'intéressait pas aux couleurs. Cette opinion est totalement caricaturale, même s'il est évident que la perception que le chien a des couleurs est totalement différente de la

nôtre : le nuancier est infiniment plus pauvre. On ne va évidemment pas s'amuser à demander à un chien de distinguer cinq nuances de rose différentes, une dizaine de nuances d'orange et plusieurs jaunes. Néanmoins, le chien a effectivement la vision des couleurs.

« On dit aussi que le chien voit mal. Qu'en est-il ? »

Le chien n'a pas de vision du détail avec une définition aussi précise que la nôtre. Parfois, on donne une image qui est souvent mal interprétée : on dit que, pour avoir une idée de ce que voit un chien, il faut imaginer un paysage vu par un myope, c'est-à-dire quelque chose d'un peu cotonneux, plutôt flou. Évidemment, il faut être prudent avec ce genre de description puisque l'on dispose d'assez peu de récits de la part des chiens ! Mais nous avons cependant des informations d'ordre optique qui permettent de dire qu'effectivement le chien a une mauvaise définition du détail de l'objet immobile.

En revanche, comme beaucoup de prédateurs, le chien a une excellente définition visuelle du mouvement. Les yeux du chien sont faits pour voir le mouvement, ce qui veut d'ailleurs dire que, dans son comportement de prédation, le chien a besoin du mouvement pour être stimulé ; tout ce qui ressemble à des petits mouvements saccadés va déclencher chez lui un comportement de prédation (ce qui ne veut pas dire que le chien ne peut pas manger des choses immobiles…). La tactique de chasse du chien, spontanément, est de patrouiller, d'explorer et d'aller fouiner un peu partout jusqu'à ce que quelque chose se mette à bouger. C'est ce qui explique que, pour de nombreuses proies, pas seulement face au chien, mais vis-à-vis des autres prédateurs, la tactique de défense consiste à s'immobiliser : c'est l'un des meilleurs moyens pour ne pas être pris en chasse. Car, à partir du moment où l'on bouge, on devient intéressant pour le chien.

« Le chien peut-il voir la nuit ? »

Bien évidemment, le chien a une bonne vision nocturne même si elle est moins efficace *a priori* que celle du chat. Il possède des structures rétiniennes particulières qui permettent de faire fonctionner la rétine lorsqu'il y a très peu de lumière. C'est quelque chose que tout le monde connaît : quand on est en voiture, phares allumés, et qu'on éclaire les yeux d'un chien, on a la vision de quelque chose d'un peu jaune-vert et brillant : c'est ce qu'on appelle le « tapis rétinien ». C'est sous son vrai nom scientifique le *tapetum*, tapis qui nous intéressera parce qu'on verra que, dans un certain nombre de situations, notamment de comportement de menace, ou dans certains troubles comportementaux du type trouble de l'humeur qui ressemblent aux états maniaques de l'homme, les chiens présentent une dilatation pupillaire (c'est ce qu'on appelle une « mydriase »), de telle sorte que la personne qui est en face d'eux a l'impression que le regard change de couleur et que leurs yeux sont verts. Cela a créé, dans l'imaginaire populaire, toutes les interprétations amusantes avec « l'œil vert » ou « jaune assassin », « l'œil de fou », etc. J'entends régulièrement en consultation des observations comme : « Je sais que mon chien devient fou, je le vois dans ces yeux qui deviennent verts dans ces moments-là… » Cette remarque a en effet son pendant chez l'homme, notamment chez les individus qui souffrent de troubles maniaques ou chez les maniaco-dépressifs, lors du passage aux épisodes maniaques. On décrit ce qu'on appelle « l'œil noir du maniaque » qui augure parfaitement du moment où la personne ne va plus dormir, va tenir des propos mégalo-

maniaques, dire toutes sortes d'horreurs et surtout, dans nos sociétés très axées sur la consommation, avoir des comportements d'achats frénétiques (certaines personnes peuvent acheter quatre voitures dans la journée, vingt-cinq manteaux avec évidemment toutes les conséquences sociales et légales qu'on peut imaginer).
Chez le chien, quand la pupille se dilate de façon importante, ce qui est le cas la nuit (puisque la pupille se dilate lorsqu'il n'y a pas de lumière), on voit le *tapetum* par réflexion. Tout dépend de la façon dont vous êtes placé : en plein jour, face à un chien qui a les pupilles dilatées, c'est surtout en vous mettant sur le côté et en regardant les yeux à l'oblique que vous l'apercevrez.

L'ouïe

L'oreille du chiot, au début de la période de transition, a déjà subi les transformations qu'elle devait subir, c'est-à-dire que le canal auditif s'est ouvert – alors qu'il était quasiment fermé –, et que le tympan, ainsi que tout ce qui est propre à l'oreille, est parfaitement fonctionnel. Mais ce qui n'est pas encore établi, ce sont les connexions entre l'oreille, en tant qu'organe de réception des informations sonores, et la partie du cerveau, qu'on appelle le « cortex temporal », qui doit se connecter avec ces structures. C'est-à-dire, pour simplifier, que la relation entre l'organe sensoriel et la structure d'interprétation n'est pas encore fonctionnelle.

Ces interconnexions achèvent de se mettre en place pendant la période de transition. Ce qui signifie que le chiot est encore sourd, mais qu'il finit de mettre en place tout ce dont il a besoin pour entendre. D'ailleurs, au moment où il sera capable d'entendre, il quittera la période de transition pour entrer dans la grande aventure de la socialisation.

➤ Le réflexe de sursautement

La manifestation de cette capacité auditive se fera au cours d'un réflexe qu'on teste quand le chiot approche de l'âge de trois semaines et demie-quatre semaines : c'est ce qu'on appelle le réflexe de « sursautement ». Pourquoi « sursautement » ? Parce que, en général, le chiot est placé à plat ventre, donc en fait dans sa position naturelle, sur une surface moelleuse (il faut toujours y penser quand on teste un chien : évitez les supports durs ou froids, car, même si à cet âge les chiots sont autonomes sur le plan de la température, ils auraient tendance à être sidérés, ce qui fausserait les résultats du test). La personne qui teste place ses mains 5 à 10 cm au-dessus de la tête du chiot et les fait claquer. À ce moment-là, normalement, le chiot se soulève sur ses membres antérieurs, puis se laisse retomber. D'où le nom de « sursautement ».

S'il sursaute, on dit que le test est positif et que le système auditif est arrivé quasiment à maturité : le chiot quitte donc sa période de transition.

➤ Un environnement sonore stimulant

On ne sait pas encore si, en dépit de l'immaturité de l'appareil auditif, la richesse en stimulations sonores intervient ou non dans la maturation du système auditif. On pourrait le penser, par analogie avec ce qu'il se passe pour le système visuel, notamment ainsi qu'on l'a vu page 39. Comme pour la vision, l'isolement de tout environnement sonore est extrêmement mauvais parce que le chiot, qui sera ultérieurement plongé dans un entourage humain d'une extrême richesse auditive, n'y sera pas préparé. Il ne faut pas oublier que les humains sont des animaux qui se servent du son de manière importante : d'abord ils parlent – c'est un canal d'importance majeure –, ensuite ils sont producteurs d'activités sonores, que ce soit par la musique ou les bruits liés à nos divers appareils, voitures, téléphones, électroménagers, télévisions, réveille-matin, radio, jouets d'enfant, etc. Il faut donc absolument que le chiot baigne dans un environnement sonore qui soit suffisamment stimulant.

Comment créer autour du chiot un environnement sonore stimulant

On conseille parfois de mettre à proximité de la chienne et de ses petits une radio et de la laisser marcher en continu, pendant les périodes de veille, de façon que les chiots bénéficient de stimulations très diverses.

Il va de soi que si le chiot, dans la maison de son propriétaire, peut tout simplement assister à l'activité humaine quotidienne, c'est encore mieux. C'est d'ailleurs d'autant plus efficace si la mère elle-même a connu un développement parfaitement normal au milieu d'êtres humains : en effet, face à ces informations sonores nouvelles, le chiot, qui maintenant est capable de voir, va percevoir les réactions de sa mère et aura ainsi tendance à calquer ses propres réactions sur celles de cette dernière.

« Que faire si la mère a elle-même très peur des bruits humains ? »

Si la mère est une chienne extrêmement craintive, qui a toujours vécu à l'extérieur et qui supporte mal l'environnement humain, il est certain que le chiot aura tendance à associer les bruits, qu'il perçoit à travers le prisme de sa mère, avec une situation de stress. D'où l'importance d'essayer, dans

la mesure du possible, non pas de séparer la mère et le chiot, mais de faire en sorte que d'autres chiens qui n'ont pas ce problème soient présents, ou de commencer à intervenir déjà comme mère supplémentaire en quelque sorte. Ce qui signifie que vous aurez une attitude apaisante au moment où il y aura des informations sonores nouvelles.
Pour donner un exemple concret : le chiot peut se sentir en situation de danger si le téléphone se met à sonner, parce que sa mère panique à ce moment-là. C'est à vous de le rassurer.

➤ Le chiot sourd

Malheureusement, comme pour la vision, certains chiots souffrent d'anomalies ou de malformations du système auditif. Certaines races sont classiquement atteintes par ce genre d'anomalies : les plus fréquemment touchées, celles avec lesquelles il faut être vigilant, sont d'une part le dalmatien et d'autre part le dogue argentin. Dans ces deux races, on trouve des chiots qui présentent une surdité génétiquement programmée et qui va engendrer toutes sortes de difficultés.

Ce handicap n'est en fait pas extrêmement gênant quand le chien vit avec d'autres chiens, parce que, dans un monde de chiens, on peut très bien se débrouiller sans l'ouïe. La seule chose que l'on peut noter, c'est que les chiens sourds font souvent des vocalises, c'est-à-dire qu'ils ont des aboiements un peu surdimensionnés, mal structurés et dans lesquels on ne retrouve pas les caractéristiques en fonction des différentes circonstances de déclenchement. La difficulté apparaît dès qu'il y a cohabitation avec l'homme, parce que l'homme parle à son chien et va chercher à établir un contact à distance avec la voix. On voit très souvent, dans les consultations, des chiots dalmatiens présentés soit parce qu'ils sont inéducables (ou du moins décrétés comme tels par le maître), soit parce qu'ils ont mordu leur propriétaire : en effet, à force d'appeler son chien sans jamais avoir de réponse en retour, il a fini par perdre patience et par sanctionner l'animal. Or (nous aurons l'occasion d'insister lourdement sur ce point) la punition, si elle n'est pas associable à quelque chose, et qu'en plus on perd son sang-froid, est non seulement dépourvue de tout effet éducatif mais en outre dangereuse. Que se passe-t-il ? Le chien qui est sanctionné a tendance à se soumettre, c'est-à-dire qu'il prend des postures de soumission : il s'écrase au sol, pleure. Le propriétaire exaspéré continue à rudoyer le chien qui ne comprend pas pourquoi il est puni. D'où une réaction de peur et un risque de morsure.

« Si l'on a un dogue argentin ou un dalmatien, comment s'assurer qu'il entend bien ? »

Il est très important, si vous êtes propriétaire d'un dogue argentin ou d'un dalmatien, d'avoir la sagesse de vous renseigner, autant que faire se peut, sur les ancêtres et les collatéraux, pour savoir s'il y a eu des cas de surdité. L'idéal serait d'obtenir des informations sur le père et sur la mère parce que ce sont des races très particulières, et que, la plupart du temps, les gens les font se reproduire avec un individu de même race, souvent avec pedigree. Ce n'est pas toujours facile, parce que les éleveurs se vantent rarement de ce genre de problème, mais quand on le sait, il faut éviter la reproduction, *a fortiori* de deux individus potentiellement porteurs d'anomalies.

En tout état de cause, comme la plupart du temps vous ne pouvez pas avoir tous ces renseignements, il faut procéder vers l'âge de trois semaines au test du réflexe de « sursautement » décrit page 49. Si à quatre semaines, vous ne l'avez toujours pas observé, il faut vous alarmer. Allez consulter un vétérinaire pour déterminer si le chiot est sourd, car s'il est sourd, il y a des solutions. Ces solutions passent par un mode d'éducation particulier qui est d'autant plus facile à mettre en œuvre qu'on le fait tôt.

« En quoi consiste l'éducation particulière d'un chiot sourd ? »

On va d'une part apprendre au chiot à s'intéresser systématiquement à tout ce que fait le propriétaire et on va d'autre part apprendre au propriétaire à adopter des systèmes de signaux gestuels, avec des postures très accentuées. Par exemple, puisque le chien ne peut pas répondre à l'énoncé de son nom, vous devez trouver une autre façon de mettre en place le rappel : pour cela, vous pouvez plier les jambes, et taper sur le bas de vos jambes ; vous caressez votre chien quand il vient à vous. Toute cette communication gestuelle doit se mettre en place de la même manière pour le « assis », « couché », etc. et, petit à petit, vous apprendrez à votre chien à être attentif aux gestes des mains.

Ce genre d'éducation est particulièrement intéressant parce que, systématiquement, il s'établit des systèmes de codes personnels, et que chacun trouve toutes sortes de signaux qui lui sont propres. C'est la raison pour laquelle nous ne souhaitons pas donner un système de code préétabli : le code international vis-à-vis du chien sourd n'existe pas. Ce qui est intéressant, c'est la notion de « je vais devoir communiquer gestuellement avec mon chien » qui change complètement la vie quotidienne : dans le cadre de la conduite d'un chien sans laisse par exemple, le propriétaire est obligé d'anticiper, parce que, s'il veut pouvoir rattraper son chien, il est obligé de se rendre en permanence *intéressant* à distance pour le chien, afin de pouvoir exécuter les postures d'appel pour faire revenir le chien, au moment où il sera par exemple dangereux de traverser une rue.

L'autre aspect positif de ce genre d'éducation, c'est qu'il permet d'éviter que le chien ne développe des troubles comportementaux liés aux punitions incompréhensibles, comme on l'a vu plus haut. Car on arrive parfois à ce qu'on appelle des « phobies sociales », c'est-à-dire que, pour certains chiens, les interactions avec le propriétaire deviennent une source d'angoisse permanente parce qu'elles sont inintelligibles ; le propriétaire continue à vociférer, ce qui ne signifie rien pour le chien, et cette incompréhension mutuelle se termine par une agression. C'est souvent à partir de ce moment-là qu'on tombe dans un cercle vicieux de l'évolution des phobies : le propriétaire se méfie du chien parce qu'il en a peur, le chien qui ne comprend plus les signaux émis par le propriétaire est anxieux, et c'est, pour le coup, un véritable dialogue de sourds qui s'installe et qui va rapidement altérer la relation.

« Dans quelle mesure un chien sourd est-il vraiment handicapé ? »

Dans un monde où les chiens vivent avec les hommes, la surdité est malgré tout un handicap extrêmement gênant. C'est même dangereux pour le chien, ce qui veut dire que, par exemple, il est totalement déconseillé de promener son chien sans laisse dans des zones à grande circulation.

Communiquer suppose que le chien regarde son maître ; pour augmenter l'intérêt du chien pour son propriétaire, lorsqu'il est tout petit – au moment où il y a un lien d'attachement très fort entre le propriétaire et le chiot –, on demande à ce dernier de promener le chiot dans un endroit type forêt par exemple, de laisser le chiot explorer tout seul et de se cacher. Lorsque le chiot s'aperçoit qu'il est seul, il a très peur – à cet âge-là, le degré de dépendance est vraiment très fort. Il y aura donc un moment de détresse, des pleurs, et c'est alors qu'on réapparaît subrepticement, en réconfortant beaucoup le chiot. Il faut reproduire cette séquence plusieurs fois de suite,

en sachant toutefois qu'on risque de créer un état de dépendance qu'il faudra juguler parce qu'il ne faut pas que ce lien devienne un état d'hyper-attachement. Le but est simplement d'amener le chiot à surveiller en permanence autour de lui pour savoir où est son maître. Une fois cela établi, il est évidemment beaucoup plus facile pour le maître d'envoyer des signaux, soit pour rappeler le chien, soit pour le faire se coucher, etc.
En fait, la lourdeur du handicap dépend de la capacité du propriétaire à gérer la surdité de l'animal. L'absence d'olfaction – qu'on appelle l'« anosmie » et qui est très rare – est ce qu'il y a de plus invivable pour le chien. On peut même considérer qu'elle est non viable.

Les « vocalises »

➤ Comment le chien communique avec sa voix

On désigne par le terme de « vocalises » l'ensemble des sons émis par le chien, au moyen de ses cordes vocales. Parler d'aboiement est en effet restrictif : un aboiement est un simple « ouaf ouaf » alors que le chien peut aussi grogner, gémir, gronder, etc. Notons qu'il existe d'autres types d'émissions sonores qui ne font pas intervenir les cordes vocales : ce sont par exemple les claquements de dents, les grincements de dents (voir aussi pages 145 à 151).

Cependant, le chien, bien que doté de cordes vocales, n'est bien évidemment pas capable de parler, d'une part parce que son larynx n'est pas du tout structuré pour cela, mais aussi et surtout parce qu'il lui manque un certain nombre de structures cérébrales pour devenir un être de langage.

➤ Comment les vocalises se structurent

Dans la période de transition, les vocalises émises par le chiot commencent à se structurer. Les premiers aboiements et les premiers grognements commencent à se mettre en place ; ce sont des éléments qui (on peut le penser) prendront logiquement leur place dans cette communication qui commence à se faire à distance. L'aboiement, par exemple, est très lié à un état d'alerte par rapport à ce qui est en train de se passer ; il n'est possible que lorsque le chiot est capable de percevoir à distance, donc de voir.

Au début de la vie, les gémissements émis par le chiot ne sont pas très variés. Or, à partir de la deuxième semaine de vie, on commence à noter une différenciation dans le type de message : il y a les gémissements pour demander à manger, une autre espèce de gémissement de détresse quand la mère est loin et qui peut aussi bien être lié au fait que le chiot a froid qu'à sa peur.

➤ Les vocalises, un champ à explorer

Curieusement, il existe de nombreux travaux très documentés sur le chant des oiseaux, y compris sur ceux qui sont parfois très difficiles à approcher, de sorte qu'on dispose d'informations d'une extrême précision, quasi linguistique, qui permettent de différencier telle population vivant à tel endroit, qui a un accent bien particulier, d'une autre qui vit dans une région éloignée et qui a un accent différent… En revanche, chez le chien, il n'existe pas de décodage des « vocalises », c'est-à-dire qu'aujourd'hui, bien que certains se soient lancés dans la description des différents *ouaf-ouaf* existants, on ne sait pas comment tout cela fonctionne.

On sait simplement que c'est un système complexe, la meilleure preuve étant le cas très particulier de la chasse à courre : en effet, lors des chasses à courre, les chiens émettent des « vocalises » dont la structure varie en fonction de ce qui se passe. Par exemple, quand la meute suit un cerf, elle envoie régulièrement un certain type de « vocalises » ; quand elle est derrière une biche (ce qui est interdit, puisque à la chasse à courre on ne chasse que le cerf), « les vocalises » se modifient, et les chasseurs expérimentés les reconnaissent. Ils envoient alors à leur tour des informations à la meute : à l'aide de leur cor, ils vont rameuter les chiens pour qu'ils laissent la biche. On peut donc dire que, d'une part, ce sont les « vocalises » qui constituent le seul moyen de communication puisque, la plupart du temps, les chiens et les chasseurs ne se voient pas, et que, d'autre part, les « vocalises » sont assez structurées pour qu'une oreille humaine bien éduquée soit capable d'y déceler des informations. Malheureusement, sur le plan scientifique, aucun travail n'a jamais été fait pour permettre d'aller plus loin.

Le chiot s'autonomise

L'alternance veille-sommeil

Sur le plan du développement sensoriel, la période de transition est, comme on l'a vu, déterminante ; mais il y a un autre changement qui transforme la vie du chiot et qui se joue dans sa capacité à produire de l'activité. La première condition, pour produire de l'activité, est de ne pas dormir. Or, pendant les deux premières semaines de vie, les chiots dorment énormément, c'est même leur activité prépondérante. Au cours de la période de transition, ce sont les transformations de l'alternance veille-sommeil qui vont changer le rythme de vie du chiot.

Jusque-là, la structure du sommeil du chiot n'était pas encore organisée. Normalement, le sommeil est composé de cycles, chacun de ces cycles comprenant deux grands types de phases qui s'enchaînent :

- d'une part ce qu'on appelle le « sommeil profond » ou « sommeil lent », parce que l'activité cérébrale y est lente avec différents paliers de sommeil profond ;
- d'autre part, quand la phase de sommeil profond est terminée, la phase du sommeil paradoxal ou rapide. Rapide parce que l'activité électrique est rapide, et paradoxal parce que, bien que l'individu soit en train de dormir, son cerveau présente une activité électrique qui ressemble à celle de l'état de veille : c'est le moment où l'on rêve, même quand on est un chien.

Chez le chien adulte, les cycles ressemblent beaucoup à ceux de l'homme, c'est-à-dire qu'ils durent environ deux heures en moyenne (il y a des variations individuelles importantes), avec à peu près une heure et demie de sommeil profond et trente minutes de sommeil paradoxal. Au début de sa vie, le chiot a des périodes de sommeil paradoxal très longues (environ 70 % des cycles du sommeil) : il rêve beaucoup, c'est son activité prépondérante dans le sommeil. Puis, petit à petit, le temps du sommeil paradoxal se restreint, et, au moment de la période de transition, la structure de son sommeil commence à ressembler à celle de l'adulte.

On commence aussi à voir des regroupements des périodes de sommeil. Chez le chiot, les périodes de réveil sont très liées à la nécessité de se nourrir, et, en général, une fois qu'il a apaisé sa faim, le chiot se rendort (ce rythme est du reste assez analogue à celui des bébés humains). Au fur et à mesure que les périodes de sommeil se regroupent pour laisser la place à des plages d'activité plus conséquentes, le chiot ne se réveille plus uniquement pour manger.

Cependant, son rythme de vie n'est pas encore « calé » sur le rythme social humain (social, parce que l'homme aussi, spontanément, aurait tendance à répartir ses heures de sommeil sur les vingt-quatre heures). C'est-à-dire que les moments de sommeil sont répartis de façon homogène au cours de la journée et de la nuit (ce n'est pas comme chez le chat où il y a une physiologie très nocturne).

Les premières « sorties » du chiot

L'autre point important, ce sont les nouvelles possibilités du chiot sur le plan moteur. Auparavant, il n'était pas capable de se soulever sur ses quatre membres. Lors d'une première phase, il parvient à se soulever sur ses antérieurs, puis sur les postérieurs sans plus pouvoir soulever les antérieurs. Maintenant, il est capable de tout soulever en même temps. Le système nerveux, qui continue sa maturation, lui permet donc d'enchaîner quelque chose qui n'est pas encore de la marche mais qui n'est plus de la reptation : cela ressemble à une marche avec des moments très curieux où le chiot tombe, roule sur le côté. C'est encore très incoordonné, mais ce nouveau mode de locomotion permet cependant au chiot d'aller plus loin, c'est-à-dire qu'il commence à effectuer des sorties du « nid » de plus en plus fréquentes. Auparavant, le chiot avait tendance à rester là où sa mère l'avait placé, c'est-à-dire dans son panier, lorsque la chienne vit dans un environnement installé par l'homme, ou dans un trou qu'elle a creusé si elle est livrée à elle-même. Si les chiot ne quittaient pas ce « nid », c'est parce que la reptation ne leur permettait pas d'en sortir. Maintenant qu'ils peuvent se déplacer et tenter leurs premières sorties, la mère est sans cesse obligée de les ramener vers le nid.

Cette possibilité motrice est évidemment associée à un meilleur contrôle de l'appareil musculaire, non seulement des muscles des membres, mais aussi des muscles faciaux et de la queue. Ce qui veut dire que le chiot commence tout doucement à acquérir les éléments de base pour le vocabulaire de communication gestuelle. Il se met à faire bouger ses babines, ses oreilles et sa queue, bref à maîtriser les éléments de base qui vont lui permettre, pendant la période de socialisation, de dialoguer avec ses congénères. À ce titre, la période de transition est aussi la période où finissent de s'installer tous les éléments nécessaires à l'acquisition des compétences sociales, notamment en termes de communication.

Tétée et autres activités

La tétée est l'un des premiers domaines dans lequel ces nouvelles compétences vont se mettre en œuvre : jusqu'à la période de transition, le chiot tétait quand il avait faim, mais il était tributaire de l'orientation tactile vers la mère (on a vu qu'il avait un réflexe spécial qui lui permettait de la retrouver, voir page 26) et il mettait en route la mamelle comme il pouvait, à la fois avec ses pattes et grâce à la succion ; maintenant, il est capable d'inciter la mère à se laisser téter. Il va donc y avoir une sollicitation plus structurée qui constitue une amorce de communication : le chiot se manifeste toujours par des petits gémissements, mais il se met aussi tout doucement à émettre des signaux posturaux avec mimiques faciales.

De même, pendant la période de transition, il commence lui même à basculer sur le côté au moment où la mère va déclencher le réflexe de l'urine et des excréments (voir pages 26 et 27). On quitte donc cette période de semi-passivité du chiot nouveau-né pour entrer dans une relation plus active.

Le chiot s'attache à sa mère et apprend qu'il est un chien

La période de transition ne se limite pas à l'acquisition des derniers éléments sensoriels, si importants soient ces événements pour le développement du chien dans sa structure anatomique et physiologique : c'est aussi et surtout le moment où le chiot va s'attacher à sa mère et découvrir qu'il est un chien selon un processus qu'on nomme le « processus d'imprégnation ».

Qu'est-ce que le processus d'imprégnation ?

Quand on parle d'imprégnation, de quoi parle-t-on ? Le processus d'imprégnation a été rendu célèbre par les premiers éthologistes, notamment par Konrad Lorenz qui utilise plutôt le terme d'« empreinte ». Pendant très longtemps, on a considéré que les animaux appartenant à une même espèce savaient spontanément reconnaître cette appartenance ; mais personne ne s'était jamais posé la question de savoir comment un canard savait qu'il était un canard et pourquoi il recherchait un autre canard pour s'accoupler…

L'acte fondateur de l'éthologie fut de s'apercevoir que les animaux (il s'agissait en l'occurrence d'oiseaux, d'oies et de canards), quand ils viennent au monde, n'ont pas plus de raisons de s'intéresser à une vache qu'à une oie ou à une otarie : ils sont en fait attirés par le premier objet en mouvement. Cet objet devient pour eux l'élément rassurant et s'érige en référence de l'identique. Il s'agit donc d'un apprentissage indélébile et ponctuel. Pour désigner ce processus, Konrad Lorenz va choisir le mot allemand de *Prägung* qui signifie « empreinte ». En effet, tout se passe comme si, avec un tampon, ou un sceau, on imprimait dans la cire une marque définitive.

C'est une erreur de manipulation qui a permis à Konrad Lorenz de réaliser son expérience : il était par hasard présent au moment où des œufs d'oies en couveuse étaient en train d'éclore. La première chose en mouvement que les oies nouvellement nées ont vu, c'est donc Konrad Lorenz. Elles se sont mises à le suivre partout. Quelques semaines plus tard, quand elles sont devenues adultes, au lieu de s'intéresser à d'autres oies pour avoir des rapports sexuels et perpétuer l'espèce, les oies ont cherché à s'accoupler avec Konrad Lorenz ou avec les autres êtres humains qu'elles croisaient.

Ce qui est extraordinaire, c'est ce mécanisme d'apprentissage qui signifie que la prédestination génétique qu'on avait plaquée sur les animaux n'a pas de fondement : quand on est un animal, on ne naît pas en sachant ce qu'on est ni à quelle espèce on appartient. Il faut *l'apprendre*.

Chez les mammifères, certaines espèces fonctionnent plus ou moins sur ce modèle : c'est notamment le cas des herbivores chez lesquels les petits ont très vite, dès la naissance, une grande autonomie, à l'instar des petits d'oiseaux du type oie, canard ou poule. Mais pour d'autres mammifères dont les petits sont beaucoup plus dépendants (comme les petits carnivores, les petits singes, l'ensemble des jeunes primates), les choses semblent être beaucoup plus chaotiques, et l'on peut arriver à profondément perturber ce mécanisme. Je ne fais même pas référence à l'être humain chez qui ce processus est beaucoup plus long et perturbable. Chez le chien, on s'est vite aperçu que ce phénomène se jouait beaucoup plus dans la durée ; c'est pour cela qu'un certain nombre de spécialistes préfèrent le terme d'imprégnation qui souligne l'idée de processus.

L'attachement à la mère

Lié à l'imprégnation se met en place un autre processus qui est l'attachement à la mère. Certains font un amalgame entre les deux et disent que, chez les mammifères, on parlera plutôt d'attachement que d'empreinte ou d'imprégnation. En ce qui me concerne, je pense qu'il y a vraiment deux mécanismes différents et que la particularité de mammifères tels que le chien est justement de vivre un phénomène d'attachement qui est la condition nécessaire au bon déroulement du processus d'imprégnation.

➤ Comment le chiot s'attache à sa mère

Il semble que le chiot, pendant la période de transition, identifie très distinctement l'individu qui lui apporte les éléments vitaux que sont l'alimentation, la chaleur, l'apaisement des besoins d'évacuation (puisqu'on a vu page 26 que le chiot nouveau-né n'est pas capable de faire ses besoins tout seul). Or, pendant cette même période, on découvre un autre élément dans le dialogue entre le petit et la mère, qui se joue dans la présence de substances particulières : les phéromones.

Ces phéromones, on va les retrouver très souvent dans la vie du chien (voir pages 152 à 155). Disons rapidement que le terme de « phéromone » est souvent confondu avec celui d'« hormone », confusion qui n'est finalement pas tout à fait fortuite puisque dans les années 1950, lorsque ce mot a été forgé, on parlait même de phérormones. Ensuite, pour faciliter la prononciation, le mot est devenu « phéromone ».

Phéromone vient du grec *pherein* qui veut dire « emporter », « emmener à distance » et *ormao* qui signifie « exciter », « stimuler ». Les phéromones sont donc des substances portées à distance qui ont un effet excitateur. Effectivement, on s'est aperçu que dès la naissance, la mère était stimulée par des phéromones d'adoption qu'on retrouve chez de nombreux mammifères et qui ont une survie apparemment assez brève (deux à trois jours chez le chien) ; ces phéromones d'adoption participent au déclenchement du maternage de la mère. La mère, pour sa part, sécrète au niveau de ses mamelles une phéromone d'apaisement nécessaire au développement du chiot. C'est pourquoi elle devient un être rassurant, qui va être identifié comme un individu bien précis, avec toutes ses caractéristiques de forme, d'odeur, de goût, etc.

À partir de là, le chiot va s'attacher à cet être qu'il vient d'identifier et à aucun autre. Dès cet instant, on ne peut plus proposer au chiot une autre mère, une autre chienne, même si celle-ci a du lait et qu'elle accepte de s'en occuper. Spontanément, elle ne peut pas être perçue comme apaisante et ne sera pas capable de soulager l'état de détresse du chiot qui ne retrouve plus sa mère.

« Que se passe-t-il si, à ce moment-là, pendant la période de transition, un chiot est séparé de sa mère ? »

Au moment où le chiot commence à prendre des distances avec son environnement de départ (le nid), il a besoin d'un individu précis, de sa mère et pas d'une autre. S'il ne la retrouve pas, il bascule dans un état de détresse terrible et, au bout d'un moment, de quelques heures en réalité, cet état devient quasiment irréversible, avec toutes sortes de problèmes à la clef (détresse immunitaire et physiologique) parce qu'il ne se nourrit plus. Bien que le terme de « cristallisation » fasse un peu trop référence à la psychanalyse, il donne une image assez juste du processus : pour le chiot, tout se focalise en effet sur un individu bien précis (la mère) qui se révèle être le seul pôle rassurant.

Un nouveau comportement : l'exploration en étoile

Dès que l'attachement à la mère est installé, la structure du comportement exploratoire du chiot va se modifier et se distancier. Le chiot va avoir ce comportement qu'on appelle d'« exploration en étoile ». Cela veut dire qu'il s'éloigne mais qu'il revient sans arrêt vers l'être d'attachement, sa mère, pour reprendre un contact physique direct avec elle : il la lèche, il se frotte contre elle, il tète s'il a faim, et, bien évidemment, sa mère répond en le léchant à son tour et en le prenant contre elle.

➤ Comment l'attachement à la mère détermine le processus d'imprégnation

Ce lien d'attachement est indispensable pour que la suite du développement et la socialisation puissent avoir lieu. Les gens qui travaillent sur les troubles du comportement défendent de plus en plus, en se basant sur ce qu'ils observent en clinique, l'idée que cet être d'attachement est indispensable pour que le chiot puisse identifier son semblable : c'est en quelque sorte en référence à cet être d'attachement que se fait l'imprégnation.

Dans les années 1960, aux États-Unis, Fox, qui a beaucoup travaillé sur le chien, tente une expérience : il provoque des séparations très précoces en enlevant des chiots à leur mère dès la naissance, et en les élevant au biberon. Ces chiots sont donc chauffés à la lampe et nourris au biberon. Lorsqu'ils ont trois ou quatre mois, il décide de les remettre dans un enclos avec d'autres chiens pour essayer de les faire vivre dans la meute. Mais les chiots sont dans un état de panique totale et, incapables de s'adapter à leur nouvel environnement, ils sont très vite rejetés par les autres. En général, l'expérience s'arrête là, et les chiots sont très rapidement retirés de la meute pour qu'il ne leur arrive pas malheur. Mais quel que soit le temps d'immersion dans la meute, ils n'arrivent pas à vivre avec les autres, ce qui est typiquement la caractéristique d'un animal qui n'a pas été imprégné par sa propre espèce.

Autre volet de l'expérience, certains chiots – de façon tout à fait fortuite d'ailleurs, certainement parce qu'ils attiraient plus particulièrement la sympathie de certains étudiants de Fox – ont fait l'objet d'une plus grande attention : au lieu de les mettre sous la lampe et de leur donner des biberons de façon « neutre », les étudiants ont établi des relations affectives avec eux, ils les ont en quelque sorte maternés. De telle sorte qu'un lien d'attachement avec l'être humain s'est établi. Or, bien que ces chiots-là n'aient pas eu au départ d'attachement sur un chien, ils sont capables de s'adapter à un monde canin : quand on les remet dans la meute, même si c'est très longtemps après, ils ont d'abord une période pendant laquelle ils sont à l'écart et ne savent pas comment se débrouiller, puis au bout de quelques jours, ils arrivent à mettre en place des éléments de communication avec les autres et à s'intégrer à la meute.

Conclusion : manifestement, si le chiot vit un processus d'attachement, même si ce n'est pas à la bonne espèce, même s'il y a des caractéristiques qui *a priori* ne prédisposent pas l'animal à pouvoir s'intégrer à son groupe, un « rattrapage » est par la suite possible.

Cela tendrait à prouver qu'il y a un double mécanisme : l'attachement, pour permettre d'avoir un pôle de stabilité rassurant au moment où l'animal commence à développer une exploration à distance et à avoir des contacts riches avec l'extérieur, puis, à partir de cette relation d'attachement, le phénomène d'imprégnation.

Les conséquences du processus d'imprégnation sur le comportement social et sexuel du chien

Cette imprégnation est indispensable parce que c'est elle qui permet la bonne identification du semblable à l'âge adulte, c'est-à-dire que le chien aura tendance à chercher, pour partenaire sexuel, un individu qui fait partie de la même espèce zoologique que l'être d'attachement.

Aujourd'hui, on rencontre beaucoup de chiens adultes, mâles et femelles, qui n'ont absolument aucun intérêt pour leurs congénères. Le scénario le plus caricatural est celui du chien adulte qui, lorsqu'il perçoit les phéromones d'une chienne en chaleur, réagit en quelque sorte malgré lui, puis, quand il voit la chienne, s'en désintéresse. Il existe de nombreux exemples, dans les laboratoires où l'on fait de l'insémination artificielle chez le chien, de mâles qui dédaignent les chiennes mais qui en revanche s'intéressent beaucoup aux dames qui sont présentes. C'est un phénomène très classique chez le chien imprégné d'espèce humaine, ainsi que chez la chienne : en présence d'un chien mâle, tout ce qui est comme l'odeur de son urine, etc. la séduit, mais elle ne se laisse pas saillir par le chien. En revanche, elle est très empressée vis-à-vis de son propriétaire ou de n'importe quel homme qui se trouve là.

On voit donc que le processus d'imprégnation est déterminant pour le comportement sexuel du chien. Pour autant, dans le cas où il y a eu un phénomène d'attachement et d'imprégnation sur l'être humain, il apparaît que, si on prend le temps de le laisser immergé dans une meute pendant suffisamment longtemps, le chien finit par s'intéresser aux chiennes ; mais il n'en demeure pas moins qu'il garde un certain intérêt pour l'espèce humaine. À ce titre, le chien, comme le chat, fait partie de ces espèces (peut-être comme d'autres espèces, mais c'est assez discuté, alors que pour le chien et le chat, c'est absolument sûr) qui sont capables d'avoir une double empreinte, une double imprégnation. *A priori,* on peut penser que cette capacité est très fortement impliquée dans leur compétence à être des animaux de compagnie très étroitement liés à l'homme ; grâce à cette double empreinte, le chien comme le chat sont des animaux à double socialisation.

« Quels sont les risques si un chiot s'attache précocement à un être humain ? »

Il ne faut pas avoir une vision caricaturale des choses : pendant longtemps, on a cru qu'il ne fallait pas avoir un chiot trop jeune parce qu'il risquait d'effectuer une imprégnation à l'être humain et qu'ainsi, on ne pourrait jamais en faire un vrai chien capable de se reproduire et de cohabiter avec ses congénères. On imaginait qu'on allait en faire un monstre qui, en quelque sorte, ne serait pas un chien.

En fait, la compréhension de la dualité de l'attachement et de l'imprégnation va vers quelque chose de beaucoup plus adaptable qui consiste à dire que la seule chose vraiment grave et quasi irréversible, c'est de ne pas avoir développé un lien d'attachement.

Si vous avez une chienne qui a des chiots et si, par malchance, votre chienne est incapable de s'occuper des chiots quand ils abordent la période de transition (donc quand ils ouvrent les yeux), soit parce qu'elle est malade et qu'il faut la séparer des petits (à la suite d'une infection des mamelles par exemple), soit parce qu'elle refuse, vous devez être conscient que votre tâche ne se réduit pas à donner correctement le bon nombre de biberons ou à mettre les chiots bien au chaud. Ce qu'il faudra faire dans ces cas-là, c'est établir un lien personnel avec les chiots : laissez parler votre fibre maternelle. Même si vous en faites un peu trop, il sera toujours possible de juguler cela par la suite. Mais il faut absolument que s'établisse une relation et que cette relation soit assez forte pour que le chiot puisse développer son lien d'attachement vis-à-vis de vous, car tout est réparable par la suite.

En revanche, s'il n'y a pas eu d'attachement, on voit apparaître des troubles comportementaux acquis (je fais bien la distinction avec les troubles comportementaux qui peuvent être d'origine plus endogène). Finalement, le plus grave et le plus difficile à traiter, c'est l'absence d'attachement. Si la mère n'est donc pas en mesure de s'occuper de ses chiots, ce n'est pas dramatique à condition que quelqu'un dans la maison soit capable de prendre le relais.

« Comment peut-on concrètement aider la mère à s'occuper de ses chiots ? »

Premier point, il ne faut pas s'interdire d'aller toucher les chiots sous prétexte qu'on favorise ainsi ce qu'on a appelé la double imprégnation (voir page 100). De surcroît, le chiot souffrira beaucoup moins s'il doit changer de maison, et saura beaucoup mieux s'adapter. Il faut garder à l'esprit le fait que la vie d'un chiot, ce n'est pas de rester avec maman jusqu'à la fin de ses jours, mais, plus probablement, de la quitter pour aller dans un autre système.

Deuxième point : l'aider à nourrir ses petits. En fait, la mère ne s'occupe pas seule des chiots, puisque habituellement, dans une meute, la chienne n'allaite jamais seule ses petits. Et cela *a fortiori* si c'est une chienne dominante : dans ce cas, il y aura des chiennes en position dominée qui ont une lactation à ce moment-là (alors qu'elles-mêmes n'ont pas de chiots) qui serviront à allaiter les chiots des autres. Vous pouvez donc tout à fait mettre la main à la pâte.

Prenons le cas d'une chienne de race très prolifique, comme le labrador ou le setter, chez lesquels on peut avoir sept, huit, jusqu'à douze chiots. Sachez que si, pendant la première semaine, elle produit du lait en suffisance parce que les chiots sont encore petits (les premiers jours, il s'agit d'ailleurs d'un lait spécial, le *colostrum,* riche en anticorps), elle est ensuite incapable de faire face. Il faut donc aider la chienne en donnant aux chiots des suppléments de lait maternisés, au biberon puisque, la plupart du temps, jusqu'à trois ou quatre semaines, ils ne sont pas capables de boire autrement qu'au biberon.

On trouve ces laits maternisés, sous forme de poudre ou déjà liquides, chez le vétérinaire ou le pharmacien, ainsi que des biberons spécifiques, avec plusieurs tailles de tétines. Les chiots s'autorégulent exactement comme le font les bébés humains, c'est-à-dire qu'au bout d'un certain temps ils régurgitent un peu de lait (ce qui n'est pas grave) et s'arrêtent de téter. Les régurgitations sont d'autant plus normales avec un biberon qu'une tétine ne se comporte pas comme une mamelle, il y a plus d'ingestions d'air, des petits renvois, etc. Ce sont des choses que les gens ont tous bien connues avec leurs bébés, et, en général, tout se passe très bien puisque ce sont sensiblement les mêmes exigences d'hygiène pour les biberons humains.

À la fin de la période de transition, le contrôle de la motricité du chiot et le fait qu'il voit vont lui permettre d'apprendre à boire dans une écuelle ; vous pourrez donc abandonner la contrainte du biberon pour passer à la gamelle. Mais cela ne doit pas vous dispenser de vous occuper des chiots, de passer des moments avec eux en allant les voir régulièrement, de vous asseoir au milieu d'eux, de les laisser venir sur vous, etc. afin qu'il y ait double attachement et double imprégnation.

Le sommeil et le processus d'imprégnation

On a parlé précédemment (voir page 59) du sommeil et de sa structure. Or il s'avère que, chez les mammifères, il y a une étroite relation entre la longueur et la complexité du processus d'imprégnation et la structure du sommeil. Cela veut dire qu'en fait les espèces qu'on qualifie de nidicoles, c'est-à-dire chez lesquelles le petit reste longtemps dépendant des soins de la mère ou du groupe social (il faut le préciser parce qu'il y a des espèces chez lesquelles la mère n'est pas la seule à s'occuper du petit, notamment chez les chiens), produisent beaucoup de sommeil paradoxal. Il s'agit souvent de carnivores ou d'omnivores qui aiment beaucoup la viande et chez lesquels l'établissement de l'attachement est plus long.

Si on veut avoir une vision très finaliste, on peut dire que ce sont les espèces à tendance prédatrice qui peuvent « se payer le luxe » du danger que représente le sommeil paradoxal. Pourquoi le sommeil paradoxal est-il un luxe ? Parce que c'est un sommeil pendant lequel le tonus musculaire est annihilé sauf pour les muscles respiratoires et les muscles moteurs des yeux et que c'est donc un état de vulnérabilité particulièrement grande. Or on s'aperçoit que le processus de sommeil lent n'est possible que chez ces animaux.

En revanche, chez les herbivores, qui sont en quelque sorte du mauvais côté et qui jouent la plupart du temps le rôle de la proie, le sommeil paradoxal est extrêmement dangereux ; en effet, rêver dans les hautes herbes de la savane peut se révéler mortel. De même, avoir des petits extrêmement dépendants et qui vont mettre longtemps à être capables de courir, par exemple, n'est pas vraiment recommandé. En tout état de cause, chez les herbivores, l'établissement de l'empreinte est extrêmement bref (quelques heures suffisent chez la plus part d'entre eux), et l'autonomie des petits est très grande. On obtient donc quelque chose d'analogue à ce qu'on a décrit chez les oiseaux, c'est-à-dire un phénomène d'empreinte rapide puis une capacité très précoce d'autonomie.

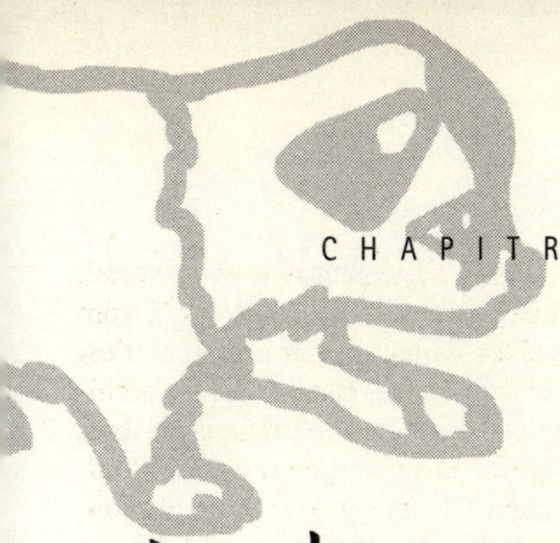

CHAPITRE 3

Le chiot apprend à vivre avec les autres

La « période de socialisation » commence lorsque le chien devient capable d'entendre (entre 21 et 28 jours) et s'achève à la puberté (entre 6 et 18 mois). C'est une étape très importante pendant laquelle le chien apprend à vivre avec les autres. On pourrait même dire qu'elle est dangereuse, parce qu'elle marque le moment où le chiot va quitter sa mère, et où il est donc soumis à une série de bouleversements. Une large part des problèmes de la relation entre l'homme et le chien vont se jouer là.

L'éducation et le dressage du chiot

Il est évident que décrire le développement du chiot en se basant sur ce qui se passe à l'intérieur d'une meute ne correspond plus très bien à la vie du chien d'aujourd'hui, exception faite des chiens de meute (utilisés pour la chasse à courre) et, dans une moindre mesure, des chiens d'attelage de traîneau. Dans la plupart des cas, ce qu'on nomme la « période de socialisation » se réalise, en totalité ou en partie, en milieu humain. Cette socialisation commence déjà au contact des congénères et avec l'éducation par la mère. Idéalement, le chiot devrait donc l'avoir amorcée dans des conditions optimales chez l'éleveur avant d'arriver chez son propriétaire. Or les mauvaises pratiques d'élevage s'opposent souvent à la bonne socialisation du chiot, ce qui veut dire que, dans de nombreux cas, il ne commencera sa socialisation qu'à la maison. Il lui faut trouver auprès de vous une famille adoptive, au sens éducatif du terme, pour pouvoir s'en sortir. Que signifie alors éduquer un chien ? Éducation est-elle synonyme de dressage ?

La différence entre éducation et dressage

Aujourd'hui, contrairement à ce qui se passait il y a une vingtaine d'années, le mot de dressage a une connotation péjorative : il évoque soit un homme en treillis et rangers armé d'une cravache et d'une voix sonore, soit un dompteur, sur une piste de cirque, un cerceau dans une main, un fouet dans l'autre. Or le dressage n'est rien de tout cela. Il prend sens par rapport et en complément de ce qu'on peut appeler l'« éducation ».

L'éducation d'un chiot est l'ensemble des mécanismes d'acquisition indispensables à la réalisation d'un comportement typiquement canin, une fois adulte. Autrement dit, éduquer un chien, c'est lui inculquer tout ce qu'il doit savoir pour être un honnête chien dans un monde de chien. Mais comme on l'a vu, aujourd'hui, le chien est aussi une « création » de l'homme, et il a donc besoin d'être capable de s'intégrer à un monde d'homme en le comprenant le mieux possible, mais tout cela sans qu'on lui assigne la moindre fonction particulière : il s'agit simplement de lui permettre d'être capable d'interpréter tout ce qui se passe et de contrôler ses réactions de façon à ne pas être en situation de rejet. On peut dire que cette définition de l'éducation n'est pas sans analogie avec celle de l'éducation d'un enfant.

Le dressage consiste à mettre en place des acquis qui n'ont aucun sens fondamental pour le chien, des acquis qui dans un monde de chien ne servent à rien, mais qui vont rendre service à l'homme. Il s'agit donc aussi bien du dressage tout à fait primaire tel que revenir au rappel, s'asseoir, se coucher que d'un dressage plus spécifique comme pour les chiens de chasse, les chiens guides d'aveugles, les chiens qui recherchent les explosifs ou les truffes.

Pour développer notre analogie, on pourrait dire que le dressage correspond à la partie plus intellectuelle de la scolarité de l'enfant et ensuite de la vie professionnelle. C'est l'acquisition de ce qui n'est pas indispensable à la survie dans un environnement « naturel ».

Un calendrier de l'éducation

Pour autant, ce ne sont pas les mêmes mécanismes qui sont à l'œuvre, c'est-à-dire que, pour que l'éducation réussisse, il faut qu'elle suive un certain plan qui est contraint par les capacités d'acquisition du chiot : certaines capacités (comme la propreté par exemple) sont faciles à acquérir pour le chiot à un certain âge, mais on aura plus de mal à les lui apprendre plus tard, ou, en tout cas, il ne pourra pas les acquérir par les mêmes mécanismes. Il y a un âge où l'acquisition de ce qu'on appelle « la morsure inhibée » (voir page 92), qui fait partie du contrôle moteur, doit être assimilée. Si ce n'est pas le cas, on est obligé de le faire en thérapie (voir page 107) et d'utiliser des moyens d'acquisition particuliers souvent associés à des médicaments.

Il y a donc une sorte de calendrier qui se déroule inexorablement au fil du temps, ponctué par des moments où le chiot a probablement, dans son système nerveux, la plus grande capacité à apprendre : ce sont des moments de maturation de certaines structures neurologiques, qu'on a coutume d'appeler des « périodes critiques », dans le sens où il se passe un changement et un aménagement particulier dans l'organisme et dans les fonctions psychiques, de telle sorte que c'est à ce moment-là qu'il faut que les choses se passent.

En décrivant la période de socialisation, il faudra donc à la fois expliquer le cheminement normal d'un chiot dans son monde de chien et déterminer ces périodes critiques, afin d'essayer d'en tirer un plan d'éducation pour les parents bipèdes qui vont se retrouver en charge d'un chiot.

Le rôle de l'environnement dans l'éducation du chien ou les fantasmes de la génétique

Sur le plan fantasmatique, l'homme a très richement investi le chien. Pourtant, paradoxalement, le chien est à la fois supposé être un individu qui comprend tout (sans pouvoir parler) et un animal dont les caractéristiques comportementales sont codées génétiquement, au même titre que la couleur de sa robe, la longueur de ses oreilles ou de sa queue… Certaines personnes, qui par ailleurs utilisent des méthodes de dressage très dures et avec un conditionnement très étroit, tiennent un discours complètement contradictoire : d'un côté, elles énoncent avec assurance : « Oui, tel chien, c'est son caractère d'être comme ça », et, de l'autre côté, vous demandent de ne pas dire n'importe quoi devant le même chien parce qu'il comprend le langage humain. C'est complètement antinomique : même si aujourd'hui les sciences du comportement ne peuvent se targuer d'être tout à fait exactes, on ne peut pas se permettre d'affirmer qu'une espèce est capable d'accéder à ce qui est considéré comme ce qu'il y a de plus subtil, à savoir le langage, et, en même temps, prétendre qu'elle est génétiquement entièrement programmée (il est vrai que certains vont jusqu'à penser que le comportement humain est génétiquement programmé…). Tout cela est entièrement faux, même si cela nous arrange bien : le patrimoine génétique intervient pour coder certaines caractéristiques ponctuelles mais pas pour tout, et, en tout cas, pas pour la structure fine du comportement.

Dans les descriptifs de caractère des races, on dit par exemple que le labrador est un chien doux et calme, ce qui explique qu'on puisse en faire un guide d'aveugle. Or on voit arriver en consultation des propriétaires affolés parce que leur labrador est différent ; ils vont alors jusqu'à parler de consanguinité, de tares génétiques… En fait, il n'en est rien : ce qu'on peut seulement dire, c'est que le chien est la résultante d'une série d'erreurs dans l'organisation de ses conditions de développement.

Il est important de comprendre qu'en réalité il y a, certes, un certain nombre d'éléments qui sont génétiquement codés, très probablement la susceptibilité émotionnelle ou la propension à développer des troubles de l'humeur, la tendance à utiliser davantage les signaux faciaux ou corporels (souvent pour des raisons neurologiques d'ailleurs). Par exemple, le boxer, qui a une mobilité faciale un peu moindre que celle d'un chien de type berger, est un animal qui accentue beaucoup ses postures corporelles. Il suffit d'avoir vu le rituel d'accueil effectué par un boxer, c'est une véritable danse où il se place presque en accent circonflexe, avec le derrière qui remue. Un berger allemand dans le même rituel utilisera beaucoup de mouvements de babines, d'oreilles ; la queue, qui est entière, fera des moulinets et le corps sera beaucoup moins expressif. Ces différences existent, mais, pour autant, on ne peut pas dire que tous les caniches sont faits, à l'origine, pour s'installer sur les genoux des grand-mères et s'y faire caresser, ou que les labradors sont destinés à guider les aveugles, ou à rester vautrés devant la cheminée au milieu d'une famille adepte du « cocooning ». Tout cela est absolument infondé et ne rend pas compte de la réalité. Il y a une promesse génétique, mais l'environnement va jouer un rôle absolument déterminant et peut même parfois gâcher cette promesse génétique.

Actuellement, on considère que le déterminisme génétique intervient pour 20 % dans le développement comportemental. Cette question est évidemment très polémique et nous y reviendrons plus en détail pages 359 à 364. Mais il est important d'en parler ici dans la mesure où l'on verra, quand on abordera le sujet de la pathologie, que finalement, et fort heureusement, la contrainte génétique n'est pas si puissante. C'est du reste pour cette raison qu'on peut traiter un grand nombre de ces problèmes ; s'ils étaient d'ordre génétique, on n'y parviendrait pas.

Lorsque j'ai commencé à soigner des troubles du comportement, on entendait souvent dire (c'est heureusement beaucoup moins fréquent aujourd'hui) que ce n'était pas la peine de tenter quoi que ce soit puisque, de toute façon, le chien était taré. Le seul traitement pour les chiens dits tarés était l'euthanasie.

Le mythe du gène de la peur du fusil

On trouve dans de nombreux ouvrages la description du gène de la peur du coup de fusil ou encore du gène de la peur du bâton, etc. Le gène de la peur du fusil pose cependant un énorme problème théorique qui est celui de l'extrême prévoyance de la nature qui a bien sûr imaginé qu'un jour l'homme inventerait la poudre et le fusil ! On imagine assez difficilement l'ADN préfigurant l'existence des armes à feu... ou alors on entre dans le domaine de la théologie et non plus de la biologie. Ce qui est moins drôle, c'est que des chiens ont été euthanasiés parce que considérés comme porteurs d'un gène qui les rendrait inaptes et donc impropres à la reproduction.

Aujourd'hui, il existe, dans le cadre des épreuves de qualification pour les chiens de défense, ce qu'on appelle le TAN, le test d'aptitude naturelle – notons qu'« aptitude naturelle » sous-entend que c'est inné. Lors de ce TAN, les chiens subissent une épreuve de réaction au tir du pistolet à amorce. Si le chien a peur, c'est *gravissime*, et le chien est considéré comme très mauvais. Or il faut savoir que le TAN a été créé par des gens qui sont eux-mêmes éleveurs et qui vous expliquent froidement que, si un chien a une mauvaise note, c'est qu'il a été mal préparé pour son test. Ce qui est pour le moins étonnant car soit il s'agit effectivement d'aptitudes naturelles et le chien est comme il est, soit c'est un examen qu'on fait passer au chien après apprentissage et il s'agit donc d'un acquis, ce qui signifie purement et simplement que le gène de la peur du coup de fusil ne peut pas exister.

Dans la période de socialisation, entre 3 ou 4 semaines jusqu'à 6 à 7 semaines, il y a un temps où il ne se passe rien d'extraordinaire, si ce n'est l'accentuation de ce qu'on a vu pendant la période de transition : le chiot marche, accélère un peu, émet des signaux posturaux (même s'ils sont désorganisés), mais ce chiot est en train de vivre tout doucement son changement alimentaire et d'emmagasiner des informations sur son environnement.

S'insérer dans le groupe

Les règles sociales autour de la nourriture

La période de socialisation est l'âge du sevrage. Ce qui nous intéresse dans ce changement d'alimentation, c'est que jusqu'alors, il n'y avait pas, pour le chiot, de hiérarchie alimentaire, et qu'il va donc désormais apprendre cette nouvelle donne de la vie canine.

➤ Le mythe de la hiérarchie à la mamelle

On a souvent entendu dire que le chiot qui prend la mamelle le plus rapidement est le dominant, mais cette croyance fait partie des mythes auxquels il faut tordre le cou. Depuis Konrad Lorenz qui l'avait décrit, notamment pour les singes, on sait en éthologie qu'il y a une dissociation entre le statut de dominant et la caractéristique de l'individu. Cela veut dire qu'être dominant n'est pas une caractéristique individuelle intrinsèque.

Expliquons-nous plus simplement : si l'on dit d'un individu qu'il a le poil long ou qu'il a le poil marron, c'est une caractéristique individuelle intrinsèque. En revanche, être dominant est à la fois une fonction et un qualificatif transitoire qu'on peut donner à un animal dans un contexte donné. C'est une notion qui dépend étroitement de l'entourage de l'animal : un individu est dominant uniquement parce que les autres acceptent d'être en position de dominés.

En quoi cette notion est-elle importante ? Tout simplement parce que certaines personnes pensent que, si elles parviennent à repérer les chiots dominants et qu'elles les évitent, alors elles n'auront pas de problème. C'est faux. Lorsque les chiots sont à la mamelle, il n'y a pas de dominant, c'est la foire d'empoigne : on a faim, on essaie d'attraper une mamelle et en général, comme on arrive à la période où certaines mamelles ne donnent plus beaucoup de lait (notamment pour les mamelles thoraciques dont la glande est plus petite), tout se joue en fonction de la vigueur, de la force physique ou du poids.

Il faut bien comprendre que la dominance consiste justement à ne pas s'imposer par la force, en agressant l'autre : c'est l'autre qui s'interdit d'être un obstacle à votre volonté. Face à la nourriture, quand il y a un rapport dominant-dominé (on le verra quand le chiot aura vraiment acquis un mécanisme hiérarchique), le dominé va s'inhiber tout seul pour laisser manger le dominant. Il essaie par toutes sortes de postures apaisantes de savoir s'il aura droit à un peu de nourriture, mais il n'y aura pas de combat pour déterminer lequel est le plus fort et gagnera le droit de manger. C'est justement pour éviter cela que ces mécanismes existent, notamment l'auto-inhibition de celui qui se met en retrait.

➤ Comment le chiot apprend la hiérarchie alimentaire

Les chiots pour l'instant ne connaissent donc pas de hiérarchie ; ils vont en faire l'apprentissage grâce à ce changement alimentaire. Jusqu'à présent, il y avait les mamelles et puis, tout d'un coup, ils se mettent à manger la même nourriture que la mère ou d'autres chiens – s'ils ont la chance d'être dans un élevage en contact avec d'autres chiens. Ils fonctionnent encore sur le mode primitif : « J'ai faim, voilà de la nourriture, il faut que je la mange », mais ils se rendent compte que les choses ne sont plus si simples parce qu'il y a les adultes et que ceux-ci, mère comprise, grognent quand ils s'approchent et mangent les premiers.

Très vite, les chiots vont recevoir quelques coups de semonce assez radicaux ; il n'y a jamais de lésion physique, le message se limite souvent à des coups de tête et à des grognements. Mais parfois, il peut y avoir une sanction physique, comme chez les races qui sont morphologiquement les plus proches du loup, les plus primitives, notamment les chiens de traîneau, ou certaines races asiatiques comme le chow-chow, l'akita inu, enfin chez les chiens de type morphologique spitz, avec la queue enroulée sur le dos. On retrouve là un comportement qui est décrit chez le loup : l'adulte enfourne toute la tête du chiot dans sa gueule (les propriétaires sont évidemment en général affolés et, souvent, ils mettent les chiots en danger en poussant des hurlements), le chiot se relâche complètement, ce qui est une prémice de soumission, bascule en arrière, se soumet et arrête.

En quelques jours, le chiot aura appris que face à la nourriture il y a des règles, comme manger vite par exemple, parce que, si l'on est dominé et qu'on mange lentement, on risque à tout instant de voir un dominant surgir et manger tout ou partie de son repas.

➤ Le chien délinquant ou le chiot qui n'a pas appris la hiérarchie alimentaire

On s'aperçoit que pendant cette période, au moment du sevrage, il y a une exacerbation de l'agressivité entre les chiots. Puis l'acquisition de la hiérarchie alimentaire permet de faire régresser ce degré d'agressivité des chiots. Ce qui veut dire que si cette acquisition de la hiérarchie alimentaire n'a pas lieu à ce moment-là, notamment parce que les chiots vivent entre chiots (puisque beaucoup d'éleveurs sont persuadés qu'il est très dangereux de laisser les chiots avec des adultes, parce qu'ils interprètent mal les sanctions infligées par ceux-ci), on aura des animaux dont le développement alimentaire ne se structure pas sur le mode que l'on vient de décrire. Apparaissent des chiens qui vont garder un comportement primaire de compétition devant la nourriture, avec une attitude très brutale.

C'est en fait très courant : un chiot de 2 mois qui grogne dès que l'on s'approche de sa nourriture, capable de mordre si on vient trop près, très irritable dans le moment qui précède le repas, ou un chiot qui vole de la nourriture qu'il est toujours très difficile de lui reprendre sont loin d'être des cas isolés.

Ces chiots sont amenés à développer des troubles que l'on qualifie de « dyssocialisation primaire », trouble redoutable qui va faire de l'animal ce qu'on pourrait appeler, de façon imagée, un chien délinquant. En fait, l'attitude de ces chiens délinquants ressemble beaucoup à ce qu'on décrit chez les humains psychopathes : ils réagissent de façon extrêmement rudimentaire, ils voient une chose qui les attire (il y a donc motivation) et s'en emparent. Cela produit des situations complètement fantasmagoriques comme ce scénario qu'on raconte souvent en consultation :

Un repas en famille, le dimanche. Tout le monde s'apprête à déguster un poulet ou un rôti, et, soudainement, le chien saute sur la table, s'empare du morceau de viande. Il n'est pas question d'essayer de le lui reprendre, sauf si on est beaucoup plus fort que le chien et qu'on se bat : il n'y aura pas soumission de la part du chien, il faudrait lui faire mal pour qu'il parte. Il faut savoir que les morsures peuvent alors être très dangereuses, dans la mesure où le chien mord de toutes ses forces. En général, il est donc impossible de récupérer le fameux poulet.

Ce cas de figure est très différent de celui du chien qui va essayer de vous voler mais qui, si toute la famille se rebiffe, s'en va avec des attitudes de soumission.

Quand le chiot arrive dans la famille vers 4, 5 ou 6 semaines, alors que le processus de hiérarchie alimentaire n'est pas encore mis en place (c'est bien entendu le cas des chiots achetés en animalerie) ou à peine amorcé, les propriétaires pensent que ce « pauvre bébé » a faim puisque, souvent, ils établissent spontanément une équivalence avec le bébé humain : un chiot de 2 mois est l'équivalent d'un bébé de 2 mois, etc. Donc, comme il ne leur viendrait pas à l'idée de réguler la nourriture d'un bébé de 2 mois, ils lui donnent à manger dès qu'il réclame. Conclusion, le chiot est nourri en priorité, dès qu'il le demande, et on ne bénéficie pas de l'effet structurant et formateur du processus de hiérarchie alimentaire.

Comment donner ses repas à un chiot

Il y a deux techniques, en fonction de la façon dont vous organisez votre vie.

▪ *Première technique, dans la logique de la meute*

– Le chien assiste aux repas de ses maîtres (petit déjeuner, déjeuner et dîner) et ne reçoit rien d'eux pendant toute la durée du repas. C'est d'autant plus important que les besoins diététiques des chiens ne sont pas les mêmes que ceux des humains ; on a donc toutes les bonnes raisons de ne pas donner à manger à son chien à table.

– À la fin du repas, vous donnez au chien sa gamelle, dans un endroit (nous y reviendrons longuement, voir page 236) où vous ne restez pas parce qu'il ne faut pas assister au repas du chien.

– Vous lui laissez sa gamelle pendant un temps donné,

et, même s'il n'a pas mangé tout ce qu'il y avait dedans, vous la lui enlevez.
C'est ainsi qu'il faut procéder pour les trois repas du chiot.

- *Seconde technique : la logique du self-service*

Il faut reconnaître que la plupart des gens ont rarement l'occasion de prendre leurs trois repas chez eux. En outre, au petit déjeuner, vous n'avez peut-être pas très envie de manipuler de la nourriture pour chien (il n'y a aucune raison de se forcer à le faire). Vous pouvez donc marier deux logiques :

– Vous conservez le principe du repas du maître, c'est-à-dire que, pendant le repas pour lequel vous prenez le plus de temps, vous vous « exposez » en train de manger devant votre chien (il est très important qu'il assiste à cela), sans rien lui donner.

– En même temps, vous appliquez ce qu'on appelle la logique de *self-service* pour le chien, c'est-à-dire que le chien a sa gamelle de croquettes quelque part dans la maison, là où vous ne le voyez pas ; de préférence, à côté, il a son eau et il se nourrit quand il a faim. Dans ce dernier cas, le chien est exclu des habitudes alimentaires du groupe. Mais attention, cela est à mettre en place tout de suite, dès l'arrivée du chien chez vous. Car un chien pour lequel on passe au mode alimentaire en libre-service du jour au lendemain va être complètement déphasé : il va prendre un nombre impressionnant de kilos et ne comprendra plus rien.

Il est très important que le chien assiste au repas de ses maîtres sans qu'on lui donne rien à manger. C'est l'une des premières habitudes à donner au chiot lorsqu'il arrive à la maison : c'est non seulement simple, mais encore et surtout très précieux car on évite ainsi de nombreux problèmes.

Apprendre à se contrôler

➤ Apprendre à contrôler la morsure ou « la morsure inhibée »

Jusqu'alors, le chiot n'avait pas de dents. Or, aux alentours de 5-6 semaines, les dents vont faire irruption, et, à partir de ce moment-là, le chiot aura tendance à faire mal aux autres chiots au cours des jeux ou pendant la tétée. En effet, lorsque les chiots mordillent, le degré de pression est directement lié à leur degré d'excitation : il n'y a pas d'autre contrôle.

Que se passe-t-il alors ? Dès qu'il y a morsure, il y a cri, et ce cri va provoquer une réaction chez la mère qui intervient en grognant sur celui qui est en train de mordre. Très vite un système s'installe : le chiot qui est en train de mordiller pense à relâcher sa pression dès que l'autre crie, selon un mécanisme que l'on comprend bien, puisqu'il redoute l'intervention de sa mère. Ainsi, le chiot apprend à contrôler la pression de ses dents en fonction des réactions de l'adversaire : c'est ce qu'on appelle « la morsure inhibée ».

La morsure inhibée remplit d'autres fonctions fondamentales.

Contrôler la morsure pendant les combats

La morsure inhibée intervient de façon extrêmement importante dans les séquences d'agression. En effet, lors d'une agression entre deux chiens pour telle ou telle raison, celui qui a le dessus, en assurant une prise avec ses dents sur l'autre, va contrôler les réactions de ce dernier pour lâcher prise dès qu'il produit des postures de soumission. Cela veut dire qu'au fur et à mesure que son adversaire se soumet, il relâche la pression. S'il bouge, il serre. C'est pourquoi, sauf accidents graves dus en général à des troubles du comportements ou à des conditions de vie perturbées par l'homme, il n'y a pas de combat à mort chez le chien.

La mise en place de la morsure inhibée se combine d'ailleurs avec toute une série de petits jeux de combat dans lesquels les chiots s'agrippent et apprennent en même temps à se battre. Car contrairement à ce que l'on croit, les chiens ne se battent pas n'importe comment. Une stratégie s'élabore avec toujours le même scénario : il faut attraper l'autre par la peau du cou pour le tirer vers le bas et le faire basculer, ou encore lui prendre le fanon (la peau du cou mais en dessous) et tirer vers le haut pour ramener l'adversaire sur le dos. Tout cela se déroule avec un contrôle de la morsure.

La morsure inhibée ou le point de départ du contrôle moteur

La mère apprend à ses chiots le contrôle de la morsure lorsqu'elle joue avec eux : elle leur fait comprendre qu'elle ne supporte plus qu'ils la mordent et souvent, après avoir grogné, elle plaque le chiot au sol. En dehors du strict contrôle de la morsure dont on vient de parler, cet apprentissage marque aussi le point de départ du contrôle moteur, c'est-à-dire de la capacité du chiot à maîtriser l'amplitude de sa motricité.

En effet, lorsqu'il entre dans la période de transition, le chiot a tendance à être infatigable : il joue, joue et joue encore jusqu'à ce qu'il tombe de sommeil. Il attrape les oreilles, la queue et tout ce qu'il peut mordiller chez sa mère ; à un moment donné, la chienne le saisit dans sa gueule, grogne très fort et le bloque jusqu'à ce qu'il ne bouge plus. Dès qu'il s'arrête, elle le lâche.

Cette étape est très importante parce qu'on s'est aperçu que les chiots qui ne vivaient pas cette période de maturation allaient développer par la suite un tableau clinique très spectaculaire qu'on appelle le « syndrome d'hypersensibilité-d'hyperactivité » qui correspond a des chiens réactifs au moindre petit bruit et qui ont une motricité complètement incohérente (voir aussi page 104 à 112).

Quand on voit arriver un chien hypersensible et hyperactif en consultation, on en reste pantois : c'est un véritable ouragan canin qui ne s'arrête pas. Le maître lui-même a cessé très tôt de jouer avec le chiot et, souvent, il présente des traces de morsures sur les bras, non pas des morsures d'agressivité, mais néanmoins des plaies dans la mesure où le chien n'a pas assimilé la morsure inhibée. Les enfants en général ne veulent plus du chiot. Dans la rue, c'est une source d'ennuis éventuels parce qu'il attrape tout ce qui bouge : si un bout de manteau passe à hauteur de son museau, il s'en empare et tire dessus.

Ces chiots sont inéducables dans la mesure où ils sont incapables de se concentrer sur quelque chose : pour eux, tout est important. On est obligé de les traiter de façon très lourde pour pouvoir les guérir, avec des médicaments. C'est d'ailleurs très spectaculaire parce que ces chiens ressemblent beaucoup aux enfants hyperkinétiques, et on intervient pharmacologiquement de la même façon. Ce sont les mêmes psychotropes qui répondent aux mêmes spectres d'activité. Si l'on aborde cette question sous un angle éthologique et pas du tout psychanalytique, on s'aperçoit qu'il y a des facteurs très équivalents. Car même si on ne peut nier la présence très probable de facteurs de vulnérabilité génétique, on s'aperçoit que les conditions d'élevage et d'éducation favorisent cet état.

Prenons l'exemple du labrador chez lequel deux problèmes s'additionnent :

▪ Premier problème : les portées sont naturellement très nombreuses chez cette race, ce qui signifie que la mère ne peut pas exercer son action d'éducation sur tous les chiots, surtout dans les élevages où malheureusement elle est souvent seule pour gérer son abondante progéniture.

▪ Second problème : la mode du labrador. En effet, pour accroître la production de chiots très demandés, on a mis en reproduction de manière trop précoce des chiennes qui étaient assez immatures. Pire encore, quand c'est une chienne qui fait des expositions, l'éleveur, craignant que ses mamelles ne soient abîmées, sépare drastiquement la mère de ses petits lorsqu'ils ont quatre semaines : les dix ou douze chiots se retrouvent seuls dans un enclos sans aucun élément régulateur. Ce problème est extrêmement banal : on a vu des labradors qu'on avait essayé de dresser comme guides d'aveugles, et le résultat était cataclysmique. C'est dramatique pour la personne qui achète le chien en étant persuadée d'acquérir un chien calme puisque c'est un labrador (préjugé bien ancré). Certaines en arrivent même à se demander si c'est vraiment un labrador !

➤ Apprendre la propreté

Pour un chien, être propre a un sens restreint et signifie simplement : ne pas faire ses besoins à l'endroit où l'on dort. La propreté telle que l'entend l'homme n'est pas quelque chose de nécessaire dans un monde de chien.

Pourtant, cette éducation est indispensable à la vie du chien dans un environnement humain et cause souvent quelques soucis aux propriétaires.

Quand faut-il apprendre la propreté au chiot ?

Rappelons que la propreté demande un niveau de contrôle du sphincter qui n'est au début possible que le jour, un peu comme ce qui se passe chez un enfant qui ne peut faire cet apprentissage que progressivement.

Pour donner quelques points de repères, disons qu'un chiot de 8 semaines est capable d'apprendre la propreté diurne en trois ou quatre semaines et qu'il ne sera parfaitement propre – de jour comme de nuit – qu'à partir du quatrième mois. Il ne faut donc pas précipiter les choses et savoir faire preuve de patience.

Comment apprendre la propreté au chiot ?

L'apprentissage sera d'autant plus solide qu'il est fait de manière positive : c'est-à-dire qu'il vaut mieux apprendre au chiot ce qu'il doit faire et renforcer les bons comportements plutôt que de punir les fautes. Concrètement, voici comment il faut procéder :

- Le chiot a envie d'uriner et de déféquer dans les minutes qui suivent le repas ou le réveil. Vous devez donc profiter de ces périodes pour le prendre et l'emmener dehors, à l'endroit où vous souhaitez qu'il fasse ses besoins. S'il n'est pas encore vacciné, choisissez un endroit dépourvu de déjections pour éviter les contaminations.
- Autre point important, vous devez rester auprès du chiot : votre présence le stabilise. Vous attendez qu'il ait fait ses besoins et, quand il a terminé, vous le récompensez. Évitez les récompenses alimentaires et préférez une caresse associée à un message de félicitation, clair et positif. De plus, comme cette promenade est pour le chien un moment agréable, ne rentrez pas tout de suite.

L'erreur de la méthode du papier journal

Beaucoup de gens pensent que la meilleure méthode, pour éduquer un chien à la propreté, consiste à lui faire faire ses besoins sur une feuille de papier journal (ou une serpillière). C'est même l'un des grands classiques du genre. Ce qu'il faut savoir, c'est que, de cette façon, vous constituez une zone d'élimination dans la maison. Vous incitez donc le chien, en quelque sorte, à faire ses besoins chez vous. En outre, si vous le punissez, vous suscitez des troubles anxieux qui ressemblent aux névroses expérimentales.

Que faire si le chiot fait pipi à la maison ?

Deux situations peuvent se présenter. Voici comment il faut réagir dans chacun des cas de figure.

■ Vous êtes présent quand le chiot fait pipi. Intervenez le plus vite possible, soit quand le chiot tourne sur lui-même, soit quand il est en train d'uriner. Vous le prenez gentiment par la peau du cou en disant « non » – ce qui l'interrompt le plus souvent – et vous l'emmenez à l'extérieur. S'il termine de faire ses besoins à ce moment-là, félicitez-le comme décrit plus haut.

■ Vous êtes absent quand le chiot a fait ses besoins. Dans ce cas, il y a toute une série d'erreurs à ne pas commettre :

– Première règle d'or : ne punissez pas votre chien. Une punition doit survenir dans la fraction de seconde qui suit la faute, sinon, elle n'est pas associée à cette faute. Résultat : un chien qui cache ses excréments ou les mange.

– Ne mettez pas le nez du chien dans ses excréments : c'est une punition qui n'est pas claire pour lui. Il n'est du reste pas sûr qu'il perçoive cela comme quelque chose de désagréable.

– Ne nettoyez pas en présence du chien, en vous accroupissant pour passer la serpillière par exemple, car vous créez ainsi une séquence de jeu contraire à vos objectifs.

– Ne nettoyez pas avec de l'eau de Javel ou de l'ammoniaque car ces produits créent un point de fixation de la trace olfactive des excréments.

L'apprentissage de la propreté en quelques règles

– Un chiot ne peut être parfaitement propre avant l'âge de 4 mois.

– Votre rôle consiste à renforcer ses bons comportements plus qu'à punir ses fautes.

– Emmenez le chiot dehors dès qu'il se réveille et dans les minutes qui suivent ses repas.

– Restez à côté de lui jusqu'à ce qu'il ait fait ses besoins et félicitez-le chaleureusement.
– Si le chiot fait pipi à la maison devant vous, prenez-le doucement par la peau du cou en disant « non », et emmenez-le dehors.
– Si vous découvrez les besoins après coup, ne le punissez pas, ne dites rien, et nettoyez quand le chien est dans une autre pièce.

➤ Apprendre le rappel

Il faut bien comprendre que, lorsque vous appelez votre chien, il ne vient pas parce qu'il répond à son nom, mais parce qu'il associe le son que constitue son nom avec un moment de communication positif. Quand on appelle un chiot dont on vient de faire l'acquisition, il n'a aucune raison de venir : il ne vient que s'il y a des éléments d'accompagnement qui l'attirent. Il va donc falloir que vous produisiez une gestuelle qui va être attractive pour le chien.

Cela nous conduit tout naturellement à la communication non verbale entre le maître et le chien. Quand le chien veut provoquer le jeu avec un autre chien, parmi les postures qu'il peut utiliser, il y a celle où il aplatit l'avant de son corps et où il soulève son derrière en remuant la queue, tout en effectuant des petits tressautements et en jappant pour inciter l'autre à venir jouer.

On s'aperçoit que l'être humain, spontanément, pour établir le contact avec un chien, adopte lui aussi un comportement qui consiste à abaisser l'avant de son corps. Puis, en général, il tape sur ses mollets et accompagne cette mimique de claquements de langue et de toutes sortes de bruits non verbaux. Le chien décode parfaitement bien ce message qu'il interprète comme une position d'appel au jeu. C'est l'un des aspects fascinant de la communication entre l'homme et l'animal.

Spontanément, pour établir le contact, l'être humain adopte une attitude calquée sur la position d'appel au jeu du chien

En conséquence, quand vous voulez apprendre le rappel à un chiot, il faut :

– accentuer cette posture d'appel au jeu pour que le chiot ait une motivation pour se rapprocher,

– répéter son nom de façon rythmique,

– lorsqu'il arrive, lui donner des caresses, jouer avec lui,

– et, point extrêmement important, toujours laisser le chiot retourner jouer : le rappel ne doit pas être une capture.

Le nom du chien

On ne peut pas dire qu'il y ait des noms qui plaisent plus particulièrement aux chiens, mais, dans la mesure où il s'agit d'un phénomène de conditionnement sur un son, il faut choisir :

– un nom court : les noms mono- ou bisyllabiques sont beaucoup plus faciles pour créer ces apprentissages,

– un nom dont les syllabes soient bien tranchées et sans ambiguïté possible d'interprétation.

Ces derniers temps, on a vu apparaître toutes sortes de noms très curieux qui finissent par être spontanément raccourcis ou simplifiés parce qu'on s'aperçoit que le chien ne répond pas au rappel. Il faut donc être raisonnable quand on choisit le nom de son chien et ne pas céder à une impulsion liée à l'attirance qu'on a pour tel ou tel personnage de film ou de roman.

Dans la tranche d'âge qui nous intéresse ici, on ne peut pas mettre en place l'ensemble du rappel tel qu'on le souhaite, avec la possibilité de contrôler le chien à distance quoi qu'il arrive. Nous verrons plus loin (pages 169 à 173) comment renforcer le rappel. Ce qu'on peut instaurer, c'est simplement le mécanisme suivant lequel le chiot, lorsqu'il entend son nom, a tendance à venir.

En tout état de cause, il faut savoir que le chien ne s'identifie pas à son nom parce qu'il n'est pas capable d'avoir une conscience de soi. Quand on appelle son enfant et qu'il ne vient pas, c'est parce qu'il ne veut pas venir. Mais un chiot n'a pas de raison de venir *a priori*. C'est pourquoi il faut toujours rester très calme.

Conseils pour apprendre le rappel à un chiot

– Choisissez un nom simple, composé d'une ou de deux syllabes, facile à reconnaître et à mémoriser.
– Le ton de votre voix, pendant l'appel, doit être associé à un état positif : évitez tout ce qui pourrait trahir votre impatience ou un quelconque excès d'autoritarisme.
– Quel que soit le temps que le chiot met à venir même si vous êtes exaspéré parce qu'il ne vient qu'au cinquième ou sixième appel, l'accueil doit être chaleureux et là encore, positif : restez calme et souriant.

– Il est inefficace et antipédagogique d'appeler un chiot alors qu'il est pris par une occupation très stimulante. Évitez par exemple de vous époumoner si votre chien est très affairé dans le jardin et furète de-ci, de-là : il ne faut pas se mettre en échec soi-même. Ou alors il faut se rapprocher, créer une autre activité (comme gratter le sol) et en profiter pour l'appeler.
– Une fois que le chiot est auprès de vous, laissez-le retourner à ses jeux : le rappel n'est pas une capture.

L'attachement à l'homme

Il faut savoir qu'à cet âge-là le rappel sera d'autant plus facile à mettre en place que le chiot, quand il arrive dans sa famille humaine, est à l'issue de la période de transition pendant laquelle il avait commencé à nouer un lien d'attachement avec la mère (voir page 65). Ce lien avec la mère, absolument vital pour le chiot, est soudain brisé lorsqu'il est séparé d'elle pour être intégré dans une famille humaine ; il traverse une courte crise que tous les gens qui ont eu un chiot connaissent bien : il pleure, il gémit.

Durant cette période, il est indispensable que le chien retrouve un être d'attachement, afin d'achever son développement. C'est un membre de la famille qui va lui permettre de retrouver un repère rassurant et faciliter ainsi sa socialisation à l'espèce humaine.

➤ Comment le chien s'attache à l'homme

Petit à petit, le chiot se calme et va donc créer un lien d'attachement avec un membre de la famille, généralement la personne qui lui apporte la nourriture, les soins, etc. Cette personne va remplacer la mère dans le lien d'attachement. Il est vrai que ce lien d'attachement peut être parfois poussé à l'extrême ; c'est quelque chose qu'un certain nombre de personnes font assez spontanément de nos jours, notamment en permettant au chiot de dormir à proximité d'elles.

Pourtant, la plupart des gens sont persuadés qu'il ne faut pas que le chiot dorme dans la chambre de ses maîtres : on va donc le mettre dans une pièce séparée, même s'il hurle. En permettant au chiot de dormir à proximité de son être d'attachement, on renforce le lien entre l'animal et l'homme, et on lui permet de s'endormir plus vite.

Un chiot peut-il dormir dans la chambre de son maître ?

Contrairement à tout ce qu'on raconte, il n'y a rien de répréhensible à faire dormir un chiot près de soi. Ce système a l'avantage de renforcer le lien d'attachement et de procurer au chien un endormissement de bien meilleure qualité. En conséquence, on aura un chiot bien plus calme et qui du même coup sera d'ailleurs plus rapidement propre la nuit. En effet, un chien qui dort de façon apaisée n'a pas d'activité la nuit, alors que le chiot isolé dans une autre pièce va avoir des activités nocturnes qui favoriseront les comportement d'élimination dans la maison.

➤ Comment l'attachement à l'homme facilite l'apprentissage du rappel

Il existe un lien évident entre l'attachement et le rappel dans la mesure où la personne qui a le plus de facilité à mettre en place ce rappel est la personne d'attachement. Le chiot la reconnaît facilement puisqu'il organise toute son existence autour d'elle : il la suit partout, il la lèche dès qu'il est à son contact, etc. Cette personne pourra donc apprendre rapidement au chiot les bases du rappel.

C'est un atout qu'il faut exploiter mais qu'il faut aussi savoir contrôler, car la difficulté majeure sera de savoir si on a vraiment mis en place le rappel, ou si le chiot ne revient très facilement que parce qu'il s'agit de son être d'attachement : en effet, il possède encore ce qu'on a appelé son comportement d'« exploration en étoile » (voir page 67), et son activité converge toujours vers sa personne d'attachement.

Il faut, en fait, arriver à se servir de cet attachement pour aider les autres membres de la famille à mettre en place le rappel. On peut donc commencer par le faire à deux, puis, petit à petit, on demande à la personne d'attachement de s'éloigner. Il faudra que cette seconde personne suscite le même intérêt que le maître, donc de la même façon, elle devra apprendre la posture accentuée (voir plus haut page 98), les petits bruits, et tout ce qu'il faut pour éveiller l'envie du chiot de la rejoindre.

➤ Personne d'attachement ou maître ?

On entend souvent dire qu'un chien n'a qu'un seul maître. Mais il faut se méfier des confusions : la notion de maître n'est pas une notion de chien. Le chien, pour sa part, a un lien d'attachement. On verra plus tard que ce lien d'attachement va se rompre quand le chien sera adulte.

Cette relation est très importante puisque, comme on l'a expliqué (voir page 67), ce sont l'imprégnation et le lien d'attachement qui permettent tout le développement comportemental tel qu'on le décrit depuis le début. Le lien d'attachement à un humain est ce qui permet au chien d'accomplir sa socialisation. Le chien va accéder ainsi à une communication la plus fine possible avec son environnement. Depuis la nuit des temps semble-t-il, la relation homme/chien repose sur cet échange et sur ce lien.

S'il n'a qu'un individu d'attachement, cela ne veut pas dire pour autant que cet individu doive être le seul à participer à son éducation : dans une meute, plusieurs individus peuvent intervenir dans l'éducation, mais il n'y a qu'un seul individu qui soit véritablement apaisant pour le chien dans les moments de stress.

Conseils pour une bonne insertion du chiot dans la famille

■ *Si le chiot a moins de 3 mois*

– Favorisez son attachement à l'un des membres de la famille (lieu de couchage imprégné de l'odeur de cette personne).

– Enrichissez l'environnement du chiot en lui donnant des jouets, en le mettant en contact avec des gens et en le promenant à l'extérieur.

– Favorisez les autocontrôles au cours des jeux : imposez des phases d'arrêt du jeu, dévalorisez l'excitation par l'indifférence, sanctionnez le mordillement.

– Obligez le chiot à attendre la fin de votre repas avant de manger.

– Vers l'âge de 4 mois, commencez le détachement (voir page 189) : repoussez les avances du chien, éloignez son lieu de couchage et supprimez l'objet porteur de l'odeur de l'être d'attachement.

■ *Si le chiot a plus de 3 mois*

– Commencez très vite le détachement en ne valorisant que les contacts avec le groupe tout entier : tout le monde s'occupe du chiot.

– Toutes les règles ci-dessus s'appliquent aussi au chiot de plus de 3 mois.

Les conséquences d'une mauvaise insertion

Dans le développement que nous venons de parcourir peuvent surgir des anomalies qui génèrent des troubles. En fait, trois entités cliniques, trois affections comportementales sont observables dans le cas d'un désordre survenu lors de cette période de développement : c'est d'une part le syndrome hypersensibilité-hyperactivité, d'autre part la dyssocialisation primaire (ce qu'on a appelé les « chiens délinquants »), et, enfin, le syndrome de privation sensorielle, entité clinique extrêmement fréquente qu'il est important de savoir repérer quand on a fait l'acquisition d'un chiot.

➤ Le chien hypersensible et hyperactif

Qu'est-ce qu'un chien hypersensible et hyperactif?

On pourrait presque dire que c'est un chien dont le comportement force l'admiration parce qu'il ne tient jamais en place : il semble être capable de jouer jusqu'à l'épuisement. C'est un animal qui s'intéresse absolument à tout ce qui se passe, de telle sorte qu'il est impossible de focaliser son attention en vue de son éducation : si, au moment où vous tâchez de lui apprendre le rappel, il est en train de fouiner dans les feuillages, il ne viendra pas, quoi que vous fassiez. Tous les événements sont sur un pied d'égalité et sollicitent le chien de la même façon.

C'est la même chose pour l'apprentissage de la propreté : quand on sort un chien hyperactif, il est tellement stimulé par tout ce qui se passe à l'extérieur qu'il en oublie son besoin d'éliminer. Il est donc souvent réputé sale, parce qu'il fait ses besoins dès qu'il est dans un environnement moins stimulant, c'est-à-dire, la plupart du temps, à la maison.

Par ailleurs, c'est souvent un animal brutal parce qu'il contrôle mal sa motricité : lors du jeu, il donne des coups de pattes, mord, etc. Quand il grandit, les choses se compliquent parce qu'il saute sans contrôler la puissance de son saut, il mordille les mains de son entourage sans se rendre compte de la pression qu'il exerce, il essaie d'attraper tout ce qui bouge, bref, il est dans un état de surexcitation permanente.

On distingue deux stades :

– le stade 1 où on a seulement cet état d'hyperactivité et d'hypersensibilité : ce sont des chiens difficiles, mais qui dorment et qui ont des périodes d'accalmie ;

– le stade 2, qui est malheureusement très fréquent, dans lequel on retrouve ce tableau clinique extrêmement violent mais avec en plus une absence de sommeil. Ce sont des animaux qui en arrivent à dormir trois à six heures par vingt-quatre heures et qui sont très agités, la nuit notamment. Ils sont tout à fait capables de sauter sur le lit du maître en pleine nuit avec une balle entre les dents, pour provoquer une partie de jeu. Ce comportement est complété par un phénomène d'insatiété, c'est-à-dire que le chien mange tant qu'il y a de la nourriture. Il mange jusqu'à la régurgitation ; tout y passe, mais ce n'est pas une boulimie au sens strict du terme, c'est plutôt ce qu'on appelle une « hyperphagie ». Il n'y a pas de signal d'arrêt, alors que le boulimique mange et se sent apaisé.

Le syndrome hypersensibilité-hyperactivité (ou syndrome HS HA) procède de l'incapacité de cesser un comportement à la fin de sa réalisation : tout se passe comme si l'animal qui en souffre n'avait pas assimilé ce qu'on appelle le « signal d'arrêt ».

Ces chiens posent de très sérieux problèmes à leurs maîtres, d'autant plus s'il s'agit d'un animal de grande taille, comme le labrador chez lequel c'est très courant. Se conjuguent le problème des dégâts matériels et celui des morsures qui ne sont pas des agressions mais qui proviennent de l'impulsivité du chien.

Un jeune labrador de 14 mois est présenté à la consultation par une dame qui a les bras couverts de traces de morsures. Elle a vu plusieurs dresseurs, qui lui ont dit que son chien était à considérer comme définitivement taré. Le chien casse tout dans la maison, qu'il y ait quelqu'un avec lui ou qu'il soit seul. Les propriétaires sont à bout de nerfs.
Le chien est un cas typique du stade 2 du syndrome d'hypersensibilité et d'hyperactivité. Il est issu d'une portée de dix chiots, la chienne (qui faisait des expositions) a été séparée de ses chiots après la fin de la quatrième semaine d'allaitement pour que ses mamelles ne soient pas abîmées. Quand ils ont acheté ce chien, les propriétaires ont bien remarqué que les chiots, dans un enclos, étaient livrés à eux-mêmes, le tout dans une ambiance assez spectaculaire, avec des jeux incessants, mais cela leur semblait plutôt bon signe. Ils ont opté pour un animal très tonique, persuadés que c'est un gage de bonne santé, et ont donc délibérément choisi le plus actif, au-delà de toutes leurs espérances...
Dès son arrivée à la maison, le chien s'est mis à tout mordiller : les bas de pantalon, les meubles, les mains, etc. Au bout d'un certain temps, les enfants ne voulaient plus jouer avec le chien qui n'arrêtait pas de les mordre parfois douloureusement et quand la propriétaire a demandé à l'éleveur une explication, il a répondu que le chien était en train de faire ses dents ! Elle a alors pensé que, comme pour les enfants, il fallait calmer les gencives du chiot et, au lieu de le réprimander, a acheté du sirop Delabarre ; chaque fois que le chiot la mordillait, elle lui massait les gencives avec le sirop sucré. Ainsi, grâce aux indications de l'éleveur, non seulement elle n'a pas exercé l'action d'éducation nécessaire, mais, en plus, elle a renforcé le mordillement. Au stade où je l'ai vu en consultation, le chien pesait environ quarante kilos, mais, malgré la puissance due à son poids, il continuait à mordre comme un chiot. Il est bien évident qu'à ce stade peut se poser la question de l'euthanasie. Ce chien a cependant pu être traité et amélioré.

Comment soigner un chien hyperactif?

Il est aujourd'hui possible d'agir, car on dispose de traitements efficaces avec une double cible.

■ Les médicaments

D'une part, on va chercher, avec des médicaments, à stimuler certaines structures cérébrales qui interviennent dans le contrôle de la motricité : on ne choisit pas du tout des médicaments sédatifs qui abrutiraient le chien, mais au contraire des produits qui aident à stimuler sa capacité de contrôle de la motricité. Ce traitement chimique est la première phase du traitement des symptômes d'hyperactivité : on cherche à amener le chien au stade où il apparaît capable de faire plus attention à la gestuelle de son propriétaire ; il faut qu'il puisse se concentrer sur ce que fait son maître, même si c'est très bref.

■ La thérapie

Quand le chien commence à répondre à cette attente, on peut commencer la thérapie qui va permettre de restaurer le déficit d'autocontrôle. Il est bien évident que c'est un travail de longue haleine, qui nécessite une disponibilité, non pas en termes de temps mais une disponibilité d'esprit ; à ce titre-là, il est très important que la personne qui décide de s'y engager ait conscience de cela, parce que personne ne pourra le faire à sa place. Ce n'est pas le vétérinaire qui peut prendre lui-même la thérapie en charge : le vétérinaire va prescrire les médicaments et encadrer la thérapie, mais il faut impérativement que la famille participe et joue le jeu, comme dans toutes les thérapies.

Le but est d'amener l'animal à s'autogérer ; on traite malheureusement les chiens souvent trop tardivement (pubère ou adulte), ce qui fait qu'on ne peut pas utiliser les méthodes de la mère lorsqu'elle élève ses chiots et imposer le calme en plaquant le chien au sol par exemple (en général sa taille ne le permet plus d'ailleurs). Il faut donc amener le chien à reconnaître que les seuls moments qui permettent d'avoir un fonctionnement correct dans le groupe sont les moments dans lesquels il y a autocontrôle.

Pour ce faire, on utilise notamment le jeu : on provoque le chien avec un bâton ou une balle (quelque chose qui l'intéresse) et on lance cet objet. Invariablement, le chien court après l'objet et l'attrape. Quand le chien n'est pas encore traité, il n'est pas capable de le lâcher parce que plus il est excité, plus il serre fort avec ses dents. La démarche consiste alors à ignorer totalement le chien tant qu'il tient l'objet en question. Évitez donc d'attraper le jouet ou de tirer dessus, mimez l'indifférence, ne regardez même pas le chien. Comme il a été excité par le jeu, il va venir vous solliciter en donnant des coups de tête et des coups de pattes, il va aboyer ; imperturbable, vous devez faire comme si vous ne voyiez rien. Compte tenu de l'arrêt de l'interaction avec vous, le jouet perd de son intérêt et le chien va le lâcher. À ce moment-là, vous devez vous jeter sur le jouet en montrant beaucoup d'intérêt pour cet objet, ce qui, bien sûr, va attirer le chien à nouveau. Vous relancez l'objet, et ainsi de suite, avec toujours le principe suivant : tant que le chien ne lâche pas prise, vous vous désintéressez totalement de lui.

C'est un exercice en apparence très simple mais qui met la patience du propriétaire à rude épreuve parce que, au début, vous avez l'impression que le chien ne comprend rien. Puis arrive un moment où, grâce à l'interaction des médicaments et de la thérapie, vous voyez apparaître (au bout de quinze jours, trois semaines) un animal capable de poser la balle. Cet effort le met néanmoins dans un état de tension extrême : il voudra se jeter dessus dès que vous ferez le moindre geste en direction du jouet, mais il sera néanmoins capable de le poser. De cette façon, vous allez mettre en place à la fois le contrôle de la morsure et une capacité à se contrôler suffisante pour pouvoir passer au-dessus de l'état d'excitation et poser le jouet.

Généralement, on combine ce travail avec d'autres jeux (toujours de lancer) dans lesquels vous excitez le chien : il va se mettre à courir dans tous les sens sans aucune relation de cohérence avec le but du jeu qui consiste à attraper quelque chose. À ce moment-là, il faut que vous arrêtiez de faire ce que trop de gens ont tendance à faire, c'est-à-dire encourager le chien dans son excitation par la voix, en pensant qu'il est en train de se défouler. Au contraire, dès que vous voyez que le chien perd le contrôle de sa motricité et est incapable de rester dans le jeu, vous l'ignorez, vous tournez les talons et faites mine de partir.

Même comportement pour tout ce qui est prise de contact : si, quand vous appelez votre chien, il saute partout et fait le fou, il faut l'ignorer. Dès que le chien se calme et s'assied parce qu'il est dans un moment d'expectative et ne sait plus comment capter votre attention, vous vous intéressez à lui. Il faut valoriser toutes les situations dans lesquelles le chien est calme afin de l'amener à se contrôler suffisamment pour être capable de recréer le même contexte.

Ce traitement est perçu comme très fastidieux parce qu'il est difficile de ne pas réagir. C'est pourquoi on fait des thérapies par étapes et on insiste beaucoup pour que plusieurs personnes prennent en charge ces exercices afin que le processus ne repose pas sur une seule personne, qui ne peut pas être infaillible.

Les dangers de la thérapie sauvage

Même si vous êtes presque sûr que votre chien est atteint d'un syndrome d'hypersensibilité-hyperactivité, il est évident que vous ne pouvez pas effectuer seul la mise en place du traitement. Il ne faut pas se faire d'illusion, la guérison n'est obtenue qu'avec l'association des médicaments et de la thérapie. En outre, même si la thérapie ressemble à de l'éducation, c'est un programme très particulier qui doit être ajusté à chaque cas et sans cesse réévalué en cours de traitement. Il est dangereux pour l'entourage et extrêmement préjudiciable pour les chances de réussite du traitement qu'il soit effectué de façon intempestive et sans aucun encadrement.

Il faut savoir que l'âge auquel on met en place le traitement est déterminant. Ce qui nous amènera à essayer de déterminer les signes avant-coureurs (voir *infra*) afin de prévoir une thérapie le plus tôt possible. Les chiots qui sont traités avant la puberté ont une probabilité de récupération extrêmement grande : environ 75 à 80 % d'entre eux ont une chance de guérir et, après traitement, sont capables d'être des animaux au comportement tout à fait satisfaisant. Ceux qui sont traités après la puberté garderont des séquelles avec des comportements très impulsifs.

Il va sans dire que, pour les animaux de grande taille, ce type de trouble peut constituer une menace et un danger, pour les enfants en bas âge notamment parce qu'ils font du bruit, des mouvements brusques et toutes sortes de choses qui stimulent le chien et qui l'amènent à risquer de réagir brutalement. Il faut donc s'inquiéter très précocement quand on observe les signes très caractéristiques d'un syndrome d'hypersensibilité-hyperactivité débutant chez le chiot.

Chiens hyperactifs : quand doit-on s'inquiéter ?

– Le premier signe qui devrait inquiéter et même dissuader de l'achat du chien, ce sont les chiots qui, chez l'éleveur, sont séparés des adultes.
– Dans le cas où vous n'auriez pas vu l'élevage (ce qui est malheureusement fréquent avec les animaleries ou chez les éleveurs qui présentent souvent les chiots hors

de leur environnement habituel), il faut vous fier à ce vous voyez dès l'arrivée du chien chez vous. Si au bout de deux où trois jours, au cours des jeux, le chiot vous mordille et continue à mordre quand vous criez, s'il ne lâche pas prise alors que vous lui montrez que vous avez mal, alors c'est qu'il n'y a pas eu d'apprentissage de la morsure inhibée (voir page 91). C'est un « excellent » signe et la preuve que l'un des symptômes majeurs du syndrome d'hypersensibilité-hyperactivité est là.

– Autre point à surveiller : si le chiot ne se régule pas sur le plan alimentaire, c'est-à-dire si, dans un état de surexcitation totale, il engloutit le contenu de sa gamelle en entier et a l'air prêt à en avaler une autre (ce que vous pouvez tester en lui reproposant à manger), sachez que l'absence de satiété est aussi un signe avant-coureur important.

– Le dernier signe qui indique qu'il s'agit en plus d'un syndrome HS HA du stade 2 est un animal, qui dort très peu. Comme on l'a dit déjà, l'animal, durant toute sa petite enfance, va dormir entre douze et seize heures par vingt-quatre heures (les races géantes dorment plus longtemps que les races naines). Si votre chiot dort moins de six heures par vingt-quatre heures, vous pouvez être sûr d'avoir affaire à une situation pathologique ; si le chiot ne dort pas et qu'il est très actif la nuit, il faut consulter le plus tôt possible.

« Que faut-il faire quand on dépiste un syndrome d'hypersensibilité et d'hyperactivité ? »

Il faut que les membres de la famille réfléchissent pour savoir ce qu'ils veulent : soit vous allez demander réparation à l'éleveur en lui renvoyant le chiot au titre d'un vice caché, soit vous décidez d'entreprendre une thérapie, mais il faut avoir à l'esprit que, si vous venez d'acheter un chiot de deux mois atteint du syndrome HA HS, vous vous engagez dans un processus de traitement qui va durer trois à quatre mois, et que, dans 20 à 25 % des cas, il y a des séquelles, voire un échec. Il ne faut pas avoir peur de s'avouer qu'on ne se sent pas capable de faire une place à cet animal, surtout s'il y a des enfants de moins de cinq ans, qui courent un risque.

➤ Le chien « délinquant » ou la dyssocialisation primaire

Qu'est-ce qu'un chien « délinquant » ?

Il s'agit d'animaux chez lesquels il n'y a pas de contrôle des envies et des motivations. Ils ont faim, ils s'emparent de la nourriture disponible ; ils voient un jouet, ils le prennent. Tout ce qui s'oppose à la réalisation de leurs motivations du moment va déclencher des réactions de morsures. Ces morsures ne sont pas des agressions organisées mais des morsures directes et sans menace.

Ces animaux sont par ailleurs incapables d'interagir avec leurs congénères. Ils ont évidemment avec eux les mêmes problèmes qu'avec les humains mais, en plus, ils ne respectent pas les règles habituelles du monde canin : lors d'un conflit opposant deux chiens, par exemple, ils sont incapables de contrôler la pression de leurs morsures – dans ce sens, ce trouble ressemble un peu au syndrome d'hyperactivité – et, surtout, ils n'arrêtent pas l'agression, même s'ils ont le dessus et que l'adversaire s'est soumis.

Ce sont des troubles survenus lors de l'acquisition des autocontrôles qui sont à l'origine de ce comportement. On assiste à un profond déficit des règles de hiérarchie : on pourrait résumer ce trouble par la formule *j'en ai envie, je le prends.*

Ce type de chien est extrêmement dangereux parce que son comportement est tout à fait inconciliable avec les contraintes de la vie quotidienne de la famille qui l'entoure. Comme d'habitude, les premières victimes seront les enfants, avec des accidents gravissimes, tout simplement autour d'un jouet parce que l'enfant aura un peu trop insisté pour le récupérer. D'où des blessures au visage et, sans même parler de la souffrance physique et des conséquences esthétiques et donc psychologiques à long terme, un grand malaise des enfants face à ce chien parce qu'ils ont un sentiment d'incompréhension. En consultation, si un enfant dont la famille est affligée d'un tel chien a l'occasion de s'exprimer, il dira qu'il a un très méchant chien, qui veut toujours l'agresser pour lui prendre ses affaires. Les enfants supportent mal cette situation car c'est l'opposé de ce qu'ils attendent du chien.

C'est pourquoi il est là aussi très important de s'apercevoir au plus tôt qu'un chien est atteint de dyssocialisation primaire.

Un chiot femelle malinois est acheté chez un éleveur par une famille dont le père avait envie de faire un peu de sport canin, à savoir du dressage au mordant. On lui avait conseillé de choisir un malinois pour avoir un chien le plus dynamique possible dans ce genre d'exercice. Il s'agit d'une famille comprenant un garçon de treize ans, qui lui aussi a très envie de participer à cette activité de dressage, et une petite fille de deux ans et demi qui, comme tous les enfants en bas âge, est très intéressée par la présence d'un chiot à la maison.

Le chiot de 5 mois a été amené à la consultation sur les conseils du service d'urgence d'un hôpital, parce qu'il avait mordu la petite fille au visage. C'est la deuxième fois qu'il l'agresse et, cette fois, la morsure a été beaucoup plus sévère ; mais compte tenu des règles de surveillance sanitaire, le chien n'a pas pu être euthanasié, contrairement à ce qu'aurait souhaité la maman. Le père et le fils ont aussi été mordus, mais tous deux ont considéré que c'était une manifestation du caractère tout à fait intéressante pour faire du mordant par la suite. Ils ont néanmoins fini par s'inquiéter quand ils se sont rendu compte qu'ils ne pouvaient absolument pas maîtriser le chien : quand ils sont allés dans un club de dressage, ils se sont aperçus que cela ne marchait pas du tout, à tel point que les responsables du club ont refusé le chien.

Ce sont un peu les mêmes conditions d'élevage que dans le cas précédent (voir page 106) : la mère du chiot était une chienne de compétition, mais dans ce cas, l'éleveur n'a pas séparé les chiots de la mère pour des raisons esthétiques mais parce qu'il avait remarqué que la chienne avait tendance à mordre assez durement ses chiots quand ils l'embêtaient et qu'autour de la quatrième semaine elle commençait à être plus brutale.

La jeune chienne présentée en consultation a été acquise à 9 semaines et présente un tableau clinique tout à fait caractéristique d'une dyssocialisation primaire. Il faut soit la traiter très tôt et de façon très énergique, soit laisser parler un bon sens élémentaire et décider de protéger avant tout la famille, au détriment du chien. À l'issue de la consultation, la décision a été prise, en commun avec l'éleveur, de pratiquer l'euthanasie : j'ai personnellement refusé de soigner le chien dans la mesure où la petite fille était très perturbée par la présence du chien et aussi parce que, compte tenu de l'emploi du temps des parents, elle se serait retrouvée seule sous la garde de son frère aîné avec la chienne à la maison ; il n'était donc pas possible éthiquement de considérer qu'on était dans des conditions favorables pour entreprendre un traitement. Il y a eu ensuite des tractations entre le propriétaire et l'éleveur.

Que faire ?

Plus on tarde à intervenir, plus on se trouve en face de chiens qui ont appris que c'est en mordant qu'ils obtiennent ce qu'ils veulent dans les situations conflictuelles. D'autre part, il est évident que plus le temps passe et plus les propriétaires ont peur du chien et n'osent plus le contrarier, de telle sorte que le chien sort toujours vainqueur.

Plusieurs paramètres sont à prendre en compte :

– L'un des facteurs pronostiques important est d'abord la taille du chien à l'âge adulte : au-delà de 10 kg, on commence à être inquiet parce que les risques sont terriblement augmentés.

– Le deuxième facteur est la présence d'enfants de moins de dix ans. Lorsqu'il y a des enfants en bas âge, on ne traite le chiot que s'il a moins de 3 mois, sinon on est très réticent, d'autant plus que l'enfant aura toujours du mal à respecter les impératifs de la thérapie.

Cela ne veut pas dire qu'on ne peut pas traiter ces chiens délinquants : on a des moyens aujourd'hui qui procèdent toujours d'une association médicaments et thérapie.

■ Les médicaments

Ce sont des médicament qui n'ont pas du tout pour objet d'anéantir les capacités de l'animal (ni neuroleptiques ni sédatifs) mais qui ont la caractéristique de relancer la transmission d'une substance du cerveau qu'on appelle la « sérotonine » et qui a pour effet, notamment, d'augmenter l'inhibition sociale. Ces médicaments sont très connus chez l'homme puisqu'ils sont employés dans les dépressions ; mais à dose élevée, ils sont intéressants pour régler, chez le chien, ces problèmes de dyssocialisation.

Ces doses, assez élevées donc, vont provoquer de véritables réactions d'inhibition. C'est-à-dire que le chien, qui jusqu'à présent faisait *franchement* les choses, se met, petit à petit, à donner des signes d'affaiblissement dans sa motivation : c'est par exemple la tête de côté, la croupe ou la queue rentrée sous le ventre, les oreilles basses. Il devient plus hésitant, commence à regarder autour de lui avant de se jeter sur la nourriture par exemple.

C'est ce stade qu'il faut atteindre pour mettre en place la thérapie.

■ La thérapie

Le point central de cette thérapie est de recréer la hiérarchisation alimentaire. L'un des exercices les plus typiques consiste à préparer le repas du chien en sa présence et à prendre tout son temps : le chien trépigne, et, en général, il vaut mieux être plusieurs autour de la gamelle pour tenir le chien en respect jusqu'à ce qu'on ait posé la gamelle par terre. Ensuite il faut obliger le chien à attendre qu'on se soit écarté avant de le laisser s'approcher de la nourriture.

Une fois qu'on a réussi à le faire tenir tranquille devant sa gamelle, on va mettre en place le même programme de thérapie que celui qu'on utilise chez les chiens qui sont en conflit hiérarchique avec leur maître (ce qu'on appelle les chiens, « sociopathes »). Il s'agit d'un programme que l'on décrira plus tard (voir page 236) mais dont le point central sera de restaurer la hiérarchisation alimentaire et spatiale.

Attention !

Inutile de dire que cet exercice peut être très dangereux s'il ne s'accompagne pas d'un traitement chimique efficace. Il ne faut surtout pas le faire sur un chien dont on pense qu'il souffre de dyssocialisation primaire, sans qu'il y ait eu auparavant une thérapie encadrée par le vétérinaire ; car si c'est une vraie dyssocialisation et que vous entreprenez ce type de thérapie sans aucune précaution, vous vous exposez à des attaques qui peuvent être extrêmement graves. Il ne faut jamais oublier que le chien est incapable de se contrôler dans ce genre de trouble.

On utilise aussi une autre technique qui est plus anecdotique parce qu'elle nécessite des conditions bien particulières : une fois qu'on a réussi à mettre en place la hiérarchisation alimentaire, il faut procéder à l'immersion du chiot dans une meute dont on est sûr qu'elle est correctement structurée et dont le groupe est en équilibre. Le jeune chiot va très vite se retrouver en opposition avec le leader de la meute, le dominant, qui va le corriger, mais de façon complètement contrôlée.

On ne fait cette expérience que quand le chiot a été sous traitement avec des médicaments qui vont lui permettre de se contrôler, sinon il y a un risque de mort pour le chiot. En effet, s'il ne respecte pas le dominant et qu'il ne se soumet pas, les autres chiens, qui sont toujours solidaires du dominant, vont le mettre en pièces. Cette technique donne d'excellents résultats, mais elle ne peut se faire que sous surveillance médicale et si, bien sûr, on connaît quelqu'un qui accepte le chiot dans sa meute.

Aujourd'hui, quand on détecte un syndrome de dyssocialisation chez un chiot de 2 ou 3 mois, on a plutôt tendance à conseiller de rendre le chiot à l'éleveur, d'autant que tous les spécialistes dans le domaine considèrent que c'est un bon moyen pour faire comprendre au monde de l'élevage qu'il est important de développer la prévention et de ne pas produire ce genre de chien.

➤ Les chiens en détresse dans un monde incompréhensible

De quoi s'agit-il ?

Cette entité clinique, qu'on nomme « syndrome de privation sensorielle », est connue depuis longtemps : dans les années 1950 (qui ont vraiment été la période d'explosion pour les animaux de compagnie dans notre société), on a pris conscience de l'existence d'un problème particulier concernant les chiens provenant d'un chenil et s'insérant dans un environnement humain. Un certain nombre de ces chiens, originaires d'élevages tels qu'on les concevait à l'époque, avaient de très grosses difficultés à s'adapter à l'existence de chien de compagnie.

Les auteurs américains qui furent les premiers à en parler lui donnèrent un nom qui soulignait bien sa relation avec le chenil, puisqu'ils le nommèrent le *kennel syndrome* (*kennel* signifie « chenil » en anglais).

Il se trouve que c'est aussi à cette époque qu'un groupe de chercheurs en éthologie et en psychologie comparées se sont posé la question de l'influence de la richesse de l'environnement sur le développement des capacités sensorielles des jeunes mammifères. Il s'agit notamment des travaux de Bateson qui, entre autres, montrent qu'un appauvrissement sensoriel produit des individus incapables de s'intégrer à un environnement normalement stimulant.

Cette technique, au départ expérimentale, est mise en place en laboratoire : on l'appelle la « technique de privation sensorielle ». Il est évident que ce qui est réalisé en laboratoire est beaucoup plus drastique que ce qui se passe en milieu classique, dans un élevage par exemple. Ainsi, pour les expériences de privation sensorielle, on va jusqu'à faire vivre le jeune animal dans un enclos ou une cage qui sera isolée au niveau acoustique, dans laquelle aucun élément ne ressort : les mangeoires sont de la même couleur que le reste des parois, il n'y a pas de formes ni de couleurs particulières, personne ne vient jamais, ni congénères ni humains.

Ce sont, répétons-le, des expériences de laboratoire, d'une sévérité sans commune mesure avec ce qui pourrait se passer dans les conditions d'un élevage. Quel que soit leur caractère barbare, elles ont eu l'intérêt de montrer qu'effectivement l'animal était incapable de s'adapter par la suite et développait des troubles importants avec des manifestation anxieuses et des comportements autocentrés (l'animal se met à se lécher, à se mordiller, à se balancer sur lui-même).

Ces expériences de privation sensorielle ont même été prolongées par une étude des tissus cérébraux et ont montré qu'après privation sensorielle on remarquait moins de connexions entre les cellules nerveuses que chez des individus de même espèce, de même âge, et qui s'étaient développés dans un environnement normal. Or un cerveau est un réseau, et un réseau ne vaut que par ses interconnexions. Un déficit de stimulation a donc des conséquences vraiment importantes dans l'établissement de la structure cérébrale.

Le chiot qui se développe dans un chenil isolé et à l'écart de tout, en pleine campagne, ou qui naît dans une maison où la chienne vit avec ses petits au sous-sol dans l'obscurité, n'atteindra jamais un état de privation sensorielle aussi radical que ce qu'on observe en laboratoire, mais on aura toujours le même phénomène : il y aura une disjonction importante entre le niveau de stimulation très faiblement variée durant l'enfance du chiot et l'environnement très stimulant que l'animal va rencontrer chez la personne qui en fera l'acquisition. Même si, à la campagne, il y a le chant des oiseaux ou le bruit du vent dans les arbres, cela n'aura rien à voir avec ce que le chiot va trouver en arrivant dans le centre de Paris par exemple.

On retrouve ici le problème de l'établissement de l'homéostasie sensorielle qui est au départ réglée sur un niveau de variation de l'environnement extrêmement faible. La conséquence, c'est que les animaux qui ont un syndrome de privation (on a pris l'habitude de dire « syndrome de privation » pour « privation sensorielle ») vont présenter des troubles d'autant plus sévères que le décalage entre les deux environnements (le chenil et la maison de ses futurs maîtres) est important.

De ce fait, on décrit trois stades de syndrome de privation qui donnent des tableaux cliniques très différents.

■ Le chien peureux (ou le stade 1 du syndrome de privation)

On l'appelle aussi « phobie ontogénique » (l'ontogenèse désigne le développement). Il s'agit d'animaux qui présentent des réactions de peur très ponctuelles devant des sources de stimulation bien spécifiques. Ce sont par exemple des chiens qui, dès leur arrivée dans leur nouvel environnement, ne supportent pas les voitures ou certains types de bruits, mais qui pour le reste se débrouillent très bien, c'est-à-dire pour lesquels il n'y a qu'une catégorie de stimuli qui soient vraiment insupportables.

Le problème de ce tableau clinique, c'est qu'en fonction de la façon dont les gens vivent, en fonction de leur savoir-faire avec le chien, il peut se régler spontanément sans traitement ou bien s'aggraver. C'est-à-dire que certaines personnes vont essayer de familiariser petit à petit le chien avec ce genre de stimulation ; il lui restera toujours une fragilité émotionnelle, mais globalement il guérira très bien. Cependant, il y a aussi des gens qui malheureusement vont avoir tendance à surprotéger l'animal, à le rassurer chaque fois qu'il panique. Or, lorsque vous croyez rassurer un chien (nous en reparlerons plus loin page 128) en le câlinant et en lui parlant, vous faites quelque chose d'incompréhensible, ou du moins qui n'est pas du tout perçu par le chien comme vous le pensez et le voudriez. Rassurer quelqu'un, cela fonctionne parce que celui qui a peur comprend que celui qui est en train de le rassurer est capable de se mettre à sa place et de ressentir la même chose. Le chien pour sa part ne peut pas faire ces opérations mentales, en tout cas, aucun argument ne vient nous le confirmer, il n'y a au contraire que des éléments qui prouvent le contraire. La seule chose que le chien va observer, c'est plutôt un phénomène de contagion émotionnelle et, pour peu que les autres membres du groupe réagissent eux aussi de la même façon, cela aura pour effet un renforcement de l'état de panique du chien et pas du tout un effet apaisant. On va donc se retrouver face à un animal de plus en plus incapable de supporter les types de stimulations qui le troublent. Or ce qu'il faut, c'est mettre en place un traitement que l'on décrira plus loin (voir page 126).

« Si un chien a peur de tout, que faut-il faire ? »
La bonne réaction, si vous voyez votre chien paniquer, c'est d'ignorer son état : restez tout à fait naturel et neutre. Vous pouvez aussi, si vous voulez dynamiser l'animal et qu'il a peur de l'aspirateur par exemple, lui montrer qu'au contraire vous êtes très intéressé par l'instrument qui l'effraie et adopter tout un tas de signes pour lui montrer le caractère positif de cet appareil : vous asseoir à côté de l'objet, prendre une voix adéquate qui traduit la satisfaction, etc., mais il ne faut surtout pas rassurer l'animal. Ce trouble, au stade 1, est invalidant, mais, au fond, n'est pas très grave.

Le chien anxieux (ou le stade 2 du syndrome de privation)

À partir du stade 2, on entre dans des troubles pour lesquels on peut affirmer qu'il n'y a pas de guérison spontanée. L'absence de traitement va entraîner une dégradation irrémédiable du comportement et empêcher tout espoir de guérison. Ce sont des troubles très invalidants qu'on rencontre ici : on n'est plus du tout dans le stade de la phobie, mais on touche à quelque chose de beaucoup plus grave.

D'une certaine façon, on pourrait dire que ces chiots vont se comporter dans leur environnement comme si tout était dramatique et comme si tout les agressait. Quand ils arrivent dans leur maison d'accueil, ils étonnent leur entourage en filant immédiatement se cacher quelque part. Souvent, pendant plusieurs jours, on les verra peu : ils seront tapis dans un recoin et, selon les récits des gens, ils viennent manger en général la nuit, quand il n'y a plus personne ni aucun bruit dans la maison. Au bout de quelques jours, ils commencent à être plus actifs dans la maison. D'ailleurs, ce qui les caractérise, c'est qu'ils sont capables de se stabiliser à l'intérieur de la maison (si c'est une maison relativement calme).

Mais l'un des symptômes les plus spectaculaires, c'est que le chien anxieux va mémoriser de façon extrêmement précise toutes les caractéristiques de l'environnement dans lequel il parvient à être stable. De ce fait, la moindre variation remet tout en question : il y a une intolérance totale au changement, notamment dans la structure spatiale. Prenons un exemple très typique et toujours abracadabrant (même quand on a vu des centaines de cas) : vous venez de faire vos courses et rentrez chez vous, vous laissez votre panier dans le couloir pendant un petit moment ; dès lors le chien ne passera plus par le couloir et mettra plusieurs jours avant de pouvoir recommencer à traverser ce couloir. Vous aurez le même problème à l'extérieur, c'est-à-dire que l'une des grandes caractéristiques de ce chien, c'est que la sortie en ville est un véritable drame. Les familles décrivent toujours la même scène : elles ont essayé de sortir avec le chien qui pousse des hurlements et essaie coûte que coûte de rentrer à la maison, ou bien, s'il est en laisse, s'aplatit par terre et refuse d'avancer ou même de bouger.

Évidemment, il est impossible pour ces chiens de faire leurs besoins dehors, ce qui va poser un gros problème pour l'apprentissage de la propreté : en effet, ils ne peuvent faire leurs besoins qu'à l'intérieur de la maison puisque c'est le seul endroit où ils arrivent à être calmes.

Quand on a affaire à des propriétaires sereins et qui ne font pas d'erreur, éventuellement le chien peut arriver à sortir ; les gens décrivent des situations quasi homériques au bout de quelques mois. Ils ne sortent leur chien qu'entre 4 et 5 heures du matin et puis entre 23 heures et minuit, dans des rues désertes de préférence. Et puis un beau jour apparaît le symptôme évoqué plus haut, lorsque dans la rue il se passe quelque chose d'inhabituel. On peut citer toutes sortes d'exemples : le gardien de l'immeuble a sorti la poubelle plus tôt ou plus tard que d'habitude, la poubelle est flanquée d'un carton alors que d'ordinaire ce n'est pas le cas. Dès lors, le fragile édifice mis en place s'écroule, c'est-à-dire que le chien va s'immobiliser et qu'il faudra plusieurs jours avant qu'il accepte à nouveau de sortir.

Dans les cas les plus extrêmes, il y a même une susceptibilité aux variations d'horaires, le chien panique si le maître rentre un peu plus tard qu'en temps normal ; ces crises de panique seront le plus souvent accompagnées de dégâts matériels qui peuvent ressembler à ceux de l'anxiété de séparation (dont on parlera pages 193 à 207), tout en n'étant pas du tout cela. Ni la symptomatologie ni le traitement ne sont les mêmes.

Le syndrome de privation s'accompagne de postures tout à fait caractéristiques qu'on appelle d'une part l'« exploration statique » et d'autre part la « posture d'expectative ».

La posture d'exploration statique concerne un chien en syndrome de privation stade 2.

L'EXPLORATION STATIQUE CHEZ UN CHIEN ANXIEUX

1. Le chien aperçoit un objet inconnu qui l'inquiète.

2. Il se bloque à distance de l'objet.

3. Puis il tend la tête vers l'objet, les oreilles en arrière, la queue sous le ventre.

4. Après avoir flairé l'objet, il détourne la tête.

Quand il trouve un environnement à découvrir, au lieu d'aller au contact des objets, donc de s'en rapprocher directement comme le font tous les chiens, le chien se bloque à distance de l'objet ; en général, il a tendance à rassembler ses membres le plus près possible les uns des autres et il va tendre son encolure et sa tête vers l'objet, il aura les oreilles en arrière, la queue ramenée sous le ventre, donc toutes sortes de signaux de peur et d'inhibition. Ensuite, il va flairer et, en général, il finira par détourner la tête.

Tous ces mouvements sont toujours d'une extrême lenteur : on a vraiment l'impression que le chien fonctionne au ralenti. Parfois, après avoir détourné la tête de l'objet, il montre des mouvements de tremblement, puis va ramper en direction de l'objet. La posture d'expectative est très visible pour le clinicien, mais plus subtile pour ceux qui ont l'œil moins exercé.

Au cours de ses déplacements, le chien, au lieu d'avoir des mouvements de locomotion habituels, s'arrête. On parle de posture d'expectative parce que cette position évoque quelqu'un qui attend quelque chose sans savoir quoi.

Histoires de chiens en détresse dans un monde qu'ils ne comprennent pas

■ Le chien phobique (ou stade 1 du syndrome de privation sensorielle)

Lucky est un chiot épagneul breton, acheté à la fois pour être un animal de compagnie et un chien de chasse. Il a été adopté à la campagne, chez un éleveur qui vit dans une ferme : c'est un endroit isolé et extrêmement calme, avec notamment très peu de bruits de voiture. D'où l'inadaptation du chiot aux bruits urbains, d'autant plus que les propriétaires habitent Paris. En revanche, le chiot n'a pas de problème avec les bruits de la maison parce qu'il vivait dans la cuisine avec sa mère et les autres chiots.

Le chiot a été traité sans médicament, puisque dans ce type de trouble, c'est tout à fait possible. Le propriétaire était par ailleurs assez réticent pour l'utilisation de psychotropes qui ne se justifiaient pas. On a utilisé ce qu'on appelle une technique de

« contre-conditionnement », ce qui veut dire qu'on crée pour l'animal une émotion incompatible avec l'émotion habituelle qu'il éprouve quand il est en présence du stimulus qui lui fait peur.

En quoi consiste cette technique ? Avant de sortir dans la rue avec le chiot, on joue avec une balle ou un « coin-coin » que le chien aime bien ; on fait monter l'excitation du chiot le plus haut possible, puis on lui met sa laisse et on sort, tout en continuant à jouer avec l'objet qui lui plaît. Une fois dehors, s'il y a des voitures, il faut continuer à stimuler le chiot en jouant avec lui. L'intérêt de ce contre-conditionnement consiste à faire perdre à l'animal le réflexe automatique « voiture = danger ⇛ panique ».

Cette technique de contre-conditionnement a permis, au bout de six semaines, de promener le chien dans la plupart des endroits, sauf dans des lieux proches du Périphérique. On a alors associé à ce travail une autre technique de contre-conditionnement en mettant le chien dans la voiture (déjà, la voiture avait été associée, par le chiot, au fait d'aller à la campagne, ce qui était positif). Les propriétaires emmènent donc le chien faire un tour sur le Périphérique, tout en le faisant jouer dans la voiture, en lui présentant des petits objets qui l'amusent de façon à neutraliser ses réactions aux différents bruits automobiles.

Au bout de deux mois, ils pouvaient promener le chien à peu près partout en ville. Il a fallu dix à douze semaines pour un résultat totalement acquis. Après cela, plus aucun traitement n'a été nécessaire.

■ Le chien anxieux (ou stade 2 du syndrome de privation sensorielle)

Soquette est une petite chienne issue d'un croisement de golden retriever. Elle a deux mois et demi lorsqu'elle est adoptée et, depuis quinze jours qu'elle est chez ses maîtres, elle n'a pas quitté le placard. Elle s'y est réfugiée dès son arrivée et dort la plupart du temps dans une boîte à chaussures qui se trouve au fond dudit placard. On lui apporte sa nourriture à proximité afin qu'elle puisse manger un peu.

Dans la salle de consultation, la chienne a des postures d'expectative et d'exploration statique tout à fait caractéristiques (voir page 123). Depuis quelque temps, elle a bien commencé à sortir dans le couloir et à s'aventurer jusque dans la cuisine, mais cela n'a pas duré car un jour, quand elle est rentrée dans la cuisine, les chaises n'étaient plus à leur place habituelle. Résultat : cela fait trois jours qu'elle n'est plus revenue et qu'elle vit à nouveau tapie au fond de son placard. Ses maîtres l'ont amenée à la consultation à la suite d'une visite vaccinale chez le vétérinaire qui les a alertés en leur disant qu'il fallait traiter très tôt ce genre de trouble.

Cette fois, le traitement mis en place comporte des médicaments, des antidépresseurs qui ont l'intérêt d'augmenter l'activité d'exploration du chien. Ainsi, le chiot est amené à découvrir son environnement spontanément, et les médicaments limitent la violence de ses réactions émotionnelles. Dans un premier temps, on laisse le chiot faire ses propres expériences, c'est-à-dire qu'on attend d'avoir les résultats d'une exploration la plus vaste possible et qu'on demande aux maîtres de ne jamais le rassurer. Cette phase dure environ trois semaines. Inévitablement, au cours de ses pérégrinations, la chienne va se retrouver dans des endroits où elle n'est jamais allée auparavant. Les antidépresseurs sont intéressants dans la mesure où ils n'invalident pas toutes ses réactions de peur. Un jour, par exemple, la chienne entre dans la cuisine au moment où le moteur du réfrigérateur se remet en route ; effrayée, elle s'enfuit en hurlant. Dans ces cas-là, il faut surtout ne rien faire.

Dès l'instant où la chienne a commencé à investir quelque peu la maison, on met en place des activités de jeux en utilisant, là aussi, le contre-conditionnement, et ce essentiellement pour l'amener à séjourner beaucoup plus longtemps dans les différentes pièces de la maison. On met aussi à profit le lien d'attachement extrêmement fort avec les maîtres pour l'emmener à l'extérieur.

Une fois dehors, on a recours à une technique qui est extrêmement efficace : c'est l'utilisation d'un chien thérapeute. En l'occurrence, il s'agit du chien des voisins, un brave corniaud bien équilibré et qui a toujours vécu en ville. On va faire jouer les deux chiens ensemble de telle sorte que le corniaud serve de modèle et que la petite chienne le suive par imitation.

Le résultat a été très satisfaisant parce qu'on a pu mettre en place le traitement de façon très précoce et qu'on avait donc affaire à un chiot dont les capacités d'assimilation sont extrêmement grandes. Après un peu plus de deux mois et demi de traitement, la chienne était capable de se promener dans l'ensemble de la maison et même dans la rue, sauf en cas d'événements particuliers. Par exemple, un jour il y avait une fête en ville et, malgré les psychotropes, malgré la thérapie, la chienne ne voulait pas sortir ; mais, ce qui est toujours un bon signe pronostique, elle ne manifestait plus de posture d'expectative ni d'exploration statique.

Dans la période qui a suivi, on a multiplié les promenades en utilisant ce qu'on appelle la technique de « désensibilisation », c'est-à-dire qu'on expose l'animal à des situations stressantes et ce, pendant des durées croissantes, mais en respectant toujours une règle : on guette en permanence les réactions de la chienne (en l'occurrence, au stade de son évolution, elle a tendance à haleter quand elle commence à avoir très peur). Comment cela se passe-t-il concrètement ? Le maître promène le chien dans des endroits de plus en plus bruyants et pendant des périodes de plus en plus longues, et dès qu'elle commence à haleter, immédiatement, sans hâter le pas, sans avoir l'air de s'enfuir, il va tout doucement s'orienter vers une rue plus calme afin de la laisser s'y apaiser. Ensuite, il retournera vers le bruit, et recommencera sur les mêmes principes. Évidemment, c'est une technique un peu fastidieuse mais qui se passe bien en général parce que le maître est encouragé par la rapidité des progrès. Avec six semaines de plus, la chienne ne présentait plus de problème majeur.

L'importance d'un traitement précoce

– Il faut savoir que, dans ces syndromes de privation, comme pour le syndrome d'hypersensibilité d'hyperactivité, le devenir des animaux est très différent selon qu'on les a traités avant ou après la puberté. Avant la puberté, on arrive à des récupérations quasi complètes, comme dans le cas de cette petite chienne. Après la puberté, on est très vite limité, et toutes les situations un peu exceptionnelles (par exemple un 14 juillet, des gens qui viennent chez vous et qui ont une voix un peu tonitruante, une discussion avec des gestes un peu brutaux) mettent le chien mal à l'aise de telle sorte qu'il aura tendance à rester dans son coin.

– La plus grande erreur (que l'on entend trop souvent en matière de syndrome de privation, y compris d'ailleurs de la bouche des vétérinaires), c'est de dire : « Oui, bien sûr, votre chien est peureux, mais ça va s'arranger avec le temps. » Or cela ne s'arrange jamais. D'où l'importance d'un dépistage précoce afin de traiter le plus tôt possible.

« Que faire si on a acheté un chiot phobique ou anxieux ? »

Si vous avez acheté un chien atteint d'un syndrome de privation sensorielle, vous disposez de recours légaux : le tribunal d'instance de Montbrison a condamné un éleveur qui avait vendu un chien atteint du syndrome de privation stade 2. Le vétérinaire se doit d'informer le propriétaire des recours possibles, en sachant bien que, comme on est dans le cadre de ce qu'on appelle le « vice caché », le droit impose un délai pour pouvoir intenter une action. En matière de vice caché, c'est ce qu'on

appelle un « bref délai », ce qui veut dire que vous ne pouvez pas identifier le trouble et vous dire que, peut-être l'année prochaine, vous ferez quelque chose ! Il faut décider rapidement d'intenter une action en justice une fois le diagnostic établi.
Pour les raisons affectives, il est préférable de se déterminer le plus tôt possible parce qu'il est plus facile de réagir quand on a moins vécu avec le chien. Le devenir de ces chiens, si on les a acquis pour en faire des chiens d'utilité, est relativement sujet à caution dans la mesure où ils garderont toujours une vulnérabilité émotionnelle qui sera un handicap.

Je ne donnerai pas d'exemple de privation stade 3, parce que, malheureusement, il s'agit d'un cas si grave qu'il est vain d'entreprendre tout traitement. Précisons seulement qu'il s'agit d'un état dépressif avec de forts retards de développement sensori-moteur.

Chiots phobiques et anxieux : quand doit-on s'inquiéter ?

– Pour le chiot phobique (stade 1), ce qui doit vous inquiéter, c'est un chiot qui, dès son arrivée, montre des signes de panique en présence de certains événements et qui, au bout de la première semaine, n'est toujours pas capable de supporter ces événements qui sont pourtant récurrents dans la vie de ses maîtres (téléphone, visites, etc.). Il faut néanmoins attendre une semaine pour être sûr que c'est un vrai trouble phobique et que ce n'est pas juste l'état de détresse normal du chiot qui quitte sa mère et son environnement.

– Pour le stade 2, vous devez être alerté par un chiot qui se cache et mange la nuit quand tout le monde est parti se coucher. Bien sûr, il faut aussi surveiller tout ce qui peut ressembler à l'exploration statique, la posture d'expectative (voir page 123) ; l'intolérance aux changements, de manière générale, est un vrai signe révélateur.
– Quant au stade 3, c'est un chiot qui a l'air grabataire ; il vit caché, refuse de se nourrir, gémit souvent et a des phases de sommeil très agitées. Il peut même parfois se réveiller en hurlant ou faire, de manière répétitive, ses besoins dans son panier, ce qui est extrêmement rare chez un chien en bonne santé (c'est soit d'origine organique, soit lié à des troubles psychiques majeurs). Dans ce cas, inutile de tenter quelque traitement que ce soit. De plus, ce n'est un service à rendre à personne et surtout pas aux autres animaux, parce que, si tout le monde est vigilant, les éleveurs seront obligés de faire attention.

Les conséquences des méthodes de dressage ou d'éducation inadaptées

À l'heure actuelle, on voit assez fréquemment des chiens de races dites soumises au travail – c'est-à-dire classiquement utilisés dans le gardiennage ou l'autodéfense – subir des méthodes d'éducation ou de dressage coercitives : il s'agit essentiellement de punition, parfois même très dure et systématique. Or on a tendance à mettre en place ces méthodes sur des animaux de plus en plus jeunes : il est devenu assez fréquent d'observer des chiens qui ont commencé à être dressés dès l'âge de 6 ou 7 mois.

Chez ces animaux, on peut voir apparaître deux types de troubles. On appelle le premier l'« énurésie des jeunes chiens ».

➤ Le jeune chien qui « fait pipi au lit »

C'est à peu près toujours le même scénario : le chien commence son dressage et, au bout de quelques jours ou de quelques semaines, suivant la sévérité des méthodes utilisées, on observe que cet animal, la plupart du temps, lorsqu'il dort, va uriner à l'endroit où il se couche ou à proximité immédiate. Ce qui généralement lui vaut malheureusement des corrections de la part de ses maîtres qui considèrent que c'est une autre preuve de mauvaise éducation.

Ces animaux peuvent très vite basculer dans des troubles anxieux beaucoup plus sévères. Il faut considérer que c'est vraiment un signal d'alarme qui doit conduire à remettre en question la méthode d'éducation utilisée et qui, sur des cas sévères, peut justifier le recours à des traitements. On sait très bien le traiter aujourd'hui.

➤ Les mouvements automatiques et incontrôlés

Autre trouble beaucoup plus sévère, beaucoup plus invalidant et évoluant très vite vers des problèmes assez graves : les stéréotypies de contraintes. Ce sont des mouvements automatiques incontrôlés par l'animal et qui vont survenir chez les chiens soit dressés avec des méthodes coercitives, soit contraints à rester dans des endroits de faible dimension, comme une courette devant une maison, courette dans laquelle le chien est en permanence soumis aux stimulations par le passage dans la rue. C'est souvent le cas pour des chiens dans les structures de gardiennage, que l'on appelle « les chiens de couloir », et qui sont maintenus dans des passages entre deux clôtures, clôtures devant lesquelles ils sont censés agresser tout intrus.

Ces animaux vont présenter des comportements de stéréotypies qui sont classiquement :

- Des déambulations. Cela devient très vite spectaculaire car on voit le chien parcourir en permanence le même trajet, au point même qu'ensuite, en clinique, quand on offre un espace plus grand au chien, on s'aperçoit qu'il continue à déambuler sur le même segment de droite, sur la même dimension, alors qu'il pourrait prolonger son trajet plus loin.
- Du tournis, c'est-à-dire que l'animal tourne sur lui-même. On voit à l'heure actuelle classiquement, notamment dans des chenils de type chenils militaires, chenils de société de gardiennage, des animaux qui présentent un tournis important qui amène parfois les personnes qui gèrent le chenil à placer de la moquette au sol pour éviter l'usure des coussinets plantaires. La particularité du tournis est qu'il est facile de l'interrompre, au moins au début de l'apparition des troubles : il suffit d'occuper le chien à faire autre chose. Progressivement, le tournis a tendance à être envahissant et, dès que le chien est stressé, il se met à tourner, se mord la queue et peut se blesser. Malheureusement, un certain nombre de chiens sont traités de façon inappropriée, d'autant qu'ils ont fini par se mutiler sévèrement : on fait des amputations de la queue qui ne règlent absolument rien car le chien peut toujours tourner, même autour d'un moignon de queue.

➤ Comment éviter ou traiter ces problèmes

Dans tous les cas, la solution consiste d'abord à ne pas utiliser de méthodes uniquement basées sur la punition.

Lorsque l'on est amené à punir, il ne faut pas punir de façon inappropriée, c'est-à-dire à retardement.

Pour les chiens qui doivent, compte tenu de leur utilisation, séjourner dans des endroits clos, vous devez fournir ce que l'on appelle un « enrichissement du milieu », ce qui est devenu obligatoire pour les animaux de parcs zoologiques mais non pour les chiens. C'est-à-dire, par exemple, ne pas hésiter à cacher la nourriture de façon que le chien soit occupé à la chercher ; ou mettre des jouets pour qu'il ait quelque chose à mâchonner. Évidemment, dans l'idéal, il faudrait fournir au chien un espace dans lequel il puisse se soustraire à la vue des intrus et donc aux stimulations, s'il le souhaite : d'où l'intérêt d'une niche, par exemple, dont l'entrée soit tournée de telle façon que le chien puisse se cacher. Tous ces éléments permettent à l'animal de contrôler lui-même la quantité de stimulations qu'il reçoit. Si ces précautions ne sont pas prises, on risque des troubles chroniques qui peuvent nécessiter plusieurs mois de traitement.

Bien communiquer

Comment le chien communique

Progressivement, au cours de la phase de socialisation, se met en place un élément particulièrement important chez l'animal social qu'est le chien : l'établissement d'un système de communication. Il y a quatre sortes de communications :

– la voie olfactive est la communication chimique qui se fait par l'intermédiaire des phéromones et de ce qu'on appelle les « odeurs sociales » (les phéromones ne font l'objet d'aucun apprentissage, c'est inné, alors que les odeurs sociales font appel aux expériences précoces de l'animal, elles sont acquises) ;

– le canal visuel est essentiel : c'est par lui que vont passer tous les signaux des postures et les mimiques ;

– le troisième canal est acoustique : c'est la communication par vocalises ;

– le quatrième est la communication tactile, que l'on oublie trop souvent.

Les connaissances actuelles sur ces différents canaux sont très inégales ; le mieux connu est le canal visuel. La logique d'organisation des postures et des mimiques est maintenant élucidée. La communication chimique commence a être elle aussi mieux comprise, mais il reste de très grandes inconnues, entre autres parce que l'homme n'est pas spontanément équipé correctement pour percevoir ce genre de signaux. La communication par vocalises est mal connue puisque, comme nous l'avons déjà vu page 56, il n'y a pas eu d'études scientifiques ; les éléments dont on dispose sont issus de l'observation. La communication tactile, quant à elle, n'a été mise en avant qu'assez récemment ; elle est mêlée à la communication posturale, car elle est souvent l'élément de clôture d'un échange postural.

Le développement de ces systèmes de communication est très différent. La communication par les phéromones n'est pas un apprentissage, leur apparition est liée à une période bien précise de l'état physiologique du chien. Quant aux odeurs sociales, cela reste beaucoup plus flou : on ne sait pas vraiment à quel moment c'est acquis, sachant que le sens de l'olfaction est fonctionnel très tôt – il y a certainement un début d'identification de la mère avant l'ouverture des yeux grâce à des éléments olfactifs.

➤ Communiquer par la vue

On parle de communication visuelle dans la mesure où un certain nombre de signaux émis par le chien (les postures, les mimiques) sont perçus par les yeux.

On pourrait comparer ces signaux à un code dans lequel l'animal, en associant tel ou tel geste, en le modulant, par son rythme d'exécution, par sa répétition dans le temps, peut moduler la valeur du message. Il s'agit d'un code d'une grande précision et d'une complexité étonnante. D'où viennent ces éléments gestuels et comment les chiots apprennent-ils à les associer ? C'est-à-dire comment ce code se met-il en place ? C'est l'un des phénomènes les plus fascinants de la période de socialisation.

D'où viennent les différentes postures et mimiques du chien ?

Tous les éléments qui vont constituer les signaux de communication visuelle sont présents dès la fin de la période de transition. On trouve des éléments de trois types.

■ La communication posturale est construite avec une série d'éléments moteurs qui sont au départ des productions motrices très primitives, impliquées dans le maintien en vie du chiot. On peut prendre comme exemple l'obtention de nourriture régurgitée en mordillant la babine de l'adulte : au moment du sevrage, le chiot peut obtenir qu'un adulte régurgite pour lui de la nourriture prédigérée, simplement en lui mordillant la babine. C'est un geste très simple qui au début a une fonction très précise. Autre exemple d'un élément de communication très sophistiqué et très compliqué chez le chien : le retournement effectué par la mère pour aboutir à l'évacuation des excréments : on a vu que, dans la période néonatale (voir page 27), la chienne retournait ses chiots, leur donnait un petit coup de nez et puis leur léchait la région périnéale pour déclencher le processus d'émission d'urine ou d'excréments. Ce retournement et cette émission d'urine ou d'excréments vont servir d'éléments de base pour construire la posture de soumission chez l'adulte. Ces divers éléments liés à la vie végétative du chiot sont les modules de base des signaux de communication du chien.

■ Dans les signaux de communication, et notamment pour tout ce qui est du domaine de la soumission et de l'apaisement, on va retrouver également des éléments de type appel au jeu, avec notamment des mouvements de pattes. En effet, dans le début de la période de socialisation, l'une des façons de provoquer le jeu chez un congénère consiste pour le chiot à lever une patte avant et à l'agiter en direction de son propre museau.

L'APPEL AU JEU CHEZ LE CHIOT

Le chiot lève une patte avant en direction de son museau.

Or cet élément moteur va servir de base pour établir des signaux d'apaisement destinés à un chien dominant et à éviter une agression.

■ Les signaux sexuels interviennent eux aussi dans la communication sociale comme signal de soumission et d'apaisement : l'acceptation du chevauchement en particulier, qui reproduit donc les réactions typiques de la chienne au moment de son ovulation, est un des éléments qui permettent d'apaiser les dominants et d'éviter ainsi les agressions.

Comment ces différents éléments aboutissent à un système de communication

On connaît dans l'ensemble du monde animal un mécanisme décrit par Huxley et par Lorenz et qu'on appelle la « ritualisation ». C'est un phénomène qui se déroule à l'échelle de l'évolution, c'est-à-dire sur des périodes extrêmement longues et qui fait que, dans certaines espèces, un comportement très primitif lié à la survie, une façon de demander la nourriture ou un type de comportement sexuel peuvent petit à petit perdre leur fonction initiale pour acquérir une fonction de communication parce qu'ils sont associés à d'autres éléments gestuels et, surtout, parce qu'ils vont être intensifiés par la répétition rythmique de ce comportement, dans des situations bien précises. C'est cette répétition qui aboutit à la production d'un rituel (on en connaît de nombreux chez les oiseaux, qui font partie des parades nuptiales). Le terme de ritualisation désigne des phénomènes qui sont renforcés par l'évolution et qui se produisent sur de très longues périodes.

De plus en plus de spécialistes considèrent que, chez les mammifères supérieurs, il existe des phénomènes de ritualisation qui se font de manière beaucoup plus rapide et qui se mettent en place au cours de la vie de l'animal. Le phénomène de ritualisation intervient de façon importante dans la maturation de la communication chez le chiot. L'activité clef pour favoriser rapidement l'établissement rapide de ces rituels est le jeu. Comme on l'a déjà vu, les chiots se mettent à jouer dès la fin de la période de transition. Chez l'homme, qui est l'espèce qui l'a le plus développée, la notion de jeu est évidente. Chez le chien en revanche, la définition du jeu est beaucoup plus complexe. En fait, on va qualifier de jeu toutes les activités qui n'ont pas de but précis pour l'animal et dans lesquelles on ne peut pas mettre en évidence une réalisation particulière (obtenir de la nourriture, ou envoyer un message, etc.). Petit à petit, les activités motrices du chiot se structurent, après avoir été très désordonnées, et il va se livrer à ce qu'on appelle des « jeux de combat ». En fait, c'est une appellation un peu douteuse dans la mesure où rien ne prouve qu'il s'agit bien d'amorces de combat : cela se limite plutôt à ce que le chiot attrape les membres de ses frères et sœurs. Dès qu'il a des dents, il va y avoir des réactions de douleur qui s'avéreront très utiles pour l'acquisition des autocontrôles (voir page 91), mais qui génèrent aussi la nécessité d'encadrer tout cela par des systèmes qui permettent d'arrêter les interactions. Petit à petit, au cours de ces interactions ludiques, le chiot s'aperçoit que les réponses qu'il produit de façon assez hasardeuse au début ont tel ou tel effet…

Par exemple, le chiot qui est renversé par un autre chiot ou par un adulte présente très souvent les mêmes réactions que lorsque la mère le retournait au moment de lui faire faire ses besoins ; d'ailleurs, quand, lors de ces jeux, un autre chien approche son museau de la région soit du fourreau pour les mâles, soit de la vulve pour les femelles, quelques gouttes d'urine vont s'échapper. On s'est aperçu que, pour que la posture de soumission se mette en place, il fallait d'une part que le chiot ait été materné et léché au départ par sa mère et que d'autre part, par la suite, la présentation de ce genre de comportement en face d'un adulte désamorce l'agression. Est-ce parce que la réaction du chiot, dans ce contexte, crée d'autres types de comportements que la menace ? Ou est-ce parce qu'on se trouve face à ce que certains appellent une « mémoire d'espèce » qui ferait qu'à travers les générations de chiens ce comportement inhibe systématiquement l'agression ? En tout cas, ce qu'on peut dire, c'est que, très vite, le chiot va s'apercevoir que, dès qu'il se met sur le dos en lâchant quelques gouttes d'urine, il désamorce toute agression en cours.

On constate aussi que, lorsqu'un jeune chien est menacé par un adulte, il a souvent tendance à se mettre flanc contre flanc avec l'adulte, à tendre sa tête vers le museau de l'adulte et à lui mordiller les babines comme lorsqu'il quémande une régurgitation ; mais au lieu de mordiller et d'attendre que la nourriture arrive, le chiot va accentuer son mordillement. Il a souvent les oreilles en arrière, émet des petits cris et mordille de plus en plus fort, tant que le dominant grogne. Dès que le dominant se calme, le chiot s'aplatit. C'est ainsi que se met en place le rituel d'apaisement : l'acte moteur qui consiste à mordiller les babines et qui servait à quémander la nourriture va changer de fonction pour devenir un signal d'apaisement évitant l'agression.

C'est donc à partir d'éléments moteurs connus très simples qui permettaient la survie de l'animal que celui-ci va construire petit à petit d'autres signaux qui ont une fonction sociale complètement différente.

Les interactions ludiques sont primordiales parce qu'elles mettent le chiot dans des situations où il sera un peu malmené et parfois même agressé et que cela lui apprend à structurer toute une série d'échanges. Ainsi, il comprendra mieux ce qui se passe dans le groupe. C'est pourquoi on peut dire que ces comportements, outre leur fonction de communication, sont un facteur de cohésion sociale. La communication possède une fonction anxiolytique, c'est-à-dire qu'elle fait disparaître toute source d'angoisse dans la mesure où elle éclaircit le contexte dans les situations critiques. Elle est indispensable à la survie du groupe et limite la survenue de conflits déstabilisateurs. Elle va donc réduire au minimum le risque biologique que représentent les situations extrêmes.

Quand le chien imite l'homme et que l'homme imite le chien

Le chiot apprend aussi beaucoup par imitation : qu'il s'agisse d'adultes chiens ou d'adultes humains, c'est à leur contact qu'il va apprendre progressivement toute une série d'actes élémentaires. Il existe de nombreuses convergences lorsqu'il s'agit d'espèces sociales particulièrement développées, comme le sont l'homme et le chien. On observe en effet des similitudes dans la manière d'utiliser le corps comme moyen de communication. Même si en apparence cela peut sembler difficile, puisque l'un est bipède et l'autre quadrupède, on retrouve des analogies importantes dans la façon d'utiliser les segments du corps qui vont rendre possibles ces interactions entre l'homme et le chien. C'est-à-dire que l'homme est capable de modeler sa communication pour être compris du chien et *vice versa*. Il s'agit de quelque chose qui se fait spontanément, non dans un contexte thérapeutique ; c'est une communication qui existe depuis des siècles.

Hediger, auteur important souvent considéré comme atypique parce qu'il a étudié les animaux de cirque ou de zoo, s'est beaucoup intéressé aux rapports entre l'homme et l'animal et à son mode de fonctionnement. Il a développé un concept qu'il a appelé « la tendance à l'assimilation » : il s'est rendu compte qu'un certain nombre d'espèces, en particulier chez les mammifères supérieurs, avaient la capacité d'incorporer mutuellement certains des éléments de communication de l'autre et donc de modifier leurs rituels propres pour les rendre petit à petit intelligibles pour l'autre, quitte à faire changer parfois complètement leur fonction.

Quand c'est l'animal qui modifie son rituel pour le faire ressembler à des signaux de communication humains, Hediger parle d'anthropomorphisme, et quand c'est l'homme qui incorpore dans ses signaux de communication des éléments d'origine animale pour améliorer la compréhension de celui-ci, il va parler de zoomorphisme – les termes qu'Hediger utilise peuvent prêter à confusion, parce qu'on les emploie souvent en sens inverse dans le langage courant.

On peut donner deux exemples très amusants, l'un de zoomorphisme et l'autre d'anthropomorphisme. Chez le chien, on a parlé de cette réponse posturale qui consiste à lever la patte avant vers le nez, soit pour l'appel au jeu, soit pour provoquer un apaisement envers un dominant (voir page 137) ; or il faut savoir que, chez l'enfant humain (et chez les grands primates supérieurs), il existe un comportement non verbal bien connu qui permet d'échanger des objets. Les petits enfants – on le voit très bien dans les crèches –, pour échanger des objets, inclinent la tête sur le côté et tendent la main paume vers le ciel. Les singes, les chimpanzés, les orangs-outangs et les gorilles ont aussi recours à ce procédé qui permet d'échanger tranquillement toute sorte d'objets.

On constate que, chez le chien qui vit dans une famille humaine où il est parfaitement intégré – *a fortiori* d'ailleurs quand il y a des enfants en bas âge –, le comportement du lever de patte vers le nez se modifie, avec une inclinaison de la tête et une tentative de supination, c'est-à-dire de rotation, non pas vers le haut, parce que anatomiquement, son coude ne lui permet pas de faire cette rotation complète ; le chien est toujours en pronation, mais il arrive à provoquer un début de rotation, et tend son membre antérieur vers le haut et vers l'avant pour obtenir quelque chose.

Donnons un exemple : si vous prenez l'apéritif autour d'une table basse chargée de nourriture, la plupart du temps, le chien va s'approcher de vous, incliner la tête, tendre sa patte et, là, tout le monde réagit de la même façon en se disant que le chien réclame de la nourriture et, éventuellement, lui en donne. Ce système de communication fonctionne très bien et *a fortiori* entre chiens et petits enfants où l'on assiste à des échanges assez amusants au moment du goûter par exemple.

Chez l'homme, on a déjà décrit un exemple de zoomorphisme avec l'appel au jeu : de même que, spontanément, quand on appelle un enfant pour établir le contact avec lui, on s'accroupit et qu'on ouvre ses bras, les gens qui ont un chien apprennent à s'accroupir en faisant des mouvements rythmiques de haut en bas, en se tapant sur les jambes ou sur le dessus des pieds. Or on s'aperçoit que l'homme reproduit, en l'adaptant à son corps, la posture d'appel au jeu du chien, avec les abaissements rythmiques de l'avant du corps et de la tête vers le sol, accompagnés de vocalises, de petits appels brefs, avec une intonation joyeuse et des claquements de langue (voir illustration page 97). C'est un bon exemple de zoomorphisme dans lequel l'homme appelle le chien en modifiant un élément postural typiquement humain pour le mélanger avec des éléments canins et créer ainsi sa propre posture d'appel au jeu, parfaitement intelligible pour le chien.

Ce que l'homme « dit » au chien avec son corps

L'homme communique avec le chien par les mots, l'intonation, la prosodie, mais aussi à l'aide de mouvements corporels que le chien décode parfaitement.

- *La position du torse*

L'homme tient son torse :
– incliné vers l'avant : le chien décode cette approche comme une approche dominante ;
– vertical : synonyme pour le chien de neutralité ;
– incliné vers l'arrière : le chien l'associe à une approche dominée.

- *La vitesse de déplacement*

– Un déplacement rapide est pour le chien un signe d'agression.
– Une vitesse moyenne constante est interprétée comme une approche neutre ou dominante.
– Une approche heurtée, entrecoupée d'arrêts est associée à une approche dominée.

■ *La trajectoire*
Elle peut être directe ou détournée selon le sentiment que l'homme éprouve à l'égard de l'animal (inquiétude ou assurance).
– Si l'homme va directement vers la tête ou le flanc, c'est associé par le chien à une approche dominante.
– S'il contourne le chien et l'aborde par la croupe, le chien l'associera à une approche dominée.

■ *Le regard*
Deux paramètres interviennent : la direction et la persistance :

La direction
– Regard dans les yeux : provocation au combat.
– Regard sur la croupe : regard du dominant.
– Regard à côté : neutre ou dominé.

La persistance
– Regard continu : approche dominante ou recherche d'un combat.
– Regard interrompu : apaisement ou soumission.

Un dialecte propre à chaque groupe

Tous les exemples de rituels que nous venons d'évoquer sont communs à tous les chiens vivant avec l'homme. Mais ce qui est intéressant, c'est qu'à l'intérieur de chaque meute et *a fortiori* à l'intérieur de ce qu'on a l'habitude d'appeler la « famille meute », c'est-à-dire la famille au sein de laquelle se trouve un chien (chez le chien, les règles de fonctionnement sont celles de la meute et chez l'homme, de la famille, d'où cette appellation), il y a des rituels spécifiques. Tout se passe comme s'il y avait une langue canine déclinée en une infinité de dialectes.

Cette présence de rituels propres à un groupe donné est une notion très importante. Lorenz considère que ces rituels spécifiques sont en fait le « ciment affectif » qui attache l'individu à son groupe, c'est-à-dire qu'à l'âge adulte le chiot aura acquis un lien d'attachement très fort à son groupe tout simplement parce que ces petits rituels contribuent à améliorer considérablement le degré de communication et donc à créer un groupe très rassurant.

C'est d'autant plus étonnant qu'on verra, à l'âge adulte, des affections comportementales qui peuvent survenir quand le chien est coupé de ces rituels. On décrira chez l'adulte ce qu'on appelle des « anxiétés de déritualisation » (voir page 191) qui peuvent prendre un tour dramatique. Chaque fois qu'un chien change de groupe, par exemple quand il est abandonné par une famille et adopté par une autre, une partie des signaux qu'il avait en commun avec sa première famille ne fonctionnent plus dans sa nouvelle famille, ce qui contribue à générer un état de stress important, du moins dans les premiers temps. Dans les conditions idéales, de nouveaux rituels vont progressivement s'établir ; mais si le chien n'arrive pas à s'intégrer, cela peut aussi évoluer et aboutir à un tableau clinique d'anxiété lourde.

➤ Communiquer par l'ouïe

La gamme des sons et des vibrations émis par le chien est extrêmement variée et son exploration nécessiterait des moyens qui n'ont été que rarement employés jusqu'à présent.

À mesure qu'on avance dans la socialisation et que les postures que nous avons décrites plus haut se mettent en place, la fréquence et la variété des émissions sonores diminuent. Tout se passe comme si, chez l'adulte, les vocalises complétaient et soulignaient les postures.

Les sons émis par le chien

Les sons que le chien émet à l'aide de sa voix (ce qu'on appelle les « vocalises », voir aussi page 55) sont l'aboiement, le grondement, le hurlement, le cri aigu, le gémissement, le miaulement, le jappement, le toussotement. Le claquement de dents et le halètement sont des signaux non vocaux.

Les vocalises sont liées à des états émotionnels différents.

■ On pense souvent que l'aboiement est un signe d'agressivité. En fait, l'aboiement accompagne les états d'alerte et est associé à des états ambivalents.

■ Le grognement, avec découverte des dents, fait partie de la phase d'intimidation qui annonce un état d'agression.

■ Le grondement, bouche fermée, est souvent associé à un état de plaisir.

■ Les gémissements se font entendre dans des situations pénibles (douleur, peur) ou lorsqu'un chien est en train de se soumettre et d'accepter le dominant (en général, on a une séquence : émission d'un cri, suivie de gémissements).

■ Le hurlement est plus complexe. Toutes les races de chiens ne hurlent pas. Le hurlement se manifeste dans les situations de détresse majeure, comme dans les cas d'anxiété de séparation. Le hurlement des chiens de traîneau est aussi un cas particulier. Il intervient dans la communication à grande distance.

On remarque que les chiens qui vivent avec des propriétaires qui leur parlent beaucoup émettent de nombreuses vocalises.

« Peut-on empêcher un chien d'aboyer ? »

Certains ont imaginé différentes techniques : un collier électrique qui envoie une décharge quand le chien aboie, la voix du propriétaire préenregistrée, un collier qui émet des odeurs de citronnelle. Le recours extrême peut aller jusqu'à la chirurgie avec une ablation des cordes vocales. Bien entendu, non seulement ces méthodes sont inefficaces dans la mesure où elles ne s'attaquent pas à la cause de l'aboiement, mais encore elles aggravent le problème de l'anxiété.

Le chien comprend-il le langage humain ?

Le chien qui vit parmi les humains est plongé en permanence dans un monde de langage. La grande question que tout le monde se pose régulièrement depuis des siècles est la suivante : le chien a-t-il accès au langage des hommes ? Qu'est-il capable de comprendre ? C'est très important car, lorsqu'on vit avec un animal, il vaut mieux savoir ce qu'il est en mesure de décrypter. En effet, un homme persuadé que son chien comprend la totalité de son langage se sent légitimement autorisé à sévir si le chien ne fait pas ce qu'il lui avait demandé ; alors que, la plupart du temps, si le chien n'obéit pas, c'est tout simplement parce qu'il n'a pas compris ce que son maître voulait, de telle sorte que la punition sera incompréhensible pour lui.

Dans une approche éthologique, on peut dire que le langage est constitué :

– du son émis qui est articulé, avec une structure sonore bien définie (c'est en quelque sorte une image acoustique),

– du sens associé à cette unité sonore.

Un même mot peut avoir plusieurs sens, ces multiples sens constituant ce qu'on appelle le « champ sémantique » d'un mot : le mot « homme » comprend dans son champ sémantique la notion d'espèce humaine mais aussi celle d'être humain de sexe masculin.

Par ailleurs, deux mots ou deux groupes de mots différents peuvent avoir un sens identique ou analogue : si vous dites à un ami « Assieds-toi », ou « Prends un siège », ou « Tu peux t'asseoir », dans chacun de ces cas, il comprendra que vous l'invitez à s'asseoir.

Que se passe-t-il pour le chien ? Il est capable d'entendre, donc de décomposer les caractéristiques sonores du mot, mais toutes les études qui ont été faites confirment que, pour que le mot prenne du sens, il va falloir qu'il soit associé à un objet ou à un acte bien précis. Par exemple, si je veux apprendre à mon chien à s'asseoir, je vais avec ma main appuyer sur son grasset (l'équivalent du genou chez le chien), pour lui faire plier les membres postérieurs, ce qui va l'amener à rapprocher sa croupe du sol, et je vais lui dire en articulant : « Assis », en insistant plusieurs fois, et en le caressant dès qu'il a atteint cette position. Si j'ai bien fait mon travail de dresseur, au bout d'un moment, quand je dirai « Assis », le chien va s'asseoir. Si la fois d'après je lui dis « Veux-tu t'asseoir ? », le chien ne prendra pas la position assise, parce que, pour lui, la position assise, c'est le mot « Assis » ; le reste n'a pas de sens. Le chien est prisonnier de cette sonorité de départ.

Dans certains types de dressage, une fois qu'on a appris le « Assis » et le « Couché », on demande au chien de se lever en utilisant le « Debout ». On observe que, lorsqu'il a associé le mot « Debout » au fait de se lever, si on dit au chien : « Lève-toi », il ne comprend pas. Ce qui signifie que, pour le chien, c'est la sonorité qui est associée à un acte ou à un objet. La balle, c'est le mot « balle », ce n'est pas le mot « jouet » ni aucun autre mot.

Répétons-le, il est très important de savoir comment le langage humain est compris par le chien, parce qu'on constate que, chaque fois qu'il y a une situation difficile, l'homme a tendance à répéter la même chose avec des mots différents : pour lui, cela paraît normal, si quelqu'un ne comprend pas ce qu'il dit, il essaie de dire la même chose autrement.

Pour reprendre l'exemple du « Assis », souvent les gens s'y prennent très mal et font la même erreur qui consiste à associer le mot « Assis » au geste d'appuyer sur la croupe du chien.

– Première chose, il faut savoir qu'en neurologie c'est un geste qu'on utilise parce qu'il déclenche un réflexe de stimulation des extenseurs, c'est-à-dire que plus vous appuyez, plus le chien contracte ses extenseurs et plus il se redresse (voir aussi page 175 pour l'apprentissage du « Assis »).

– Seconde chose, comme le propriétaire dit « Assis » en appuyant sur la croupe et que ça ne marche pas, il commence à varier sur le même thème : « Veux-tu t'asseoir », « Assieds-toi », « Je t'ai dit de t'asseoir », etc. Évidemment, plus il continue, moins c'est efficace, et plus il s'énerve parce qu'il est persuadé d'avoir fait le maximum pour être explicite vis-à-vis de son chien. J'ai vu des gens finir par dire à leur chien des choses comme : « Il faut que tu poses tes fesses par terre »... Bien sûr, le chien n'a pas bougé.

Comment parler à un chien

– Utilisez des mots simples, comme pour le nom du chien (voir page 98), c'est-à-dire que vous devez choisir de préférence les mots bisyllabiques ou monosyllabiques : il vaut mieux dire « Au pied » ou « Pied », même si cela nous paraît restrictif, que « Viens au pied ».
– Il faut toujours associer le langage à la gestuelle qui est toujours beaucoup plus claire pour le chien.
– Comme ce signal sonore qu'est le mot est complètement arbitraire – puisqu'il est dénué de sens au départ –, cet apprentissage ne peut passer que par des méthodes de conditionnement et notamment par ce qu'on appelle le « conditionnement positif », c'est-à-dire qu'on associe des récompenses quand le chien se rapproche de façon plus ou moins parfaite de ce qu'on exige de lui.
– Même si vous êtes énervé, il faut toujours éviter de décliner l'ordre sous différentes formes verbales, parce que vous créez une situation où il n'y a plus de signe fixe pour déclencher l'action : vous installez une situation de non-apprentissage.

Certaines familles voient dans le langage purement gestuel avec le chien un aspect trop primitif et préfèrent se servir du verbe. On en arrive à des situations surréalistes avec un maître qui explique très calmement au chien, souvent avec le moins de gestes possible (dans nos sociétés, plus les gens sont policés, moins ils émettent de signaux extérieurs, notamment tous les signaux physiques qui peuvent venir souligner un propos), comme si le chien était agrégé de grammaire, que « c'est très très mal d'avoir mordu ou d'avoir fait pipi sur le tapis, etc. », ce qui est complètement incompréhensible pour le chien. La plupart du temps, cela produit des situations très angoissantes pour le maître qui a l'impression d'être très clair et d'avoir une attitude à même d'écarter tout recours à la violence de la part de l'animal, alors qu'en réalité ils sont face à un mur : ce que le maître est en train d'envoyer comme message est totalement irrecevable comme tel. Il est évidemment très difficile de savoir ce que le chien retire de ce message, mais ce qu'on peut dire, c'est qu'au mieux cela déclenche une indifférence totale et, au pire, une amplification des comportements de menace chez le chien.

Pour compliquer les choses, on s'aperçoit que, souvent, la littérature cynophile est riche en descriptions de chiens qui parviennent à « acquérir et à maîtriser deux cents à trois cents mots ». Il m'est arrivé de lire sous la plume de certains auteurs qu'un chien pouvait avoir un vocabulaire plus riche que le Français moyen : c'est totalement faux. Un être humain qui maîtrise deux cents mots est capable de maîtriser le champ sémantique de ces mots (peut-être pas en totalité parce que cela va dépendre de son bagage culturel et de son éducation) ; quand on lui demande de s'asseoir, il comprend que cela veut dire « poser son derrière sur une surface », ce que le chien, pour sa part, ne comprend pas. Le chien est capable d'associer le son « Assis » avec l'acte de s'accroupir et de poser son derrière sur le sol, mais il est incapable de comprendre que c'est l'équivalent de « Pose ton derrière sur le sol ».

Il est essentiel d'insister sur ce point, car il génère des malentendus qui sont à l'origine de situations difficiles dans la relation entre le maître et l'animal. On peut être d'autant plus porté à croire que le chien comprend le langage humain que, lorsqu'on communique avec lui, il manifeste un certain nombre de réactions émotionnelles : il montre de l'intérêt, il écoute, il tourne la tête, etc. En réalité, on constate que, chez les gens qui savent bien communiquer avec les chiens, la partie langagière joue un rôle extrêmement faible dans la compréhension de l'animal.

Pourquoi le langage humain a une faible part dans la communication homme/chien

Le cas des amateurs de bergers allemands est une illustration très significative du rôle secondaire du langage humain dans la communication entre un maître et son chien. À une certaine époque, les vrais amateurs allaient acheter leur chien en Allemagne ; ils voulaient de jeunes adultes ayant déjà subi un premier dressage. Certains venaient alors en consultation un peu inquiets parce qu'ils pensaient : « Ce chien a été dressé en allemand ; est-ce que nous allons pouvoir communiquer avec lui ? » Finalement, la communication se faisait très bien. Malgré cela, il y avait toujours des gens pour s'évertuer à donner péniblement des ordres à leur chien en allemand. En général, compte tenu de la mauvaise connaissance de la langue, les gens déformaient les sons. Mais en fait, tout le reste de la communication suffisait pour que le chien retrouve ce qu'il avait à faire, parce qu'ils avaient en revanche une bonne gestuelle.

Si le chien ne comprend pas le langage des hommes, il y a en revanche des animaux dont on pense qu'ils ont probablement accès à une partie du langage. Il semble en effet que le système particulier de symbolisation du langage et la notion de champ sémantique soient accessibles aux chimpanzés. Les chimpanzés auxquels on a appris le langage des sourds-muets sont capables d'extensions de contexte : par exemple, l'une des guenons observée qui connaissait le mot « oiseau » et le mot « eau » a été capable de décrire le « canard » comme un « oiseau allant sur l'eau ». Cette même guenon réintroduite dans un groupe de singes dont les autres membres ne connaissaient pas ce langage a commencé par dire « bonjour », ce qui lui a valu une rodomontade de la part d'un dominant qui n'a pas compris son message ; elle l'a traité de « sale singe », alors qu'elle connaissait le mot « sale » comme étant le contraire de « propre » au moment où elle se souillait quand elle mangeait. Ce sont des preuves anecdotiques qui sont autant de pistes pour dire que le chimpanzé a accès à certains côtés du langage humain.

Il est possible que le perroquet, contrairement au mainate qui est une « boîte à répéter », ait également une justesse de contexte qui semble dépasser de très loin le jeu des probabilités.

➤ Communiquer par l'odorat

La communication par l'odorat fait partie de ce qu'on appelle la « communication chimique ». Il s'agit de substances chimiques qui sont volatiles afin de pouvoir se déplacer à travers l'air, depuis l'individu qui émet le message jusqu'à celui qui le reçoit.

Au départ, cette communication comprend deux grands types de messages :

- Les phéromones, qui sont des substances agissant un peu comme les hormones ou comme les médiateurs du système nerveux, c'est-à-dire qu'elles ont des récepteurs spécifiques. Les phéromones fonctionnent quel que soit le passé de l'animal ; elles ne nécessitent pas d'apprentissage, c'est un système biologique qui a une certaine rigidité, c'est-à-dire qu'en fonction de son état physique et émotionnel l'individu émet des phéromones qui sont obligatoirement reçues et décodées par tous les animaux de son espèce. C'est une communication presque exclusivement intraspécifique.

■ D'autre part, il existe un autre groupe de médiateurs chimiques qu'on appelle les « odeurs sociales ». Ce sont des substances qui prennent un sens grâce à l'apprentissage. Elles interviennent pour l'odeur d'un groupe, c'est-à-dire que les membres d'une même meute vont avoir des composants odorants en commun, qui vont leur permettre de reconnaître un chien qui fait partie du groupe. Mais ces odeurs ne prennent de sens qu'en fonction de ce qu'à appris l'animal. C'est un peu comme l'odeur propre à une famille pour les humains, par exemple : lorsqu'on va chez une autre famille, on perçoit des odeurs qui nous surprennent ou nous dérangent alors que nous sommes très à l'aise avec les odeurs propres à notre famille.

Les phéromones

Les phéromones interviennent très tôt dans la vie du chien, pendant la période d'attachement. D'autres phéromones existent, et leur sécrétion se développe, de façon assez tardive pour certaines, au cours de la période de socialisation ; c'est le cas notamment des phéromones sexuelles qui sont émises à partir du moment où les hormones sexuelles sont sécrétées, c'est-à-dire à la puberté.

Fonctionnellement, on distingue deux grands types de phéromones : les phéromones incitatrices qui vont faciliter l'apparition de certains comportements (elles agissent presque essentiellement sur l'état émotionnel) et les phéromones qu'on qualifie de modificatrices qui agissent sur la physiologie et notamment sur les sécrétions hormonales.

■ D'où viennent les phéromones et à quoi servent-elles ?

Les phéromones sont produites par différents types de glandes dans le corps.

Beaucoup sont produites dans la peau, par les glandes sébacées (ces mêmes glandes qui sécrètent le film gras à la surface de la peau). Il en est de même pour les glandes sébacées qui fabriquent des phéromones au niveau de l'oreille. On en trouve aussi à la base de la queue ou, chez le mâle, à l'entrée du fourreau de la verge ainsi que sur la région du périnée (entre l'anus et l'appareil génital) et au niveau des coussinets plantaires. Pour prendre un exemple de la façon dont il utilise ces phéromones, on peut observer l'agression territoriale : quand un chien veut avertir un intrus qu'il ne tolérera pas sa présence, il émet d'abord toute une série de signes de menace (exhibition des crocs, hérissement du poil dans la région dorsale, etc.), puis il se met à gratter le sol avec ses postérieurs, ce qui lui permet de déposer des phéromones. Si l'intrus continue de manifester sa volonté de s'approcher, il lève la patte, à l'endroit même où il a gratté, et dépose ainsi, en urinant, une autre sorte de phéromones. Ce qui nous amène à la deuxième source de phéromones : les sécrétions d'origine muqueuse.

Quand on évoque les sécrétions d'origine muqueuse, on pense tout de suite à la muqueuse génitale, notamment au moment des chaleurs chez la chienne. Mais on verra qu'il n'y a pas que les sécrétions d'origine vaginale qui interviennent chez la femelle. Il est possible, bien que cela ne soit pas prouvé, que la muqueuse buccale soit en mesure d'intervenir dans la fabrication de phéromones dans le cadre de la communication hiérarchique, mais c'est encore discuté… La muqueuse de l'appareil urinaire sécrète aussi des phéromones : bien évidemment, chez le chien, tout le monde connaît le comportement qui consiste à lever la patte pour uriner, mais il ne faut pas oublier que ce n'est pas l'apanage du seul mâle et que les femelles elles aussi peuvent uriner en levant la patte. Elles le font dans des périodes bien particulières et, notamment, dans la période qui précède l'ovulation et dans la période qui la suit ; ce « marquage » urinaire va permettre le dépôt d'un certain nombre de phéromones qui interviennent dans la communication sexuelle et hiérarchique. Précisons que le marquage urinaire se fait sur un support vertical, donc en hauteur. Il y a une grande différence entre éliminer et marquer : dans le marquage, l'urine n'est que le vecteur de la phéromone qui est libérée à ce moment-là.

Il y a une troisième source de phéromones particulièrement importante chez les carnivores : c'est ce qu'on appelle globalement (même si le terme n'est pas tout à fait correct au plan anatomique) l'ensemble des glandes dites anales. Elles n'existent que chez les carnivores et rendent leur communication extrêmement sophistiquée. Toute la structure périphérique de l'anus, chez le chien notamment, est composée d'un grand nombre de glandes. D'abord des toutes petites glandes qui se présentent comme des petits renfoncements de part et d'autre de l'anus : on les appelle « glandes périanales ». Elles sont réparties tout autour de l'anus et ressemblent beaucoup à des glandes sudoripares, c'est-à-dire aux glandes qui sécrètent la sueur chez d'autres espèces. Mais, ici, elles ont pour unique fonction d'intervenir dans la communication chimique. Tout cela est tellement complexe qu'on n'a même pas encore fait l'inventaire de toutes ces glandes et de toutes leurs sécrétions. On sait qu'elles interviennent dans la communication sexuelle, dans la communication hiérarchique et également dans la fabrication de phéromones d'alarme, c'est-à-dire pour signaler un endroit où il y a quelque chose de dangereux.

Le marquage hiérarchique

Le marquage urinaire se fait sur un support vertical, donc en hauteur. Le chien (mais aussi la chienne) ne cherche en fait pas à uriner mais à « marquer » : l'urine n'est que le vecteur de la phéromone qui est libérée à ce moment-là.

De même, chaque fois que le chien va déféquer et qu'il essaie de déposer ses crottes en hauteur (sur une borne ou collées sur un mur), il faut savoir qu'il s'agit de selles qui participent à la communication sociale et territoriale ; ce ne sont pas les crottes elles-mêmes qui interviennent, mais ce qui est déposé dessus, le contenu des sacs anaux. C'est pour cette raison que, lorsqu'il y a un conflit hiérarchique entre le maître et le chien, dès que le maître est absent, le chien en profite pour déposer ses selles en hauteur, bien en évidence, sur un meuble par exemple. C'est en fait un marquage hiérarchique évident.

Dans ce groupe des glandes anales, il faut signaler un système sécrétoire constitué de deux sacs débouchant par deux orifices de part et d'autre de l'anus (sur un cadran : 4 heures et 8 heures). Ces canaux sont bien connus des propriétaires de chiens parce qu'ils peuvent faire l'objet d'une inflammation ou d'une obstruction. Les glandes anales interviennent, de façon majeure et assez bien identifiée, dans la communication sexuelle, dans la communication en matière de territoire et dans la communication émotionnelle, notamment lors des réactions de peur majeure. La paroi de ces sacs comprend des fibres musculaires qui peuvent se contracter violemment dans certaines circonstances, de telle sorte que les glandes se vidangent, libérant un contenu très malodorant (composé de substances aux noms charmants de putrescine, cadavérine, ou indole, qui sont insoutenables pour un nez humain).

On retrouve ces substances chez d'autres espèces carnivores et de façon beaucoup plus concentrée. Tout le monde connaît, grâce à Walt Disney, le *skuns,* la moufette (mal traduit en français par putois américain) : il s'agit de cet animal charmant, noir et blanc, qui s'appelle « Fleur » dans *Bambi.* Il n'a de fleur que le nom puisque c'est un animal qui possède des sacs anaux extrêmement gros (de la taille d'un poing humain) et qu'il est capable de projeter ses sécrétion très loin et très haut (c'est très facile pour un *skuns* qui fait 5 à 6 kilos d'envoyer ses sécrétions dans le visage d'un être humain debout). Celles-ci sont tellement puissantes qu'elles peuvent provoquer des sortes de spasmes gastro-intestinaux chez la personne qui en est victime ; la composition de ces sécrétions est dix fois plus violente que celles du chien qui sont déjà assez redoutables.

Au départ, ces sacs anaux fabriquent des substances qui n'ont pas vraiment d'odeurs, comme des protéines, des acides aminés ; ce sont les bactéries qui vivent en symbiose avec l'animal qui vont en dégrader la structure chimique pour produire des substances intervenant dans la communication chimique. En fait, cela veut dire qu'il faut l'association entre l'animal et les bactéries pour que le message existe. De temps en temps, ces sacs anaux peuvent faire l'objet d'une inflammation et, à ce moment-là, la flore bactérienne se modifie. Le vétérinaire vidange alors les glandes qui se sont engorgées, ce qui soulage le chien qui souffre beaucoup ; on peut même aller jusqu'à l'intervention chirurgicale.

Quand les chiens vivent en meute, lorsque l'un d'eux souffre d'une inflammation des sacs anaux, il fait l'objet d'agressions extrêmement violentes de la part des autres chiens, avec une situation très classiquement décrite par les propriétaires : il va s'asseoir et, lorsqu'il se relève, les autres chiens viennent flairer l'odeur qu'il a laissée et se jettent sur lui pour l'attaquer. Aujourd'hui, nous ne sommes pas capables de bien comprendre ce phénomène, mais ce que l'on sait, c'est que c'est la sécrétion déposée qui a changé la situation. Dès que l'on soigne l'infection, les agressions cessent. Si l'infection est soignée trop tard, il faudra une thérapie comportementale pour restaurer la cohésion du groupe. En tout cas, on constate qu'une simple inflammation des sacs anaux peut rendre insupportable un chien qui jusque-là était très bien accepté dans son groupe.

■ Un système de communication très complexe

On a mis très longtemps à comprendre cet aspect de la communication chez les mammifères ; c'est en effet très complexe, puisque les glandes qui produisent les phéromones ne produisent pas que des phéromones.

Sur le plan fonctionnel, le chien arrive quelque part et dépose (sur un tronc d'arbre par exemple) trois gouttes d'urine qui contiennent des phéromones : la probabilité pour qu'un autre chien vienne détecter ces phéromones de façon spontanée est très faible, sauf si on accompagne les signaux que constituent les phéromones d'autres signaux (comme on va le voir plus bas) qui vont amener ce chien de passage à venir directement fureter à cet endroit.

À ce moment-là, le chien, intéressé par ce qui se passe, adopte un comportement très spécial, le flehmen : il retrousse les babines et aspire l'air avec la gueule entrouverte, comme s'il haletait. S'il procède ainsi, c'est parce que les phéromones ne sont pas détectables par le système olfactif lui-même. Pour les percevoir, le chien a besoin d'un petit organe qu'on appelle l'« organe voméro-nasal » et qu'on nommait aussi, autrefois, « organe de Jacobson », du nom de celui qui l'a décrit.

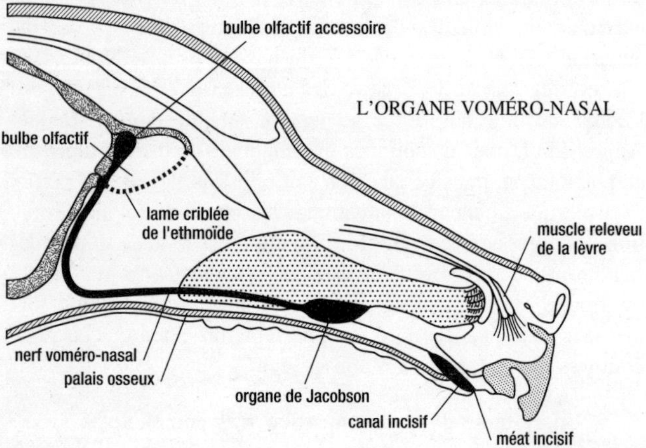

L'ORGANE VOMÉRO-NASAL

Cet organe se trouve au-dessus du palais, il est formé de deux canaux à l'intérieur des cavités des sinus et contient les récepteurs spécifiques des phéromones. Le message remonte alors au cerveau par un nerf spécialement dévolu à cette tâche : le nerf voméro-nasal.

L'animal qui dépose des phéromones va produire plusieurs types de signaux pour en favoriser la détection :

– Des signaux olfactifs, les odeurs, qui sont détectés en permanence par le système olfactif.

– Des signaux visuels qui indiquent qu'il est en train de marquer : la posture de soulignement la plus évidente est celle du chien qui lève la patte. À ce propos, il est intéressant de remarquer qu'un chien qui se considère comme dominant va lever la patte très haut. Mais la nuit, quand tout le monde dort, il urine pratiquement accroupi parce que personne ne le voit et que, dès lors, le message n'a plus lieu d'être. Lorsque le chien gratte le sol avec ses coussinets, c'est aussi, comme on l'a déjà dit, un marquage : il dépose des phéromones. Autre signal visuel : le dominant étale ses oreilles et permet ainsi au dominé de venir en humer les sécrétions.

Ces postures particulières mettent donc en évidence le moment où le chien est en train d'émettre des sécrétions. On remarque à ce sujet que si, par exemple, on gratte le sol avec un râteau, le chien vient immédiatement effectuer un flairage à cet endroit. De la même façon, les taches humides sur un support vertical déclenchent le même réflexe de venir flairer. Donc, le dépôt du message phéromonal est toujours accompagné d'un signal visuel, et la compréhension de ce message visuel relève du domaine de l'apprentissage. Celui-ci va s'acquérir au moment de la socialisation.

On constate que les chiens qui sont très précocement soustraits à tout contact avec leurs congénères et qui n'ont pas la possibilité d'apprendre ces signaux ont un système de communication amputé : uriner en levant la patte est un comportement qui n'apparaît que lorsque le détachement a eu lieu. C'est pourquoi, chez les chiens qui souffrent d'anxiété de séparation (voir page 193), dans l'immensité majorité des cas, ce comportement n'est pas développé. L'expression classique en consultation, est : « C'est bizarre, mon chien fait pipi comme une fille ! » En termes d'éthologie comparée, les gens qui travaillent sur les phéromones sont amenés à se demander si, chez l'être humain, le fait que les hommes urinent debout contre un mur n'est pas un reliquat de marquage… On ne peut pas facilement le vérifier.

Si ces signaux sont appris au moment de la socialisation, en revanche, avec les phéromones, on est dans le domaine de la physiologie « dure », c'est-à-dire que la perception de la phéromone est obligatoire.

Comment les phéromones agissent sur le chien

Il y a une grande différence entre un papillon de nuit qui perçoit une phéromone et un chien qui perçoit une phéromone : le chien a un certain degré de liberté et ne va pas forcément exécuter tous les comportements que lui « dicte » cette phéromone. On peut prendre l'exemple très simple d'un chien qui sent une phéromone déposée par une chienne en chaleur. Effectivement, cette phéromone, quoi qu'il arrive, va déclencher un état d'excitation sexuelle, attirer le mâle, mais ensuite tout va dépendre de la situation hiérarchique : si le chien est un dominé et *a fortiori* s'il y a un dominant dans le coin, il ne manifestera pas son excitation, il y aura une auto-inhibition du comportement sexuel. En revanche, si c'est un dominant, il n'hésitera pas.

Il n'y a combat entre chiens que si la situation est très perturbée, si la meute n'est pas structurée ou bien parce qu'il y a un être humain qui gère le groupe et qu'il essaie d'instaurer un système à la « *peace and love* » ou « *Liberté*, *égalité*, *fraternité* » dans la meute, ce qui n'est pas possible dans un monde de chiens. Dans ces cas-là, au lieu d'avoir un système dans lequel les simples signaux de menace et les simples signaux d'échanges chimiques suffisent à régler les problèmes, on aura des combats prolongés parce que, en fait, aucun des rituels ne peut aller jusqu'a son terme : on crée une situation aberrante.

Mais, dans les conditions standard, il n'y a pas de problème et tout se résout sur un simple regard parfois : d'une part, la simple présence d'un mâle dominant inhibe l'expression de l'excitation sexuelle d'un dominé et, d'autre part, les femelles se laissent très rarement approcher par des mâles dominés en public, au vu et au su de tous les autres chiens ; il y a donc un double contrôle qui fait que les mâles dominants du groupe doivent se contenter d'une sexualité à la sauvette. La sexualité vécue librement est vraiment le privilège des dominants.

Petite histoire des phéromones

L'idée que quelque chose permettait aux animaux de communiquer à grande distance avec un procédé relevant de la chimie remonte à Fabre, à la fin du siècle dernier : c'est lui qui, le premier, a fait une expérience montrant indubitablement qu'il se passait quelque chose. Cette démonstration concernait non pas un mammifère, mais un papillon : Fabre a enfermé une femelle sexuellement mature dans un objet culinaire qui a un peu disparu et qui s'appelle une « boule à riz », une espèce de passoire en forme de sphère. Puis il a lâché des mâles et s'est aperçu qu'ils venaient de très loin. Chez le mâle, c'est dans les antennes que se trouvent les récepteurs qui lui permettent de retrouver la femelle.

Mais la première phéromone a été découverte dans les années 1960, toujours chez un papillon : il s'agit du bombycol produit par le bombyx. Chez les mammifères, on en a confirmé l'existence un peu plus tard, au départ chez les animaux de rentes, notamment chez les moutons, avec ce qu'on appelle l'« effet bélier ». En effet, on s'est aperçu que la présence du bélier synchronisait les ovulations des brebis. Si on a une approche très sociobiologique de la question, on peut dire que c'est un grand avantage évolutif parce que cela permet au mâle de pouvoir mieux contrôler son harem. Mais n'étant pas du tout sociobiologiste, je ne m'étendrai pas sur cette superbe explication, et m'en méfierai un peu, même s'il faut reconnaître que cette vision « finaliste » peut recéler quelques vérités…

Chez l'être humain, ce sont les gynécologues qui ont commencé à se rendre compte de ce qu'on appelle l'« effet pensionnat » : le fait que plusieurs jeunes filles vivent dans le même dortoir finit par entraîner une synchronisation de leurs règles. Il faut savoir que certains anatomistes ont essayé de démontrer qu'il n'y avait pas d'organe de Jacobson chez l'homme, alors qu'il existe.

Les odeurs sociales

C'est ce qu'on connaît le moins bien dans la mesure où elles sont extrêmement variables : on retrouve plusieurs dizaines de composants chimiques, pas tous identifiés d'ailleurs, sécrétés par les glandes sébacées ou les muqueuses et qui interviennent dans la reconnaissance individuelle et dans la reconnaissance de groupe.

Ce qui est certain, c'est que ces odeurs donnent lieu à un apprentissage, puisqu'il va falloir associer l'odeur avec un individu. Ces odeurs sociales semblent intervenir dans l'identification de la mère par les chiots durant la période prénatale, néonatale et pendant le début de la période de transition, où les chiots, encore aveugles, commencent à la préidentifier par l'olfaction, ce qui se complétera avec l'arrivée de la vision.

■ Les odeurs sociales dans la relation homme/chien

Chez les chiens qui vont vivre avec des êtres humains, il est évident que les odeurs sociales sont un moyen d'identifier les différentes personnes du groupe. Certains auteurs pensent qu'elles constituent le seul support de la communication chimique entre l'homme et le chien. Mais les choses sont plus complexes. Comme on l'a dit plus haut, les phéromones sont des médiateurs de communication intraspécifique, c'est-à-dire qui ne peut fonctionner qu'au sein d'une même espèce. Or il faut savoir que, malgré tout, il existe des communautés chimiques parfois très importantes entre les phéromones de différentes espèces. Il y a deux cas dans lesquels ont sait que les phéromones pourraient intervenir de façon croisée :

Dans le cas des phéromones sexuelles : il apparaît notamment que les chiens mâles sont extrêmement sensibles sur le plan comportemental aux variations de l'état physiologique de leur propriétaire de sexe féminin. Dans les cas de conflit hiérarchique chien/maître, on remarque des périodes d'agressivité exacerbée tous les vingt-huit jours qui correspondent à peu près à la période d'ovulation de la propriétaire : ce sont des moments où le chien ne tolère plus que les hommes de la famille s'approchent de la propriétaire.

Deuxième cas : on a même identifié et analysé aujourd'hui une phéromone sécrétée au niveau de l'aréole par les mamans qui ont un bébé nouveau-né. Chez la chienne qui vient d'avoir des chiots, elle est produite au niveau de la peau du sillon qui sépare les deux chaînes de mamelles. Il n'y a qu'un composant chimique de différence (et c'est un composant mineur), tout le reste est identique entre les deux espèces.

C'est dire s'il peut y avoir un certain nombre d'influences directes des phéromones émises par l'être humain sur le chien et peut-être des phéromones émises par le chien sur l'être humain. Toutefois, sans entrer dans le détail, il faut rester prudent, car nous ne parlons que de la partie la plus simple chimiquement de la phéromone : en fait, ces phéromones, pour arriver au contact de leur récepteur, se fixent sur des molécules complexes, des protéines de transport qui sont apparemment spécifiques, même s'il y a des analogies.

Le parfum et les chiens

Le parfum pose un problème notable dans la communication avec les animaux en général. En effet, pour faire un parfum, les parfumeurs utilisent ce qu'ils appellent des « agents fixateurs ». L'un des meilleurs fixateurs est le musc. Or, le musc est une sécrétion qui est issue du larmier (une glande à phéromones spécifique des cervidés), et qui vient d'un petit animal, le chevrotain porte-musc. Quand vous mettez du parfum, il faut savoir que vous mettez donc sur votre peau quelque chose qui contient des phéromones. Il est évident que cela peut intervenir pour modifier les réac-

tions du chien, même si on n'en a pas du tout mesuré l'impact. Il est d'ailleurs possible que le musc intervienne aussi chez l'être humain dans sa façon de percevoir le parfum ; les parfums considérés comme les plus envoûtants en termes de séduction sont dans l'immense majorité des parfums qui contiennent une quantité non négligeable de musc.
Quand le chiot va faire son apprentissage des différentes odeurs spécifiques des membres de la famille, l'utilisation de parfum peut le perturber, surtout si on en change souvent. Cependant, son système olfactif est très sophistiqué, et il en faudrait beaucoup pour le perturber.

Par ailleurs, tout cela doit être modulé en fonction des races, parce que toutes les races ne sont pas égales en termes de quantité de muqueuse olfactive. Pour recevoir les messages, il faut que la surface qui les reçoit soit le plus étendue possible, ce que permet son plissage.

Ce plissage est très différent en fonction des races : chez les chiens qui ont une grande puissance olfactive, c'est en mètres carrés que se chiffre cette surface d'échange. Chez l'homme, elle est de l'ordre de quelques centimètres carrés. Un teckel dispose de beaucoup plus de plissements et de surface de muqueuse olfactive qu'un dogue allemand. Si vous devez dresser un chien à faire de la recherche au sang, c'est-à-dire retrouver la piste d'un gibier blessé, tout se passera très bien avec un teckel, mais c'est quasiment inenvisageable avec un dogue allemand parce que ses performances olfactives ne le lui permettent pas.

La comparaison est amusante parce qu'on imaginerait spontanément que le dogue allemand est mieux équipé. Cependant, il ne faut surtout pas qu'il y ait de confusion : cela ne veut pas dire que tous les chiens de grande taille ont un odorat moins développé. Le saint-hubert, par exemple, qui a le meilleur système olfactif qui soit, pèse environ 50 kg.

■ Le rôle des odeurs dans la vie du chien

La tentation est grande de se dire que le chien vit dans un monde d'odeurs, ce qui est absolument inconcevable pour un être humain. La notion de la durée d'une présence, par exemple, n'est pas la même dans un univers olfactif que dans un univers visuel.

Cependant, si le monde du chien est un monde d'odeurs, c'est aussi un monde d'images, surtout d'images qui bougent, car les images statiques sont moins perceptibles par le chien, et un monde avec une étendue sonore beaucoup plus grande que celle de l'homme, de part et d'autre du spectre sonore. C'est donc, par la nature de ses constituants, un monde très différent du nôtre.

Il est néanmoins indéniable que la vie d'un chien privé d'odorat n'a pas de sens : ce n'est plus un animal mais un « légume ». Il existe une technique redoutable, préconisée il y a une dizaine d'années, pour régler les problèmes comportementaux chez le chien et le chat, et qui consiste à sectionner une partie du cerveau olfactif qu'on appelle les « pédoncules olfactifs » – ce qui est techniquement très facile. Cela était supposé réduire les problèmes de malpropreté et les comportements agressifs. C'est en fait un procédé terrible : cela ressemble, en pire, à ce qu'on a pu obtenir chez l'homme avec les lobotomies frontales. En pire parce que, par exemple, le chat ainsi opéré ne se nourrit plus ; le chien peut garder le même comportement alimentaire, mais devient totalement amorphe.

➤ Communiquer par le toucher

Le chien peut aussi utiliser le toucher pour communiquer. Cette communication tactile s'établit dans le prolongement de la communication visuelle. Quand il y a eu toute une série de signaux posturaux (donc visuels), il arrive un moment où les deux protagonistes (homme et chien ou chiens entre eux) sont très proches l'un de l'autre : c'est là que la communication tactile prend sa place.

La communication tactile a été très peu étudiée, mais on peut néanmoins dire un certain nombre de choses très pratiques. Il existe trois grands types de contacts :

– les contacts de domination,
– les contacts d'apaisement,
– les contacts sexuels.

Les contacts de domination

Les premiers contacts interviennent dans l'établissement des rapports hiérarchiques : ce sont des signaux tactiles émis par l'individu qui se perçoit comme dominant et qui ont pour cible soit le dessus de la tête, soit le garrot (l'endroit où les deux omoplates se rejoignent), ou encore la région lombaire. Le chien dominant peut simplement poser un membre antérieur sur cette région du garrot ou de la croupe, mais il peut aussi poser sa tête sur cette région-là : en général, il s'agit de prémices pour voir comment l'autre va réagir.

Si ces échanges se passent bien, si le dominé se laisse faire, ces prémices vont, en règle générale, laisser place à un chevauchement, c'est-à-dire que le chien se dresse, pose tout l'avant de son corps sur la croupe ou sur le garrot de l'autre, mimant ainsi une posture de saillie. Cela n'a rien de sexuel et peut se passer entre deux mâles ou deux femelles. On en reparlera parce que cela a beaucoup alimenté la croyance en l'homosexualité du chien : beaucoup de gens arrivent affolés en consultation pour qu'on traite leur animal. Manifestement, ce qui commence à être accepté et toléré chez l'homme est encore l'objet de gêne et d'opprobre chez le chien…

En fin d'interaction, le chien pose sa tête et accompagne ce geste de petits mordillements sur le dessus de la tête avec les incisives, un peu comme un chien qui enlèverait des puces.

Ces gestes ont tout à fait leur place dans la communication entre l'homme et le chien : le chien établit des contacts tactiles avec son maître pour affirmer sa dominance, soit en posant une patte ou sa tête sur les genoux et sur le thorax, soit sur l'épaule selon le rapport de taille.

Les contacts d'apaisement

L'autre type de communication tactile servira soit à apaiser l'autre (c'est-à-dire que celui qui émet le signal se perçoit lui-même comme dominé et cherche à apaiser le dominant), soit simplement à établir un contact.

Ces stimulations tactiles peuvent intervenir après l'exécution d'une approche basse, c'est-à-dire avec les pattes un petit peu fléchies et la queue qui remue (ce sont des signaux d'apaisement). Le chien va ensuite se placer de façon que son thorax puisse se frotter contre celui de l'individu avec lequel il établit le contact. On voit très souvent deux chiens se frotter thorax contre thorax, mais ce contact se fait aussi avec l'homme lorsque le chien se frotte contre la jambe de son maître par exemple. Une très bonnne illustration de cette interaction : lorsque vous venez de gronder votre chien, il revient vers vous avec les pattes un peu fléchies, en remuant la queue, et vient se frotter contre votre jambe ; c'est typiquement une recherche d'apaisement.

Si le contexte est extrêmement fort au niveau affectif, ce geste va souvent être accompagné de signaux de type léchage et petits mordillements très doux ; entre chiens, ce sont des mordillements de la région de l'encolure et du dessous de la mâchoire, et éventuellement de l'intérieur des oreilles (ce qui intervient aussi dans la communication chimique). Avec un être humain, le chien donne des petits coups de langue sur les mains ou dans le cou, c'est typique lorsque, par exemple, le chien a fait quelque chose qu'il sait être interdit : il s'approche de vous avec les oreilles rabattues et se met à vous lécher les mains, les oreilles et le cou pour continuer son rituel d'apaisement.

Dans le cadre des éléments associés, on peut signaler que ces signaux sont souvent accompagnés de vocalises qui sont la plupart du temps de tout petits gémissements. On retrouve là ces grandes fresques de communication dans lesquelles le chien va associer plusieurs modules pour envoyer son message.

Les contacts sexuels

Dans la communication tactile, il y a bien sûr tous les échanges qui concernent le comportement sexuel : il s'établit toute une série de contacts corporels, notamment sur le dessus de la croupe, juste en avant de la queue, des stimulations avec le nez de la région périnéale et puis des coups de langue du mâle sur la vulve de la femelle et de la femelle sur la région de la verge et du fourreau.

Les chiens qui ont été imprégnés à l'espèce humaine vont avoir des contacts du même ordre, parce qu'ils considèrent l'être humain comme un semblable et donc un partenaire sexuel potentiel. Ils vont faire des tentatives plus ou moins appuyées pour établir un contact avec leur nez sur la région ano-génitale de leur maître (ils enfoncent leur nez entre ses cuisses) ; c'est d'autant plus accentué, en fonction des contextes, dans le domaine de la communication chimique. Certains chiens essaient d'établir des stimulations en passant derrière leur maître et en donnant des petits coups de nez et des mordillements sur le bas du dos. C'est assez fréquent chez le chien mâle qui s'intéresse à sa propriétaire ou aux autres femmes adultes vivant dans la maison.

D'autres éléments importants de la communication se mettent en place à cette période : cela concerne directement les mâles en relation avec la puberté, comme nous le verrons plus bas, page 183.

Communiquer et dresser

En matière de dressage, on va pouvoir mettre en place un certain nombre d'éléments : on peut renforcer ce qui avait été amorcé dans la période précédente, mais aussi commencer à introduire des choses nouvelles.

➤ Renforcer l'appel

On a vu pages 97 à 100 le travail à faire pour mettre en place le rappel : pour résumer, il s'agit d'essayer de conditionner le chiot sur l'émission de son nom et de le faire s'approcher lorsqu'il l'entend. Maintenant, on va effectuer deux exercices très faciles.

Premier exercice : répondre au premier rappel

Il faut aller dans un endroit où vous êtes en sécurité, pas sur un trottoir en pleine rue, mais dans un terrain vague ou une forêt par exemple.

– Faites d'abord quelques exercices de rappel avec votre chiot, tels qu'on les a déjà vus précédemment (voir page 99).

– Ensuite, laissez le chiot folâtrer à son aise ; on peut même, pour que l'exercice soit très efficace, installer préalablement quelques objets très attrayants comme une balle ou des petits jouets à mordiller, ce qui veut dire que, pendant l'exercice de rappel, le chiot va tomber sur quelque chose de plus intéressant que son maître. Le chiot va donc se concentrer sur le jouet et aura tendance à ne pas revenir. L'idée est de lui apprendre que, lorsqu'il entend son nom, il doit absolument revenir sous peine qu'il lui arrive des choses très désagréables.

– Vous appelez donc votre chiot trois fois au maximum et, s'il ne vient toujours pas et qu'il continue à jouer, vous quittez la position accroupie en vous redressant très calmement, et sans faire de grands gestes, vous vous dirigez calmement vers l'endroit où le chiot est en train de jouer. Là, vous l'attrapez vigoureusement par la peau du cou et vous vous fâchez très fort. Le chien va être très effrayé, vous le reposez sur le sol, puis vous vous éloignez.

– À nouveau, vous vous accroupissez et vous appelez le chien en étant extrêmement souriant : le chiot arrive alors, et vous le caressez et le flattez abondamment.

Le but de cet exercice est d'apprendre au chien quelque chose qui pourra lui sauver la vie par la suite : c'est-à-dire que l'on ne va pas s'époumoner à l'appeler, on l'appelle une fois, deux fois, et, s'il ne revient pas, il lui arrive malheur.

Si le chien ne revient pas quand on le rappelle

C'est l'homme qui va vers le chiot pour le sanctionner puis qui s'éloigne tranquillement : il ne s'agit surtout pas de continuer à appeler le chiot et de le corriger quand il arrive sous prétexte qu'on a trop attendu. Cela serait une erreur à double titre :

– Ce que le chiot apprendra et mémorisera, c'est que, quand il arrive au contact du maître, il peut être sanctionné.

– Même si le maître est un monument de patience, on observe toujours la même chose : le maître commence à appeler le chien avec une attitude très souriante, comme on le lui a conseillé, et puis, au bout de la cinquième fois, les mimiques faciales et la prosodie se modifient sur un mode plus menaçant, de telle sorte que le chien commence à réagir avec inquiétude. À la fin, le propriétaire vocifère et émet tout un tas de signaux de menace, et le chien ne revient pas.

Même si c'est toujours un peu hasardeux, on peut s'amuser à faire des comparaisons éthologiques en remarquant qu'on retrouve ce phénomène chez les babouins et les macaques. Dans les groupes de babouins, les grands mâles qui sont responsables de la sécurité du groupe veillent de façon très active sur les petits singes : quand ils voient un bébé singe s'éloigner des limites autorisées, l'un des gros mâles se précipite, donne une solide correction au petit et s'écarte un peu. À ce moment-là, le petit se précipite dans ses bras, et le gros singe le caresse et le câline. Là aussi, il met en place un apprentissage qui est tout à fait vital pour le petit singe, il lui apprend que, s'il s'éloigne au-delà d'une certaine limite, il se passe des choses très graves, alors que, quand il reste dans les limites du groupe, rien ne peut lui arriver.

J'insiste sur le fait que c'est un élément important à mettre en place pendant cette période, contrairement à ce que recommandent les dresseurs. Souvent, ceux-ci procèdent au dressage chez des chiens qui ont 8 ou 10 mois, voire 1 an. Pourtant, si l'on attend si tard, ce sera beaucoup plus difficile parce qu'on ne pourra pas jouer sur le type de mécanisme qu'on vient de décrire et on sera obligé de passer par des méthodes très artificielles, notamment la longue laisse qui fait que l'on travaille le rappel avec un chien attaché – ce qui trompe l'être humain mais pas le chien !

Cet exercice peut avoir lieu deux à trois fois par semaine, cela suffit largement. Il faut éviter des séances longues du genre : « J'ai deux heures à tuer, je vais faire deux heures de dressage avec mon chien ! » Le chien est en effet incapable de se concentrer pendant deux heures, donc très vite les performances du chiot vont avoir tendance à se dégrader, ce qui fait que la capacité d'autocontrôle du maître va aussi s'altérer, aboutissant à des réactions inadaptées. On aboutit à un travail totalement contre-performant avec des animaux qui reçoivent des sanctions à tort et à travers, des maîtres qui envoient des signaux à double sens parce qu'ils appellent l'animal tout en envoyant des signaux de menaces, ce qui ne peut absolument pas fonctionner. La durée raisonnable pour un exercice de ce genre est de quinze à vingt minutes, sachant qu'il faut laisser le chiot folâtrer un peu et répondre aux appels au jeu qui ne manqueront pas d'arriver lorsque vous l'aurez récompensé.

Vous pouvez faire ce travail de dressage de façon régulière jusqu'à l'âge de la puberté. Il faut incruster ces comportements parce que, plus il grandit, plus le chien va rencontrer des sollicitations nombreuses et stimulantes de telle sorte que, lorsqu'il se retrouvera à distance de son maître, il sera plus difficile de le faire revenir. Il ne faut donc pas hésiter à mettre en place ce comportement de façon très redondante et très répétitive lorsque le chiot est petit, parce qu'il est très important qu'il l'acquière le plus jeune possible.

Second exercice : pour ne pas associer rappel et fin de la promenade

Il correspond à une mise en application de l'apprentissage du rappel.

L'exercice consiste à aller se promener dans un endroit très sécurisant, là aussi on va laisser le chiot se promener un peu où il veut et on va bien mettre en place le fait que le propriétaire peut à tout moment rappeler le chiot.

– Vous vous promenez avec le chiot.

– Vous le rappelez de façon tout à fait arbitraire et vous le renvoyez jouer et folâtrer une fois qu'il a répondu.

C'est très important parce que, spontanément, tous les propriétaires commettent la même erreur : dès que le chien commence à répondre au rappel, ils vont se promener, ils descendent de voiture, ils font quelques mètres avec le chien en laisse ou au bras le temps de s'éloigner de la route, ils lâchent le chien et commencent la balade. Ils ne rappellent le chien qu'en fin de promenade. C'est de cette façon que l'on crée un apprentissage catastrophique : en effet, pour le chiot, la promenade dans la nature est extrêmement positive. Or, quand vous lui apprenez que le moment où vous le rappelez est aussi le moment où vous allez le rattacher et le remettre dans la voiture, vous associez au retour un élément qui n'est pas agréable : c'est pourquoi il faut appeler le chiot de façon très arbitraire tout au long de la promenade et le renvoyer jouer après l'avoir cajolé pour le récompenser de son obéissance.

On recommande même de ne pas attendre d'être à trois mètres de la voiture au moment du retour pour appeler le chien, mais au contraire d'avoir fait un rappel quelques minutes avant d'être en vue de la voiture soit pour le rattacher, soit pour faire un peu d'exercice de marche au pied.

C'est ce qui va finir de valider l'apprentissage du rappel.

➤ La marche au pied

La marche au pied sans laisse peut être enseignée au chiot dès qu'il connaît le rappel. C'est un apprentissage très important parce que c'est la base à partir de laquelle la marche en laisse va devenir d'une simplicité extrême.

La bonne façon d'apprendre la marche au pied consiste à faire des exercices de rappel, et cela dans un lieu calme et sans danger afin que le chien et le maître soient parfaitement détendus.

– Vous appelez votre chiot, et vous le caressez exagérément au moment où il arrive, avec un contact récompense presque excessif.

– Vous vous redressez et vous tapez sur le côté de votre cuisse et de votre genou avec la main ; vous continuez à appeler le chiot avec des petits claquements de langue et des petits sons qui vont l'intéresser.

– Vous commencez à marcher tout en continuant ce bruitage. Il ne faut pas marcher d'une manière nonchalante comme si vous faisiez du *shopping*, mais au contraire à petits pas, avec des variations de vitesse et toujours en continuant à l'appeler et en tapant sur votre cuisse pour le stimuler. Autre point important, il ne faut pas suivre une trajectoire linéaire, au contraire, il faut passer son temps à faire des 8, à changer de vitesse ou de sens : le chiot va trouver cela très excitant et va forcément se mettre à vous suivre. Faites ce petit ballet plusieurs fois, le but du jeu étant de garder le contact avec un chien qui va être parfois devant, parfois derrière ou sur le côté, la plupart du temps en train de sauter le long de vos jambes ; l'important est qu'il reste constamment très près de vous.

– Dès que le chiot vous suit correctement parce qu'il trouve ça très stimulant, vous allez pouvoir mettre en place un deuxième élément : commencez à faire en sorte que le chiot reste à côté de votre jambe, pas derrière ou devant. Chaque fois qu'il passe devant, vous le repoussez gentiment en disant « non » fermement. Puis vous commencez à lui apprendre un signe très efficace qui consiste à pointer votre doigt vers le sol en plaçant la main à hauteur du genou. Dès qu'il n'est plus vraiment au pied, vous pointez le doigt vers l'endroit où le chien devrait se trouver. Ce geste a tendance à provoquer un petit mouvement de recul du chiot : il faut donc tout de suite refaire un claquement de langue et se remettre à marcher ; le chiot va apprendre qu'il peut poursuivre ses jeux en suivant pas à pas son maître, mais il va apprendre aussi qu'il ne peut plus le faire en marchant n'importe où. Cet exercice se fait en rallongeant le trajet de la promenade, mais toujours avec des changements de direction de façon que le chiot apprenne qu'à tout moment son propriétaire peut changer de direction ; ainsi, il apprendra à toujours surveiller son maître. Pendant cet exercice, il ne faut pas cesser de parler au chiot, de dire n'importe quoi, ce qui vous passe par la tête ; l'essentiel est que vous le disiez sur un ton joyeux et enjoué avec des variations de sons, des onomatopées, en utilisant, quand le chiot marche à sa place, les mots qui vous servent pour le féliciter habituellement (chacun a ses propres expressions). Il faut aussi modifier constamment la vitesse de marche afin que le chiot soit toujours sur le qui-vive.

Cet exercice doit s'intégrer dans des séances de travail au cours desquelles on fait un peu de rappel, un peu de marche au pied sans laisse ainsi que d'autres exercices qu'on va décrire ci-dessous ; le tout ne doit pas durer plus de vingt minutes. On évite

LA MARCHE AU PIED

ainsi de saturer le chien. Si les séances durent trop longtemps, le maître se lasse et n'est plus vraiment stimulant pour le chiot qui, à la moindre trace odorante ou au moindre événement, aura tendance à s'éloigner.

➤ Apprendre le « Assis »

L'autre élément que l'on va mettre en place dans le dressage est très important. Ce n'est pas du tout un numéro de cirque, mais au contraire un exercice qui se révèle d'une très grande utilité lorsqu'on emmène son chien avec soi : il s'agit du « Assis ». Normalement, la notion de « Assis » n'a aucun sens pour le chien ; elle ne prend sens que si on lui apprend que c'est positif dans la relation avec son maître. C'est-à-dire, que pour le chien, adopter la position assise, même s'il a entendu le mot « Assis » dans la bouche de son maître, ne va pas de soi. Il faut l'aider à se mettre dans la bonne position pour lui faire comprendre l'association entre le mot prononcé et la position correspondante à adopter.

Pour cela, il y a deux méthodes :

– la méthode manuelle,

– la méthode de la laisse et du collier.

Dans la seconde méthode, on utilise la laisse et le collier. Je n'aime pas beaucoup ce système parce qu'il introduit un élément qui n'est pas du tout évident à supporter pour le chiot : la traction de la laisse. Or, plus on complique la situation pour le chiot, moins l'apprentissage est facile à mettre en place. Je décrirai néanmoins cette méthode, parce qu'il y a des chiens pour lesquels elle convient, ou bien aussi parce qu'il y a des gens qui, pour des raisons de sécurité ou de législation, sont obligés d'attacher le chien. J'en profiterai aussi pour expliquer comment on fait accepter un collier au chien parce qu'il n'est pas né avec et qu'au début cela va le gêner.

La première méthode se déroule sans laisse ni collier et est donc totalement manuelle.

La méthode manuelle

Pour faire l'exercice du « Assis », je conseille de commencer par quelques petits exercices de rappel :

– Vous laissez le chiot libre de ses mouvements, vous l'appelez, vous le félicitez, et vous attendez qu'il se calme un peu en le maintenant gentiment (il ne faut pas l'agripper) : vous le caressez et, une fois qu'il est apaisé, vous pouvez commencer à lui apprendre le « Assis ».

– Pour cela, vous placez une main sur l'entrée de la poitrine du chien, c'est-à-dire à la jonction entre son encolure et sa poitrine, à l'avant, pour l'empêcher d'avancer (c'est vraiment la main qui est posée, il ne faut pas attraper le chien mais juste poser sa main, c'est très important) et vous posez l'autre main en arrière de la cuisse du chien, en face de ce qu'on appelle le « grasset ».

– Cette main qui se trouve derrière la cuisse appuie sur le grasset pour provoquer la flexion de la cuisse. Le chiot va se retrouver avec le derrière sur le sol, et, en même temps, vous dites « Assis » et vous le répétez plusieurs fois. Il faut éviter le cri façon adjudant des *marines,* et au contraire prononcer le mot sans aucune agressivité et avec une clarté absolue : il faut être impératif mais jamais agressif.

– Dès que le chiot se trouve dans la position assise, vous le caressez, le félicitez et le récompensez.

COMMENT APPRENDRE LE « ASSIS »
(méthode manuelle)

Une main est posée sur la poitrine du chien.
L'autre main appuie sur le grasset pour provoquer la flexion de la cuisse.
En même temps, vous répétez plusieurs fois « Assis ».

Vous recommencez l'opération plusieurs fois et, au bout d'un moment, vous aurez à peine le temps d'approcher la main que le chiot aura déjà commencé à fléchir les postérieurs. Dès cet instant, chaque fois que le chiot va lui-même fléchir ses postérieurs, il faut tout de suite l'encourager sur un ton très enjoué par des : « Oui, vas-y, vas-y, c'est bien », avec des signaux verbaux et une prosodie associés à quelque chose de très positif. De toute façon, dans tous les cas où le chiot se rapproche du comportement voulu, il faut avoir une voix très enthousiaste pour soutenir l'animal dans son effort. Le fait de récompenser les petites étapes qui vont vers un comportement idéal porte d'ailleurs un nom : les Anglo-Saxons l'appellent le *shaping* (de l'anglais *to shape*, « façonner »). En français, on parle de « façonnement ».

La méthode de la laisse et du collier

Parfois, on est obligé d'attacher le chien. Le premier problème à résoudre (c'est un problème qu'on sera obligé de régler à un moment ou à un autre), c'est la mise en place du collier et de la laisse. Il faut savoir que, de toute façon, le chien va être gêné par son collier.

Comment faire accepter le collier et la laisse à un chien

– Choisissez du matériel simple : évitez les colliers en chaîne sur des chiots ou, à l'inverse, des choses très esthétiques mais trop lourdes. Il faut simplement que ce soit solide tout en étant le plus léger et le plus fin possible.
– Pour que le chiot accepte le collier, vous le lui mettez tranquillement, à la maison : vous jouez avec lui à la balle et, en même temps, vous lui enfilez le collier. Le chiot aura forcément une réaction de gêne : il va

commencer à se dandiner, à regarder ce qu'il se passe derrière lui, il va se gratter et souvent il aura des petits gémissements. Ce qu'il faut à tout prix éviter, c'est qu'il se mette à hurler en essayant d'enlever le collier. C'est pourquoi il est important de présenter le collier pendant les périodes de jeu. En général, dans l'immense majorité des cas (sauf chez ceux qui ont des troubles du développement), en deux ou trois séances de ce type on arrive au stade où on peut laisser le collier à plein temps, sans que cela gêne le chiot.

– Dès que le collier est accepté, vous allez introduire la laisse de la même façon, c'est-à-dire que vous êtes toujours à la maison ou dans un endroit tranquille et rassurant ; vous jouez avec le chiot et à un moment, subrepticement, vous attachez la laisse au collier, mais vous la laissez pendre. Le chiot va prendre l'habitude de ce prolongement, mais pour cela, il faut beaucoup l'occuper en jouant avec lui pour éviter qu'il ne panique. En général, dès la première séance, l'animal est capable de jouer avec la laisse même si, de temps en temps, il se retourne pour regarder ce qui pend derrière lui.

– Dès cet instant, vous pouvez attraper la laisse mais de façon très lâche, c'est-à-dire que vous accompagnez les mouvements du chien sans chercher à opposer de résistance (vous n'êtes pas en train d'apprendre la marche en laisse mais juste l'acceptation de son port). La laisse est très souple, et vous pouvez vous en servir comme élément de transmission. En deux ou trois séances, le chiot va très bien accepter la laisse ; ce qu'il ne va pas accepter tant qu'on ne lui aura pas appris la marche en laisse, ce sont les moments où il arrive en bout de laisse et où il est bloqué. Il faut donc éviter ce genre de situation au risque de provoquer des réactions d'agitation inutiles.

Dès que la laisse est mise en place, vous pouvez vous en servir pour l'apprentissage du « Assis », c'est-à-dire qu'au lieu de placer la main en avant du thorax du chiot pour l'empêcher d'avancer vous exercez, avec la laisse et le collier, une traction sur l'encolure vers l'arrière et vers le haut (comme si vous essayiez de soulever le corps du chien), pendant que l'autre main fait la même chose que ce qu'on a décrit tout à l'heure, c'est-à-dire qu'elle agit en provoquant la flexion du membre. En fait, ces gestes vont là aussi accélérer le passage en position assise et doivent également être accompagnés du mot « Assis ». Évidemment, vous récompensez très fortement le chiot dès qu'il est en position assise. L'inconvénient de cette méthode, c'est que certains chiots sont inquiets, au début, de sentir cette traction. Cette dernière crée une complication dont on se pas-

L'AUTRE FAÇON
D'APPRENDRE
LE « ASSIS »
(méthode laisse-collier)

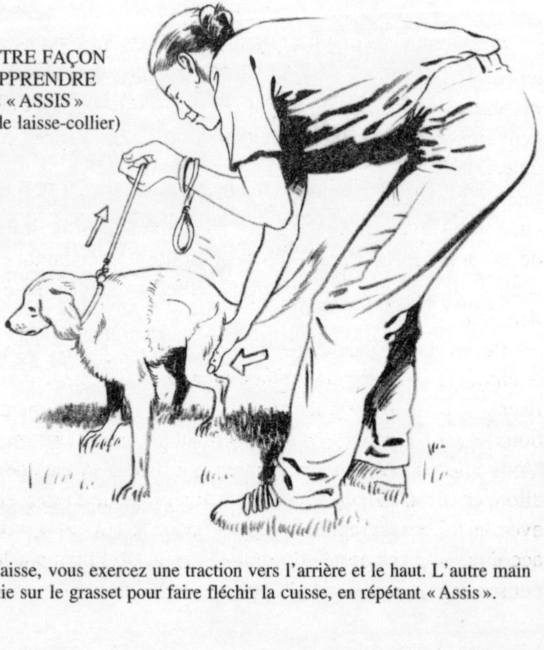

Avec la laisse, vous exercez une traction vers l'arrière et le haut. L'autre main appuie sur le grasset pour faire fléchir la cuisse, en répétant « Assis ».

serait bien. En revanche, elle a un avantage : le chien sera tout de suite capable, dès qu'on lui aura appris la marche en laisse, d'adopter la position assise sans ordre verbal, mais sur simple traction de la laisse vers le haut et vers l'arrière, ce qui est très pratique notamment dans la rue au moment de traverser. L'inconvénient, c'est qu'on sera souvent obligé de lui apprendre par la suite le « Assis » par la méthode de l'ordre verbal pur, notamment quand on veut le faire asseoir dans la maison, sans laisse.

Chacune de ces méthodes a donc ses avantages et ses inconvénients, il faut savoir choisir en fonction de ses besoins et, le cas échéant, compléter l'une par certains éléments de l'autre.

➤ Apprendre le « Couché »

Quand on a acquis le « Assis », il va être très facile de passer au « Couché ». Ce que je vais décrire risque de déplaire à ceux qui pratiquent le sport canin et qui recherchent des chiens qui répondent directement à l'ordre, et qui sont chronométrés pour cela, dans le cadre des compétitions. Quand le maître dit « Couché », il faut que le chien se précipite à toute allure dans la position couchée. Pour ma part, je me place plutôt dans la situation du chien de compagnie que personne ne chronométrera jamais et où la seule exigence du maître est que le chien se couche quand il le lui demande.

Pour cela, vous allez partir de la position assise. Une fois que le chiot est assis, exactement de la même manière, vous allez utiliser votre main (là encore j'insiste, ce doit être un geste très doux) pour « faucher » tout doucement les antérieurs vers l'avant. Vous allez donc amener le chien qui a déjà la croupe au sol à allonger ses antérieurs et à se retrouver avec le thorax en contact avec le sol. De la même façon que pour le « Assis », vous devez accompagner ces gestes du mot « Couché » et bien sûr le récompenser dès qu'il a atteint la position couchée.

Il faut être extrêmement doux pendant cet exercice, parce que, sinon, le chiot va systématiquement réagir par un basculement sur le côté, en position de soumission. On observe cela chez de nombreux chiens, ce qui n'est pas forcément pratique, notamment dehors, quand le sol est boueux par exemple… Il faut être vraiment à l'écoute des réactions du chien : s'il est très inquiet parce qu'on déplace ses antérieurs, il faut le faire en douceur, en l'apaisant et en le caressant pour l'amener tranquillement vers la position couchée et, comme toujours, le récompenser dès qu'il y est parvenu en le cajolant et en le félicitant. Il faut bien récompenser chacune de ces phases de tolérance à l'allongement de ses membres vers le sol. De toute façon, comme pour le rappel durant la période précédente, il ne s'agit que de commencer à mettre en place ; il est évident qu'on finira d'achever cette mise en place à la fin de la période de socialisation et pendant la période pubertaire.

COMMENT APPRENDRE LE « COUCHÉ »

À partir de la position assise, vous « fauchez » tout doucement les pattes antérieures vers l'avant en disant « Couché ».

La puberté ou comment le chiot entre dans le monde adulte

La puberté chez les mâles

Au fur et à mesure qu'on avance vers la période pubertaire le destin des chiots mâles et celui des chiots femelles se différencient. Manifestement, comme chez la plupart des mammifères sociaux, y compris chez les primates, les mères ont tendance à imposer une distance à leurs petits de sexe mâle, et non à leurs petits de sexe femelle. Dès l'âge de 4 mois (en moyenne), la chienne tient ses fils à distance : elle les laisse moins s'approcher d'elle et, à partir d'un certain moment, elle ne les laisse plus se coucher contre elle alors que, jusque-là, tout le monde dormait en paquet, les uns sur les autres autour de la mère.

C'est une grande question en éthologie puisqu'elle fait référence au tabou de l'inceste. Chez l'homme, on a établi l'existence de ce tabou, même si certains travaux récents tendent à le remettre en question. On a essayé de retrouver des traces de cette prohibition de l'inceste chez différentes espèces animales. Le fait que, dans les conditions standard, seuls les mâles dominants ont la possibilité d'avoir des relations sexuelles en présence des autres membres du groupe fait que les jeunes mâles, les fils, ont peu de chance de rester près de leur mère et donc d'avoir une relation sexuelle avec elle. Chez les chiens en meute, cette distance semble donc être facilitée par l'intervention des mâles dominants qui ont tendance à monopoliser les femelles dès qu'elles recommencent à être fécondables.

On ne peut pas passer sous silence le fait que, si cela se passe vers 4 ou 5 mois, c'est aussi le moment où la mère recommence à être en chaleur : on peut donc se demander si les modifications hormonales qui se produisent chez la chienne n'interviennent pas dans ses changements d'humeur et dans ses réactions vis-à-vis de ses chiots mâles. Il est vrai que ces chiots sont encore sexuellement immatures, mais on peut imaginer qu'il existe un certain nombre de marqueurs olfactifs notamment qui permettent à la mère de bien distinguer ses fils de ses filles. Selon une autre hypothèse de travail, il est possible aussi qu'à cette époque les chiots émettent un certain nombre de phéromones qui vont agir sur la mère et l'amener à avoir ce comportement de discrimination entre petites femelles et petits mâles. Ce début de marginalisation des jeunes mâles (c'est le terme que l'on emploie) apparaît à cette période du retour des chaleurs et intervient par rapport au lieu de couchage.

Par souci de prévention de différents troubles du comportement chez le chien, on s'est aperçu qu'on avait fait une grosse erreur en conseillant aux gens de ne pas laisser le chiot, fraîchement débarqué dans la maison, dormir dans leur chambre (on a vu page 101 qu'il valait mieux laisser dormir l'animal dans la chambre de ses maîtres). En revanche, quand on commence à s'approcher de cette tranche d'âge, il est extrêmement important, si on maintient le chien dans la chambre (parce qu'on en a envie, parce qu'on habite dans une seule pièce, ou pour tout autre raison), que le lieu de couchage du maître et le lieu de couchage du chien soient franchement distincts. Si on a eu beaucoup de plaisir à faire dormir le chiot très près de soi pendant les semaines qui ont précédé, il est maintenant nécessaire que le chiot, mâle notamment, ne puisse pas s'approcher de la partie du lit où se trouve sa maîtresse. En outre, si l'on observe cette règle, cela permettra de prévenir l'apparition de ce qu'on nomme l'« anxiété de séparation » (voir page 193). Sans devenir une obsession, ce début de distanciation, qui correspond à un relâchement du lien d'attachement, doit peu à peu s'établir.

Comment établir des distances avec un chiot de sexe mâle à la puberté

Répétons-le, il est important que le lieu de couchage du maître (ou de la maîtresse) et le lieu de couchage du chien soient distincts.

– Vous installez un panier et vous le grondez chaque fois qu'il essaie de s'approcher de votre lit ; ce ne sera pas forcément systématique, simplement, soyez un peu capricieux envers le chiot, ayez des sautes d'humeur, de façon qu'il y ait déjà une sorte de préparation.

– Vous lui dites « non », vous le reposez dans son panier et vous pouvez aussi utiliser des signaux de menace (changement de ton, basculement du haut du corps vers le bas, etc.), sans le corriger vraiment, car, dès que vous l'aurez posé dans son panier, il va en général revenir en se dandinant, en remuant la queue et en pleurnichant.

– Pour rester tout à fait concret : cela débouche sur une phase transitoire où le chiot qui dormait sur le lit va se pelotonner au sol sur un coussin qu'on lui aura destiné, assez près de sa maîtresse, c'est une phase intermédiaire avant un rejet beaucoup plus éloigné dans le périmètre de la chambre et éventuellement hors de la chambre.

La puberté chez les femelles

La période pubertaire chez les femelles est un peu moins tumultueuse et surtout un peu plus étirée dans le temps que chez les mâles. On s'aperçoit que le détachement d'avec la mère est moins brutal – les deux phénomènes, phase pubertaire et détachement, sont directement liés. Ainsi, les jeunes femelles dorment plus longtemps que les mâles à proximité de leur mère ; elles sont admises dans son giron et peuvent encore venir s'apaiser en se mettant auprès d'elle, même si elle a déjà été refécondée et qu'elle attend une nouvelle portée.

Du reste, chez les chiens livrés à eux-mêmes, on remarque que, parfois, ces jeunes femelles observent ce qui se passe entre la mère expérimentée et les nouveaux chiots qu'elle a mis au monde, ce qui semble jouer un rôle dans la maturation de leur futur comportement maternel.

Ce maintien à proximité de la mère est associé à un autre phénomène : les premières chaleurs de ces jeunes femelles sont généralement assez discrètes. Les manifestations physiques de leur première ovulation sont peu visibles : une congestion vulvaire assez faible, des écoulements peu abondants et un comportement de cour qui semble plutôt inhibé.

À l'heure actuelle, de nombreux auteurs se demandent si ce phénomène ne permet pas à la mère de contrôler l'expression de la sexualité de ses filles à la fois par voie phéromonale (c'est-à-dire que la mère émettrait des phéromones inhibitrices), et si sa seule présence, en tant qu'individu dominant par rapport à ses filles, n'est pas suffisante pour bloquer l'expression des chaleurs des jeunes chiennes. En tout cas, ce que l'on observe clairement, c'est que, dans le cas où l'être humain intervient en séparant les jeunes femelles de leur mère, on n'a plus du tout ce côté discret des premières chaleurs, mais des chaleurs plus expressives.

Ce phénomène est intéressant parce qu'il illustre une fois de plus la relation que l'on verra chez l'adulte entre la hiérarchie et la vie sexuelle. Il est bien évident que, dans le cadre de la meute, dans la période qui suit, les filles deviennent les rivales de la mère et peuvent donc remettre en cause la position de hiérarchie de leur mère.

CHAPITRE 4

Le chien adulte

Deux grands événements marquent la fin de ce qu'on a appelé la « période de socialisation » : d'une part le détachement du chien (qui n'est donc plus un chiot) par rapport à sa mère, d'autre part l'acquisition des règles hiérarchiques autour de la sexualité. Ce qui veut dire que, maintenant, c'est l'organisation hiérarchique qui régit la sexualité du chien ainsi que l'utilisation de l'espace dans lequel vit le groupe.

Le détachement

C'est le détachement du jeune chien par rapport à sa mère qui est la condition *sine qua non* pour que finisse de se mettre en place l'acquisition des règles hiérarchiques que l'on verra plus loin (voir page 229). Il est en fait le corollaire obligatoire du phénomène d'attachement.

Comment le chien se détache de sa mère

Le détachement commence lorsque la mère ne veut plus que les chiens viennent dormir « en paquets » contre elle. Quand les chiens vivent en meute, les mâles viennent souvent aider les mères à repousser les petits. Cette réaction de rejet sera, on l'a vu, plus marquée, à ce moment-là, vis-à-vis des chiots mâles que vis-à-vis des chiots femelles. La mère va tolérer plus longtemps ce qu'on appelle la « proxémie » de ses filles que celle de ses fils. Bientôt, au fil du détachement, les chiots vont commencer à comprendre qu'ils ne doivent plus rester « collés » à leur mère, sur le lieu de couchage, dans un premier temps ; ensuite, cette prise de distance s'étend à toutes les situations. Chaque fois qu'ils essaieront de s'approcher, les chiots seront repoussés d'une façon qui peut paraître assez violente pour un spectateur humain, mais en réalité tout est contrôlé ; parfois, il y a même, comme on l'a dit, recrutement des mâles adultes pour venir grogner.

Petit à petit, le jeune chien apprend à s'approcher de sa mère en adoptant des postures de soumission et des postures d'apaisement, ce qui n'était pas le cas auparavant : il n'y avait aucun intermédiaire social entre la chienne et ses petits. Pendant la période de détachement, le chien quitte donc un système relationnel très primitif dans lequel il n'y a aucun intermédiaire social, pour faire l'apprentissage des différentes postures. Il apprendra aussi à quêter la réponse de la mère par des signaux d'acceptation : sans cela, il ne peut pas y avoir de contact.

Comment le chien s'attache au groupe social

Il ne faut pas croire qu'à cause du détachement il n'y a plus aucun lien d'attachement : c'est en fait un déplacement du lien d'attachement. Au début il s'agissait d'un lien d'attachement d'un individu à un autre individu ; maintenant, c'est un lien d'attachement entre un individu et un groupe social.

➤ Le rôle des rituels dans cet attachement

On s'aperçoit que ce lien d'attachement est supporté par les rituels de communication propres à ce groupe qui éclaircissent en permanence les contextes relationnels. D'ailleurs, un chien qui est brusquement sorti de son groupe et intégré à un autre groupe aura toujours une crise initiale qui peut aboutir à de l'anxiété. C'est ce qu'on appelle l'« anxiété de déritualisation » : le chien est perturbé parce que les rituels qu'il avait établis avec le premier groupe ne sont plus valables dans ce nouveau groupe.

Situation de menace hiérarchique : le chien blanc menace le chien noir pour s'imposer comme dominant.

Posture de soumission active : le chien dominé (assis) reconnaît activement la supériorité hiérarchique du chien dominant dont il lèche la région labiale.

Face à un dominant menaçant, le labrador émet une série de signaux de soumission pour éviter d'être agressé.

Le chiot est en mauvaise posture : il ne maîtrise pas encore parfaitement l'émission des signaux d'apaisement. Le chien adulte risque de le mordre.

Une femelle en position de soumission face à d'autres femelles : elle s'est trop approchée du chef de meute. Elle est remise à sa place par les dominants parce qu'elle n'a pas respecté la hiérarchie du groupe.

Au cours du jeu, les jeunes chiens mettent en pratique les différentes postures qui leur permettront de communiquer avec leurs congénères (ici : posture de soumission).

Un exemple de coalition : les trois mâles bloquent la femelle (dalmatien) de concert.

Maintenant qu'elle ne peut plus s'échapper, ils peuvent établir un contact direct.

Le chevauchement que le dominant accomplit ici n'a rien à voir avec un comportement sexuel : il marque la supériorité hiérarchique de celui qui l'exécute.

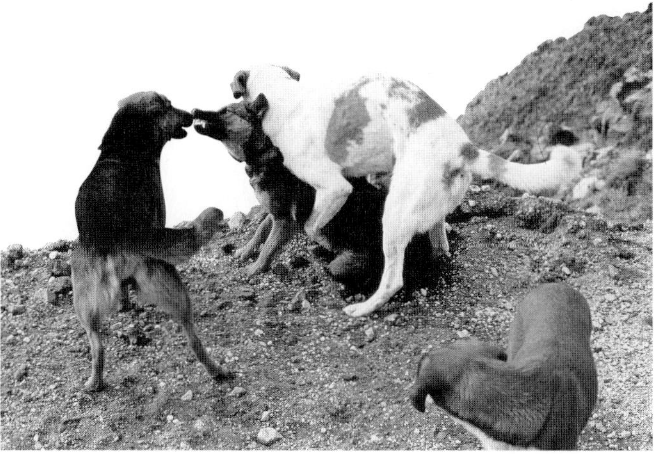

Ici, le chevauchement hiérarchique du dominant est appuyé par un « allié », qui tient en respect le dominé pendant l'exécution de la posture.

Dans cet affrontement, chacun tente de s'imposer en faisant chuter l'autre sur le dos.

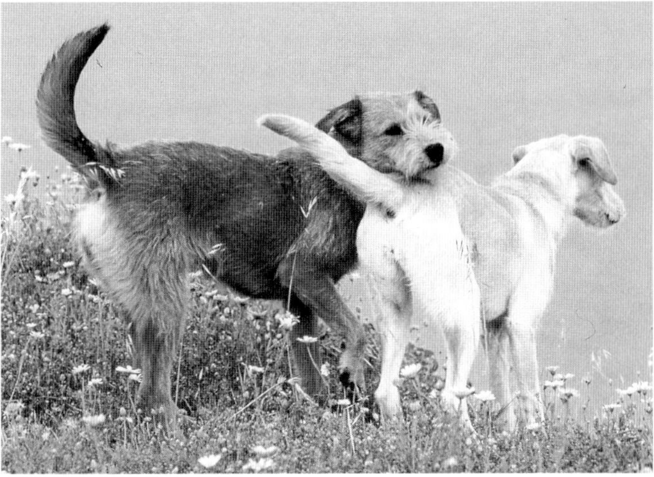

Le chien clair a été vaincu dans l'affrontement. Il reste dans une posture d'apaisement rigide. Pendant cette phase, le dominant maintient le contact avec la région dorsale du dominé. Ultérieurement, il ira explorer sa région ano-génitale.

Le chien menace : la mimique faciale qu'il présente est sans équivoque.

Situation d'apaisement, les chiots tentent de désamorcer l'agressivité d'un adulte en mordillant ses babines.

Posture typique d'approche lors d'une séquence de chasse.

Posture typique d'appel au jeu : le chien a les membres avant fléchis, les membres arrière relevés et remue la queue.

➤ Les rituels dans la relation entre l'homme et le chien

Il en va de même entre le chien et son maître, ce dernier ayant, la plupart du temps, instauré toute une série de petits signes pour signifier la promenade ou autre chose.

Prenons un exemple typique de rituel de communication : vous vivez avec un chien, et lorsque vous le voyez faire des allers et retours de plus en plus rapides entre vous et la porte en sautillant et en jappant, vous comprenez qu'il veut sortir et vous l'emmenez se promener. Imaginons qu'une autre famille recueille votre chien et que, pour ces gens, un chien qui veut aller se promener manifeste son désir en allant chercher sa laisse et en la rapportant à son maître. Votre chien sera perturbé par l'absence de réponse à son message et risque même d'être sanctionné parce qu'il jappe. Si c'est seulement un rituel qui disparaît, ce n'est pas grave, le chien finira par apprendre, mais quand, pour des raisons de culture en général, les gens n'ont pas du tout le même genre de relations avec leur animal ou parce que c'est leur premier chien, la plupart des rituels que connaît le chien vont devenir invalides. Ce sera ingérable pour le chien et provoquera une grave crise.

Cela montre que tous ces rituels propres au groupe sont en quelque sorte le support du lien d'attachement au groupe social. Les pères de l'éthologie (Huxley et Lorenz), quand ils ont travaillé sur les rituels de la communication, ont bien mis en évidence cette fonction des rituels comme supports du lien d'attachement de l'individu à son groupe.

Quand le chien reste trop dépendant de son nouvel être d'attachement

Sur le plan fonctionnel, le détachement a une autre fonction : à terme, en débloquant la fin de la socialisation, il permet de développer l'expression de toutes les conduites sociales adultes et du comportement sexuel dans tous ses composants : chevauchement pour le mâle, acceptation du chevauchement pour la femelle avec la lordose et le fait de dévier la queue (même pour celles qui ont subi une amputation de la queue, il y a une ébauche de mouvement).

Comment se comporte un chien « infantile »

Il peut arriver que l'animal reste en état d'attachement primaire : c'est un animal totalement dépendant de la présence de son être d'attachement et souffrant d'une sorte d'infantilisme social. On s'aperçoit que, quand il rencontre un autre chien, il est seulement capable d'émettre deux types de signaux : celui d'apaisement et de soumission ou l'appel au jeu, mais il ne peut pas émettre des signaux de menace, par exemple, ni tout autre signe. Par ailleurs, s'il est mis en contact avec une chienne en chaleur, il présente, sur le plan purement physiologique, un état d'excitation avec une congestion pelvienne, un début d'érection, mais il se contente de jouer avec la chienne.

En consultation, on rencontre souvent des propriétaires qui ont fait l'acquisition d'un très beau chien et qui sont effondrés parce que leur chien, au lieu de saillir les chiennes, joue avec elles. C'est exactement la même chose chez les chiennes qui émettent bien, en revanche, des phéromones dans la période d'ovulation ; mais quand les mâles s'approchent, elles s'amusent avec eux, et il n'y a pas moyen d'arriver à provoquer une saillie.

Tout cela est directement lié à la persistance du lien d'attachement primaire. Répétons-le, le détachement est donc vraiment la condition *sine qua non* pour que le chien devienne un adulte.

Pourquoi le chien reste dans cet état d'attachement primaire

Il n'existe pas une seule chienne qui garde ses chiots en état d'attachement, et lorsque le chien vit avec ses congénères, le risque que le détachement ne se fasse pas est quasi nul. En revanche, dans un monde d'hommes, il arrive que le détachement ne s'accomplisse pas. En effet, dans les jours qui suivent son arrivée dans la famille humaine, le chiot déplace son lien d'attachement sur un être humain, ce qui est très positif, puisque cela rend possible la socialisation avec l'homme. Les chiots arrivent dans la famille humaine à 6 ou 8 semaines, c'est-à-dire pendant la période où ils ont encore besoin du lien d'attachement : ils renouent donc très vite un nouveau lien d'attachement avec un membre de la famille. Le drame, c'est que cette personne devrait ensuite mettre en place le détachement comme la mère l'aurait fait. C'est-à-dire que, lorsque le chien atteint la puberté (vers 6 mois pour les petits chiens et jusqu'à 18 mois pour les espèces géantes), elle devrait « repousser » le chien, ne plus accepter qu'il vienne quand il le veut sur ses genoux, etc. Mais, la plupart du temps, cette personne, n'étant pas informée de ce processus, ne le met pas en place.

Il est à cet égard intéressant de noter que, statistiquement, les chiens de grande taille restent moins en état d'attachement primaire pour des raisons évidentes : le chien qui reste en état d'attachement primaire va constamment chercher la proximité physique avec l'être d'attachement, mais si vous avez un chien qui pèse 50 kg, vous allez très rapidement lui apprendre à ne pas monter sur vos genoux, provoquant dans le même temps le détachement. Il faut reconnaître qu'il n'est ni facile ni agréable de repousser un chien qui vient vous faire un câlin.

Les conséquences d'un attachement excessif du maître à son chien

Il y a quelques années, une de mes élèves a pris comme sujet d'étude la SPA de Paris, sur la population des chiens de Gennevilliers : près de 25 % des chiens avaient été abandonnés parce qu'ils avaient littéralement détruit tout le mobilier de leur propriétaire ou que les voisins avaient fait une pétition contre les aboiements. Devant la fausse impression qu'il n'y a pas de solution (alors que cela se soigne très bien), les gens finissent par abandonner le chien. Ce qui est en jeu ici, c'est ce qu'on appelle l'« anxiété de séparation », conséquence d'un attachement excessif du chien à son propriétaire ou du moins d'un détachement non accompli.

On considère que l'anxiété de séparation est une cause majeure de mortalité et d'abandon pour les chiens jeunes (entre

6 et 8 mois), et ce n'est que très récemment qu'on a pu convaincre les gens de se préoccuper du problème. C'est très curieux, surtout lorsqu'on sait que, pour d'autres maladies, on a développé des moyens considérables : quand, voilà une vingtaine d'années, il y a eu une épidémie de gastro-entérite hémorragique, on a déployé une énergie colossale pour trouver un vaccin, et aujourd'hui, face à une entité clinique qui touche un bon tiers de la population canine et qui est à l'origine d'un grand nombre de morts et d'abandons, personne ne réagit vraiment.

➤ Ce que vous devez faire pour provoquer le détachement

Le mieux est de connaître le mécanisme d'attachement et de détachement.

Vous l'éloignez de vous pendant la nuit

Comme on l'a expliqué précédemment (page 101), ce n'est pas du tout une mauvaise chose de laisser le chien dormir dans sa chambre, mais il faut savoir provoquer le détachement au bon moment.

On peut dire que, pour toutes les races de moins de 15 à 20 kg, dès que le chiot atteint 5 mois, il faut commencer à l'éloigner de vous pendant la nuit. Ce n'est pas la peine de rester éveillé tout le temps pour éloigner le chien, mais dès que vous ne dormez pas et que vous constatez que le chien s'est rapproché, vous devez manifester votre mécontentement.

Manifester son mécontentement ne signifie pas hurler des injures au chien ni le frapper, mais émettre une série de signes qui montrent que vous êtes très fâché : je prends toujours l'image de quelqu'un qui vous regarderait derrière une glace sans tain et qui, sans vous entendre, comprendrait à votre gestuelle que vous êtes en colère.

Vous pouvez essayer de mettre le chien dans une autre pièce, mais attention, il ne faut pas être dupe et penser que, parce que vous avez fermé la porte, tous les problèmes vont se régler ; il vaut même mieux laisser la porte ouverte pour bien être sûr que vous avez réussi à éloigner le chien et qu'il a bien compris.

C'est à vous d'initier les contacts

Il faut aussi apprendre au chiot, à ce moment-là, qu'il ne peut plus être à l'origine d'un contact physique. Cela veut dire qu'il ne faut plus accepter les interactions initiées par le chien, que ce soit pour demander des caresses ou pour venir se coucher à côté de vous. Dès que c'est lui qui prend l'initiative, vous devez faire semblant d'être en colère.

En revanche, vous pouvez initier des contacts autant que vous en avez envie, ce qui est très important : il ne faut pas se mettre tout d'un coup à repousser le chien, cela provoquerait d'autres troubles.

➤ Quand l'attachement est devenu pathologique

Si le chiot est attaché à l'être humain, ce dernier peut lui aussi être attaché au chien dans des proportions qui le dépassent parfois… On arrive alors à des problèmes d'attachement de type plus pathologique, dans lesquels le chien devient une espèce de pansement affectif. Dans ce dernier cas, il est évident qu'il sera beaucoup plus difficile de mettre en pratique tout ce que nous venons de décrire. Quand il n'y a pas de détachement (on parle, dans notre jargon de psychiatrie canine, de persistance du lien d'attachement primaire), dans 20 à 30 % de ces cas, il existe, du côté du propriétaire, une situation de carence affective et de détresse qui fait qu'on rencontre une résistance (c'est le terme consacré en thérapie familiale ou systémique) à la prescription du détachement.

Comment se manifeste l'anxiété de séparation

Cela peut donner des tableaux cliniques extrêmement lourds, et on observe les symptômes d'anxiété de séparation dès que le propriétaire descend faire ses courses sans le chien ou dès qu'il part au travail. À leur retour, les gens retrouvent la maison dévastée, les voisins sont ulcérés, etc.

▪ Des destructions : le chiot est particulièrement attaché aux objets qui appartiennent à l'être d'attachement et, dans un premier temps, il s'attaquera à ceux qui portent son odeur. Tout cela rend les gens un peu paranoïaques ; ils se disent : « Mais pourquoi est-il si méchant avec moi alors que je suis si gentil avec lui ? » Les gens viennent en consultation parce qu'ils sont à bout de nerfs de voir leur maison saccagée ; il faut bien se rendre compte que plusieurs dizaines de milliers de francs peuvent ainsi être volatilisés en une semaine. Canapé, rideaux, vêtements, chaussures, etc., tout peut être détruit.

▪ Des souillures : on a l'impression, en rentrant chez soi, que l'animal a uriné et déféqué – avec des diarrhées émotionnelles – en courant dans tout l'appartement.

▪ Des vocalises viennent s'ajouter à tout cela puisque le chien passe 80 % de son temps à hurler, d'après les vidéos qu'on a pu filmer.

▪ Il y a des formes un peu plus rares dans lesquelles le chien, en se léchant, va s'infliger des traumatismes cutanés par des léchages, des mordillements ou des succions généralement sur la moitié gauche du corps.

▪ On observe aussi des animaux qui présentent des troubles d'hypersalivation (je connais quelqu'un qui s'est cassé le fémur en rentrant chez lui et en glissant sur la bave du chien !) qui peuvent être spectaculaires ; certains chiens y sont prédestinés, le briard, le beauceron ou le cocker.

▪ Certains chiens ont des troubles gastriques avec des vomissements qui apparaissent dès qu'ils sont seuls.

Pendant très longtemps on a cru que le chien se vengeait ou qu'il s'ennuyait, et les réponses « thérapeutiques » étaient assez mal adaptées. Les Américains ont essayé le dressage avec des absences progressivement rallongées, ce qui est très contraignant. Ils ont aussi beaucoup utilisé la cage (encore de nos jours), mais les Européens ont très vite rejeté ce procédé : la cage est bien sûr le meilleur moyen pour protéger votre maison, mais, en contrepartie, il y aura plus de plaies de léchage et de vocalises. Tous les moyens qu'on peut décrire et qui paraissent atroces sont des procédés qui ont existé en psychiatrie humaine : il s'agit de faire disparaître les symptômes et non la cause. Pour les chiens hurleurs, on a donc procédé à la déphonation par ablation chirurgicale des cordes vocales (le problème, c'est que le chien continuera à hurler avec une voix sourde). Il y a des colliers électriques ou des colliers qui envoient une stimulation qui sollicite l'attention du chien (souvent un jet de citronnelle) ; mais la ruse ne dure pas longtemps… Toutes ces méthodes (comme les tapis électriques qui délivrent un choc électrique si on les touche et peuvent ainsi protéger un objet et autres horreurs) n'ont jamais donné aucun résultat durable.

La confusion sur l'anxiété de séparation a été entretenue par deux symptômes :

- Spontanément, on l'a vu, le chiot a envie de détruire spécifiquement ce qui appartient à l'être d'attachement. Mais comme la relation entre l'anxiété de séparation et la persistance du lien d'attachement primaire n'avait pas été établie, on raisonnait en termes de désobéissance.
- D'autre part, il y a ce que les propriétaires décrivent comme des signaux de culpabilité : au début, le chien a tendance à beaucoup faire la fête à son maître, quand il rentre le soir, avec des manifestations qui peuvent dépasser la durée habituelle. Ensuite, quand les premiers dégâts apparaissent, le maître donne une raclée au chien (ce qu'on peut comprendre, même si on sait qu'il ne faut pas le faire, les dégâts peuvent être si terribles…), et en général, à ce moment-là, le chien a les oreilles basses, la queue entre les jambes, ce qui est interprété par le propriétaire comme

des signaux de culpabilité. Il se dit : « Mon chien sait qu'il a fait quelque chose de mal, donc j'ai toutes les raisons de le punir. » On est là dans un contresens éthologique tragique qui aura des conséquences pratiques très importantes dans l'évolution de cette affection, car le chien est simplement en train d'émettre des signaux d'apaisement et de soumission qui normalement servent à inhiber l'agressivité du dominant. Or la réponse sera complètement décalée et donc anxiogène. La situation s'aggrave avec les raclées qui prennent de plus en plus le chemin de la vengeance du propriétaire qui « craque ».

Pourquoi il ne faut pas punir un chien qui a fait des dégâts dans la maison

– C'est un contresens que de croire que le chien se sent coupable parce qu'il a les oreilles basses et la queue entre les jambes : il s'agit pour lui d'une posture de soumission pour désamorcer votre agressivité. Si vous le frappez, il n'en sera que plus angoissé.
– Les croyances du genre « mettre le nez du chien dans ses saletés en le grondant » sont inefficaces et inappropriées.
– En tout état de cause, une correction n'est efficace que dans les fractions de secondes qui suivent l'exécution du comportement fautif, car le chien n'est pas capable de faire le rapprochement entre l'objet détruit que vous lui montrez et les comportements qui ont abouti à ce résultat. Il associe simplement « objet + maître = agression ».

Les mauvaises solutions ou les fausses bonnes idées

Au moment du départ, certaines personnes essaient d'apaiser le chien : c'est ce qu'on appelle les « rituels de départ ». Il s'agit d'une attitude qui oscille entre l'offrande et la ruse : les gens pensent que, si on achète la bienveillance du chien, on peut partir tranquille. Le plus classique, c'est l'offrande de nourriture accompagnée d'un long discours. Il y a aussi les grandes promenades matinales que le propriétaire s'inflige avant de quitter son chien.

Ensuite, il y a les ruses : par exemple, faire semblant de partir.

J'ai rencontré en consultation quelqu'un qui avait remarqué que, quand il allait, avec ses vêtements d'intérieur, vider sa poubelle au vide-ordures de l'étage inférieur, le chien ne faisait pas de dégâts. Il avait donc décidé de s'habiller dans sa voiture (quatorze étages plus bas, dans le parking !) pour tromper le chien : il descendait le matin, poubelle en main, vêtu de son pyjama. Mais il s'est vite découragé en voyant l'inefficacité du subterfuge.

Il faut aussi ajouter à cela tous les gens qui laissent la radio ou la télé allumée pour que l'animal ne se sente pas seul. Il y a aussi ceux qui payent des *dog-sitters* pour venir distraire le chien.

Comment guérir l'anxiété de séparation, ou les thérapies directes

Un jour, on a cessé de se focaliser sur le propriétaire et on s'est aperçu que, sur le plan fonctionnel, ces chiens n'avaient pas un comportement normal : d'une part, ils entretenaient un lien particulier avec l'un des membres de la famille et, face à cette personne, ils avaient besoin d'un contact physique. Puis on a observé qu'ils avaient un comportement exploratoire en étoile (voir page 65) et que, donc, tout était centré sur cette personne.

On a remarqué aussi que ces chiens avaient un comportement social totalement infantile de telle sorte qu'ils étaient considérés comme les chiens les plus sympathiques du monde, à partir du moment où ils n'étaient pas séparés de la personne à laquelle ils sont attachés. Ce sont des chiens qui multiplient les appels au jeu et qui, lorsque le ton monte, adoptent immédiatement des postures de soumission et d'apaisement, jamais de menaces, et une absence totale de comportement sexuel.

C'est de cette continuation du comportement infantile qu'est née l'idée qu'il y avait une persistance du lien d'attachement primaire. On a construit une thérapie sur cette base. L'idée est non pas de les entraîner à rester seuls, mais de rompre le détachement en utilisant la même procédure que celle décrite pour la prévention (voir page 189).

On a placé des caméras pour voir ce qui se passait quand le chien était seul et on a observé des manifestations anxieuses très violentes, un comportement exploratoire exacerbé qui est à l'origine des dévastations parce que, en fait, le chien n'arrête pas de chercher l'être d'attachement ; il ne s'agit donc pas du tout d'une destruction organisée.

La thérapie s'accompagne d'un traitement de l'anxiété afin de faciliter et la thérapie et la vie des gens. Avec les psychotropes, on divise par deux la durée du traitement. Il faut savoir que, dans l'immense majorité des cas (70 à 80 %), on règle le problème définitivement en deux ou trois mois, sauf si le propriétaire est trop fortement impliqué dans ce syndrome (voir plus bas). Les résultats en Europe sont bien meilleurs qu'aux États-Unis où on continue à considérer le problème comme de la mauvaise éducation.

En traitant l'animal, on modifie complètement son comportement : la guérison ne s'arrête pas à la disparition des saccages (d'autant plus qu'avec les psychotropes cela va très vite), mais à l'arrivée d'un comportement social adulte.

Les signes de la guérison ou comment savoir qu'un chien est devenu adulte

Il y a trois signes totalement visibles :

– Un jour, en vous promenant, pour la première fois, vous verrez les poils de votre chien se hérisser sur son dos, au passage d'un autre chien ; on a d'ailleurs pris l'habitude d'en informer les propriétaires qui croient que leur chien est en train de devenir méchant.

– Deuxième signe (aux États-Unis, c'est plus difficile à voir puisque tous les chiens sont castrés) : l'apparition d'un comportement sexuel qui s'associe d'ailleurs, la plupart du temps, pour les mâles, au geste de lever la patte en faisant pipi.

– Le troisième signe clinique est l'apparition d'un mode de communication adulte avec la disparition de tout ce qui est suçaillements et comportement exploratoire en étoile. Là aussi, il faut prévenir les propriétaires car, comme le chien était auparavant en état de surattachement, il était toujours au pied. Or, après la guérison, il n'aura plus son maître comme seul centre d'intérêt et il sera temps de lui apprendre le rappel (voir page 97). En fin de traitement, il faut donc mettre en place une procédure d'éducation.

Les thérapies stratégiques quand les humains font de la résistance

Il existe 20 ou 30 % de gens pour qui la mise en place de cette thérapie est absolument impossible, parce que c'est une réorganisation totale de la relation entre le chien et son maître et qu'ils ne sont pas en état de l'assumer. Souvent, on constate (il faut préciser qu'on s'efforce toujours d'avoir tous les membres de la famille réunis lors de la première consultation) que la personne concernée par le lien d'attachement se sent d'abord culpabilisée et comme clouée au pilori par les autres ; on essaie toujours d'éviter ce phénomène. Ensuite, on s'est aperçu que la thérapie était inefficace avec certaines personnes : même si les médicaments donnent des résultats très vite, comme on n'utilise pas de traitement à base de sédatif, le chien continue ses bêtises, même si c'est dans des proportions moindres.

Pour ces cas difficiles, on a donc travaillé avec des psychiatres, notamment Antoine Alaméda, en thérapie systémique et en thérapie familiale, pour aborder le problème sous un autre angle. Là, on s'est aperçu qu'il fallait absolument se servir de la dynamique de la relation et non pas prescrire une solution vue de l'extérieur : l'idée était de tenter d'amener petit à petit le système relationnel à évoluer dans la direction qu'on recherche. La plasticité comportementale du chien est très grande comparée à celle d'autres animaux, mais en regard de celle de l'homme, elle est très réduite. On est un peu comme en pédopsychiatrie, mais « en pire », c'est-à-dire que l'un des membres du système exerce un niveau de contrainte auquel on ne peut pas déroger.

On a donc mis au point des thérapies de type stratégique :

- La prescription de symptôme : souvent, dans la description de sa relation avec son chien, la personne parle sans cesse d'un point qui lui paraît très important et qui justifie le retour d'affection que cette personne exerce en permanence sur le chien. Si on fait de la thérapie directe, on lui dira que ce qu'elle fait n'est pas bien et qu'il ne faut plus le faire. Or, quand il y a un attachement pathologique, la résistance va notamment s'exercer à ce niveau-là, et la personne continuera comme avant, sans se soucier de la prescription. La stratégie consiste donc à lui prescrire d'amplifier, au contraire, l'attachement, de telle sorte que cela devienne ingérable en l'état. Elle va alors trouver elle-même une voie de modification.

Un jour, une dame d'environ soixante-dix ans vient me voir : elle avait acheté un cocker qui était « le chien de sa vie ». Ses voisins commençaient à se plaindre des hurlements permanents du chien dès qu'elle partait. Par ailleurs, ce chien faisait un certain nombre de dégâts, et quand elle rentrait, elle découvrait des souillures urinaires et fécales dans l'appartement.

J'explique à la dame les raisons du comportement de son chien, et elle me dit : « Je comprends très bien ce qui se passe, mais je vois aussi très bien ce que vous allez me demander et je vous dis tout de suite que ce n'est pas possible : je suis très seule et j'ai besoin de ce contact avec mon chien. » D'ailleurs, pendant toute la durée de la consultation, elle passe son temps à attirer mon attention sur la façon dont le chien la regarde ; il est vrai que le regard d'un cocker... Bref, à la fin de la consultation, je savais que si je cherchais à imposer ma thérapie, cette dame ne ferait rien dans ce sens, comme elle m'en avait du reste prévenu.

J'ai donc commencé par la féliciter d'avoir réussi à établir une relation aussi forte avec son chien. Puis je lui confirme qu'en effet, quand son chien la regarde de cette façon, c'est bien une recherche de contact de sa part. Je lui propose donc de prendre dans ses bras le cocker chaque fois qu'il la regarde. Elle paraît très étonnée mais accepte. Je lui dis : « Vous allez voir, ça va le rassurer. » Parallèlement, j'ai évidemment placé le chien sous médicament.

La dame au cocker m'appelle au bout de huit jours pour me dire qu'il y a encore des problèmes mais qu'il est beaucoup plus détendu. Effet initial de la thérapie : le chien bénéficie d'un apaisement chronique très important puisqu'il obtient un câlin à chaque regard. En outre, le fait d'établir un système de rituel fixe a toujours un effet anxiolytique : la relation est donc au beau fixe. Grâce aux enregistrements sur cassettes audio qu'on avait réalisés, on s'est aperçu qu'avec les médicaments, il mettait en effet plus longtemps à s'affoler et à se mettre à hurler.

Autre coup de téléphone quinze jours après la prescription pour me dire que cela va toujours plutôt bien, mais, m'avoue-t-elle, elle a modifié quelque chose. Elle m'explique qu'elle a changé la règle et que, désormais, c'est quand elle-même regarde son chien qu'elle le prend dans ses bras. Je lui dis que je trouve cela très intéressant et que je ne suis pas contre.

C'est ainsi qu'en fait, on est entré petit à petit dans la thérapie que je souhaitais. Cela a pris un mois de plus, mais on a fini par établir une relation où c'était elle qui générait les contacts.

▪ Dans un deuxième temps, on établit la prescription de la rechute qui permet de maintenir les gens dans l'effort. Dans cette prescription, on agit à l'inverse de l'envie de n'importe quel clinicien qui est de se réjouir quand les choses s'améliorent : quand le maître de l'animal vient pour des contrôles, on s'arrange pour lui faire comprendre que, certes, tout a l'air d'aller mieux, mais qu'en vérité notre expérience prouve que ce genre d'amélioration est toujours suivie d'une nouvelle dégradation. On n'agit pas de la sorte pour martyriser la famille ou pour se frustrer soi-même par plaisir, mais c'est une façon d'obtenir du groupe familial qu'il lutte contre cette rechute. C'est ainsi que l'on arrive à maintenir le résultat jusqu'à ce que notre souci de clinicien soit réglé, c'est-à-dire jusqu'à ce que le chien bascule dans un comportement d'adulte : là, on est sûr qu'il n'y aura pas de rechute.

Ces deux techniques (thérapies directe et indirecte) sont les plus classiques, les plus fréquentes même s'il en existe d'autres. Même dans les 80 % de cas qui guérissent avec une thérapie directe, il s'agit de réaménager la relation sans en endommager la qualité, comme le craignent la plupart des gens. Il faut aider le chien à finir son développement avec l'aide de la famille ; c'est la seule façon d'obtenir des guérisons définitives.

Pourquoi il faut soigner l'anxiété de séparation

Une fois soignée, cette entité clinique disparaît entièrement : il n'y a aucun risque de retour en arrière, puisqu'en fait, dans l'anxiété de séparation, le chien voit sa croissance se bloquer à la période prépubère, et qu'une fois le blocage levé il n'y a plus de problème, le chien a passé le cap.
C'est important de le souligner parce que l'anxiété de séparation est une maladie extrêmement répandue – tout le monde connaît au moins un chien qui en souffre dans son entourage. Or il y a un décalage énorme entre la sévérité des symptômes et le pronostic qui est globalement très bon. Aujourd'hui, il est inacceptable d'envisager l'euthanasie pour un chien qui souffre d'anxiété de séparation, car dès lors qu'on le soigne, le pourcentage de guérison est très élevé.
Plus on réagit tôt, plus c'est évidemment facile.

Les règles sociales concernant l'espace et la sexualité

Comment le chien trouve sa place

➤ La place du chien dans le territoire de la meute

Quand un chien vit avec d'autres chiens, il relie la place à laquelle il doit s'installer dans le territoire du groupe avec sa position hiérarchique. Plus sa position hiérarchique est haute, plus il a accès aux parties les plus centrales et les plus élevées sur le plan topographique. L'un des points importants de la hiérarchie, c'est de pouvoir s'installer pour se retirer, pour dormir ou s'isoler, et les places centrales sont les endroits depuis lesquels on peut surveiller les allées et venues des autres chiens.

Chez le chien, il n'y a pas de territoire individuel, il y a le territoire de la meute. On pourrait dire, métaphoriquement, que c'est un peu comme dans les villes pour les humains : on n'habite pas n'importe où, et la place des uns et des autres se définit en fonction de la condition sociale.

Chez le chien, espace et hiérarchie sont étroitement liés, c'est-à-dire que, si le chien arrive à conquérir une place en vue, il voit sa place monter dans la hiérarchie. Ce phénomène s'illustre très bien si l'on regarde l'enclos d'une meute de chiens de chasse : lorsqu'il y a des endroits un peu en hauteur stratégiquement plus intéressants, on repère tout de suite des groupes de chiens qui s'installent là avec leur *leader* dont on voit très bien qu'il contrôle la meute.

➤ La place du chien dans l'espace des hommes

Quand le chien vit avec l'être humain, on se trouve dans la même situation et, là aussi, on observe de nombreux contresens éthologiques. Quand l'éthologie s'est vulgarisée, certains ont développé des visions caricaturales telles que : « Le chien dominant est un chien qui dort sur le lit. » C'est une définition extrêmement réductionniste, parfois même totalement fausse puisque, très souvent, les chiens qui dorment sur les lits sont des chiens qui souffrent d'anxiété de séparation, en état d'hyperattachement primaire et pour qui la notion de dominant n'a pas de sens.

En revanche, les chiens qui dorment dans le couloir sont considérés à tort comme des dominés, alors que ce sont souvent des dominants qui sont justement parvenus à investir les lieux qui contrôlent le passage. Quand on étudie la propension d'un chien à avoir des attitudes agressives hiérarchiques ou des comportements alimentaires de dominants (manger lentement en présence des autres et accéder le premier à la nourriture), on s'aperçoit qu'il est arrivé à investir des lieux stratégiques, c'est-à-dire qui permettent un contrôle du passage : il s'agira, par exemple, d'un coin de canapé ou d'un fauteuil d'où il est sûr de pouvoir surveiller les voies de circulation. Ce chien contrôle donc les entrées et les sorties : il peut s'opposer à l'entrée d'un étranger, mais il gère aussi les sorties.

L'un des exemples les plus caractéristiques dans le conflit hiérarchique, c'est le chien qui empêchera son maître de sortir. J'ai souvent rencontré des gens, en consultation, qui se plaignaient de ne plus pouvoir sortir sans leur chien, sous peine de risquer de se faire mordre.

➤ Choisir un lieu de couchage pour le chien

L'importance de la situation du chien dans l'espace nous conduit, dans le cadre de la prévention des conflits hiérarchiques (ce qu'on appelle les « sociopathies », voir page 229 à 241), à prendre une mesure très simple, dans le prolongement de la prévention de l'anxiété de séparation (voir page 189) : quand vous repoussez le chiot de son couchage et que vous lui en attribuez un autre, il faut raisonner en architecte et vous demander si le point de couchage que vous choisissez lui permet de contrôler les voies de passage de la maison.

C'est en fait une logique de l'apparence, comme je l'explique aux gens qui me disent qu'ils ont un studio sans cloison : souvent, le simple fait d'interposer une plante verte ou une chaise entre l'endroit où se trouve le panier du chien et le reste de l'habitation peut déjà lui faire perdre sa valeur hiérarchique. On préconise souvent ce procédé en thérapie : les gens choisissent de mettre le chien dans l'entrée en interposant un objet afin de rendre ce lieu complètement excentré.

Cet endroit n'est pas uniquement un lieu où le chien dort : il faut savoir l'y renvoyer dès qu'il fait une bêtise. C'est la meilleure sanction que vous puissiez lui infliger : l'excentrer du lieu de vie du groupe ou de la famille. C'est ce qu'on appelle, dans notre jargon, le « champ d'isolement ».

Quand le chien est dans son champ d'isolement, on n'a pas le droit de continuer à l'agresser ni verbalement ni physiquement. Il faut expliquer ce point aux enfants ; c'est très important de leur dire que, lorsque le chien se retire « chez lui », il faut le laisser en paix. S'ils veulent jouer avec le chien, ils doivent l'appeler pour le faire venir, mais en aucun cas aller le toucher pour le chercher. Le double intérêt, c'est que non seulement vous disposez d'un lieu pour sanctionner le chien lorsqu'il a commis une faute, mais aussi que le chien accepte d'autant mieux cette réprimande que ce lieu est respecté par les autres membres de la maison. Le contrôle de cet endroit et sa bonne utilisation par la famille évitent un très grand nombre de morsures sur enfants.

Le panier du chien et les enfants

Le lieu de couchage du chien (panier ou autre) est un endroit qui est réservé au chien : il lui sert à dormir mais aussi à s'isoler. Dès qu'il a fait une bêtise, vous le grondez et vous l'envoyez dans son panier. Mais dès lors qu'il est dans ce panier, il faut le laisser tranquille et cesser les remontrances.
Les chiens qui n'ont pas leur propre place sont des chiens qui sont « traquables » partout, par les enfants qui ont envie de les toucher, notamment. Pour la prévention des morsures, il est vraiment fondamental que vous expliquiez aux enfants qu'ils ne doivent pas toucher ni aller chercher le chien dans son panier. Pour jouer avec lui, ils doivent l'appeler.

Comment s'organise la hiérarchie sexuelle

➤ Dominants et dominés face à la sexualité

Dans la meute, la hiérarchie sexuelle repose, comme pour les règles concernant la nourriture, sur des principes simples. Ce sont aussi des règles d'apparence, c'est-à-dire que seuls les dominants ont un comportement sexuel exprimé en présence des congénères. Lorsque les chiennes de la meute sont en chaleur, ce comportement sexuel en présence des autres va être exacerbé. À tel point que, pendant une certaine période des chaleurs, les mâles dominants continuent les saillies en les mimant (c'est d'autant plus vain qu'étant donné la fréquence de ces saillies, on en arrive à une densité de spermatozoïdes très faible).

Pour faire une petite précision, il n'y a pas *un* dominant, on parle de groupe dominant. Toute la dynamique de la hiérarchie se fait par alliance. On n'a plus du tout cette vision romantique des deux mâles qui s'affrontent : chez les mâles, il y a un *leader* qui sert de repère à une alliance de quatre à cinq individus. Ce procédé nécessite toujours des phénomènes de recrutement, car les anciens dominants sont remplacés par le nouveau *leader*, aidé par d'autres jeunes dominants. Au début, cela peut commencer par une simple alliance lors d'un conflit, si un individu vient se placer près d'un autre pour menacer un tiers.

Par analogie avec ce qui se passe chez le loup pour les mâles dominés, on a souvent parlé, de façon excessive, de castration sociale. C'est très discutable, car même chez le loup, les dominés ont malgré tout un comportement sexuel, lorsque les dominants ont tourné le dos. On pense même que c'est cette intervention sexuelle des dominés qui permet d'éviter une certaine monotonie génétique, dans la mesure où cela donne lieu à un renouvellement.

Cette attitude est vraie aussi chez les femelles qui, lorsqu'elles sont dominées, n'expriment pas leur comportement de cour lorsqu'elles sont en présence des dominantes.

➤ Le système hiérarchique chez les femelles

Car coexistent deux hiérarchies parallèles, celle des mâles et celle des femelles. C'est pourquoi il est caricatural de parler de société patriarcale chez les chiens. Les femelles ont un système hiérarchique qui est le même que celui des mâles, avec une petite particularité : elles vont entériner leur pouvoir hiérarchique en ayant une relation avec des mâles dominants et, surtout, lorsqu'elles auront des petits. C'est-à-dire qu'avoir des chiots, c'est faire partie des dominants. Les femelles dominantes ont tendance à inhiber la sexualité des autres femelles, y compris par voix phéromonale puisqu'on s'est aperçu que les femelles dominées avaient des chaleurs moins expressives, c'est-à-dire des symptômes physiologiques moins marqués.

Il est rare qu'il y ait des conflits hiérarchiques entre individus de sexe opposé, sauf dans des situations extrêmes, du type manque de nourriture ou surpopulation – donc quasiment dans des situations de pathologie de groupe – où on peut assister à des agressions entre un mâle et une femelle. Il peut aussi y avoir le cas d'une femelle contrainte par le mâle dominant pour une saillie qu'elle refuse, pendant la période des chaleurs, et ce assez violemment.

Les mâles semblent exercer un contrôle plus important sur les sorties alors que les femelles sont beaucoup plus vigilantes en ce qui concerne les intrusions dans le territoire du groupe. Elles semblent avoir une fonction quant au repérage des intrus et au recrutement des mâles en cas, justement, d'intrusion néfaste.

➤ Comment la hiérarchie intervient quand le chien vit dans une famille

Étant donné ce qu'on a vu plus haut, lorsque le chien vit avec des humains, on va voir son comportement se modifier dès lors qu'un des membres de la famille souffre de quelque chose : il va tenter de prendre le *leadership* au sein de la famille. Il y a d'abord le cas où le chien et le maître sont du même sexe : monsieur s'absente beaucoup pour son travail, et le reste de la famille souffre de cette situation de séparation pour des raisons diverses et variées. Souvent, c'est le chien qui profite de la situation avec un resserrement de l'activité autour de lui. Un beau jour, quand monsieur rentre de voyage, il retrouve le chien installé dans l'un des fauteuils qu'il voulait, et c'est le conflit. La femme et les enfants viennent alors « rassurer » le chien, ce qui accentue le conflit hiérarchique.

C'est encore plus flagrant quand il y a un vrai conflit de couple : le chien devient alors un excellent outil de la violence conjugale, aussi bien la chienne envers sa propriétaire que le chien contre son maître.

Paprika m'est amenée en consultation parce que c'est la quatrième fois qu'elle mord madame J. La chienne est tenue par monsieur J. qui nie d'ailleurs la situation, considérant que, si sa femme « était moins nulle avec la chienne, ça se passerait mieux »... Monsieur J. est très sportif et passe son temps à courir avec la chienne ; entre eux deux tout va bien.

Très vite madame J. se lamente en se demandant pourquoi elle habite avec monsieur ; il y a un climat d'agressivité pendant la consultation. Monsieur J. finit par expliquer que sa femme « est une enquiquineuse et que c'est normal que la chienne s'en rende compte » ; de surcroît, quand la chienne montre les crocs face à sa femme, monsieur J. ne se gêne pas pour caresser l'animal.

Dans ce cas, comme en pédopsychiatrie, on assiste à l'utilisation d'un tiers comme instrument de violence à l'intérieur d'un couple. Il y a même des cas extrêmes où l'un des membres de la famille instrumentalise littéralement l'animal pour s'en servir contre l'ensemble du groupe familial. L'animal devient un complice malgré lui. C'est toute la difficulté pour le clinicien qui, une fois qu'il a fait son diagnostic, doit trouver le moyen de traiter. Il y a bien sûr des gens très motivés, mais aussi d'autres qui en fait, consciemment ou inconsciemment, sont très satisfaits de la situation telle qu'elle est.

Ainsi, dans certaines situations, le chien protège presque spontanément l'enfant de ses parents : c'est très fréquent de voir des préadolescents s'allier avec le chien de la famille (le plus fréquemment avec des chiennes). Les parents ne peuvent même plus élever la voix, surtout les mères qui se voient totalement disqualifiées par l'intervention systématique de la chienne. Les enfants savent très bien utiliser ce phénomène.

➤ Le chien au moment de la puberté des enfants

L'une des meilleures illustrations de la hiérarchisation se joue au moment de la puberté des enfants. Cela veut dire que, dans une famille, surtout quand il y a un chien mâle, c'est lui le premier averti du démarrage réel de la puberté d'une fille.

On remarque en outre, d'après les études qui ont été faites, que la période de la puberté chez les filles s'accompagne d'un regain d'intérêt pour l'animal : elles vont plus le caresser, le câliner, elles vont se mettre par terre près de lui. C'est une période de complicité durant laquelle le chien va fréquemment dans la chambre de la jeune fille. Et un beau jour, on s'aperçoit que le père ne peut plus y pénétrer. En général, les filles trouvent très drôle de voir le chien installé en travers de la porte et grogner dès que le papa tente de franchir le seuil de la chambre. Jusqu'au jour où elles viennent avec un petit ami à la maison. Là, le chien refuse encore plus l'intrusion du petit copain. C'est ce qui les décide généralement à accepter de collaborer ; c'était amusant de voir Papa mis en échec par le chien, en revanche, elles trouvent beaucoup moins drôle que le chien veuillent attaquer le petit copain qui, à ce compte-là, et *a fortiori* si le chien est de grande taille, n'aura sûrement pas envie de revenir le lendemain.

Pour les chiens mâles adultes qui vivent avec des adolescents garçons, on observe un autre problème. Tant que l'enfant n'est pas pubère, il peut faire tout ce qu'il veut avec le chien : lui tirer la queue, lui prendre sa balle, le plaquer au sol lors d'un jeu, etc. Et puis un beau jour, le chien le prend mal et se met à grogner : cela se passe généralement entre douze et quatorze ans.

En outre, c'est une période où l'enfant va tester son pouvoir et, pour lui, c'est toujours plus facile sur un animal que sur les adultes. On arrive alors à des situations conflictuelles qui sont d'ailleurs très faciles à résoudre si les parents ont le bon sens de venir demander de l'aide à ce moment-là.

Est-ce que ce sont des phéromones ou des odeurs sexuelles qui interviennent pour avertir le chien de la puberté des enfants ? Pour l'instant, on ne le sait pas. Mais dans cette période, il ne faut pas négliger les signaux comportementaux, avec notamment moins d'activités ludiques gratuites et davantage une recherche d'affrontement et de pouvoir, ce qui amène le chien à vivre une situation beaucoup plus tendue.

La vie sexuelle du chien

La vie sexuelle relie les aspects comportementaux et physiologiques.

En principe, il existe pour chaque chienne deux périodes d'ovulation par an. C'est approximatif parce que cela varie en fonction des races : certaines ont réellement deux ovulations annuelles (une grande partie de la plupart des races classiques dans nos pays), mais chez les races géantes, il y a une à une ovulation et demie par an (certaines années, il y a deux ovulations, l'année d'après il n'y en a qu'une). Dans ces races, on peut citer le dogue du Tibet, chez lequel on peut considérer qu'il n'y a qu'une seule ovulation annelle.

Pour nos yeux d'êtres humains et compte tenu de notre conception de la sexualité des animaux qui serait purement liée à la reproduction, c'est au moment où la chienne entre dans sa période ovulatoire que les mâles commencent à être intéressés.

➤ Les chaleurs de la femelle

Sans entrer dans les détails physiologiques, on considère que l'on a :

▪ Une première période durant laquelle l'ovaire se prépare à émettre les ovules, c'est ce qu'on appelle le « pro-œstrus ». Dès le pro-œstrus, la chienne commence à attirer les mâles mais n'accepte pas l'approche directe ; souvent elle présente même des comportements très agressifs vis-à-vis des mâles un peu trop entreprenants – et ils le sont très vite parce qu'ils sont attirés par différentes sécrétions dont je parlerai plus loin.

▪ Puis commence la période durant laquelle la chienne ovule et qu'on appelle l'« œstrus ». C'est là qu'elle accepte la saillie.

▪ Ensuite, il y a une période particulièrement longue, à l'origine de quelques petites misères pour nos chiennes de compagnie, qui est le métœstrus. C'est la période durant laquelle la cicatrice du point d'émission de l'ovule est devenue ce qu'on appelle le « corps jaune ». Celui-ci, normalement, ne persiste dans l'espèce humaine, par exemple, que s'il y a eu fécondation ; chez les chiennes, ce corps jaune va rester plusieurs semaines. Sa persistance permet d'expliquer ce phénomène particulier chez les chiennes qui est ce qu'on appelle la « lactation de pseudo-gestation » (voir encadré ci-dessous).

▪ Enfin, on entre dans une grande période que l'on appelle l'« anœstrus » durant laquelle il ne se passe plus rien. On attend le cycle suivant.

La lactation de pseudo-gestation ou « grossesse nerveuse »

Il existe un certain nombre de chiennes qui présentent, huit semaines après leur période d'ovulation, exactement comme si elles avaient été fécondées, une lactation avec des phénomènes plus ou moins spectaculaires. Certaines adoptent un comportement maternel : elles font un nid dans lequel elles peuvent adopter un objet (un jouet, un chausson, une boulette de papier)... Elles sont d'ailleurs généralement, dans un état de détresse assez marqué : elles pleurnichent beaucoup, gémissent, elles ont du lait, parfois même énormément de lait. Il y en a d'autres, dans des formes plus limitées, qui ont simplement un comportement de nidification et de garde autour de ce nid, mais très peu de lait, puis souvent des sécrétions séreuses mais une mamelle assez congestionnée. Tout cela s'explique par cette persistance du corps jaune.

L'appellation « grossesse nerveuse » insiste sur l'aspect gestation, ce qui est impropre parce qu'on ne voit pas, en l'occurrence, d'état de gestation. Chez la chienne, c'est la lactation qui apparaît. Le terme de pseudo-gestation est donc un anthropomorphisme (les pseudo-gestations existant chez la femme).

➤ L'excitation des mâles

On a vu que les mâles étaient excités dès le pro-œstrus ; ils sont excités en fait par la présence de la femelle souvent même pendant tout le début du métœstrus.

Classiquement, on considère que la période des chaleurs dure entre quinze jours et trois semaines. Durant cette période, les mâles perçoivent souvent la femelle à très grande distance parce qu'elle émet des phéromones sexuelles. Ces phéromones sexuelles proviennent aussi bien des glandes réparties autour de l'anus (pas seulement les glandes des sacs anaux, mais aussi toutes les petites glandes périanales) que de l'appareil génital qui diffuse les phéromones avec les urines.

Les mâles entrent dans des états d'excitation assez spectaculaires au seul contact de ces sécrétions. Le tableau clinique de cet état est assez bien connu de toutes les personnes qui ont eu l'occasion d'avoir un chien mâle et de se trouver dans un endroit où il y a des femelles : il est généralement complètement anorexique, c'est-à-dire qu'il ne s'intéresse plus du tout à la nourriture, il est prêt à démolir toutes les portes qui le séparent de l'objet de son désir et, évidemment, c'est une cause de fugue extrêmement fréquente car le mâle cherche à remonter la piste jusqu'à la femelle.

Les propriétaires de chiennes en chaleur savent que, dans ces périodes-là, ils peuvent retrouver un nombre de chiens important dans leur jardin ou sur leur palier, avec de nombreuses nuisances qui, outre le bruit, les grattements de porte, les dégâts éventuels pour arriver à entrer, associent aussi des comportements de marquage urinaire, c'est-à-dire que les chiens vont lever la patte partout autour des issues qui les séparent de la chienne.

➤ L'acte sexuel

Dans le cadre de la vie de meute, à partir du moment où le chien est en présence de la chienne, sa possibilité de passer à l'acte sexuel est liée à sa position hiérarchique : seuls les dominants vont pouvoir saillir en présence des autres chiens, ceux-ci étant limités à des saillies à la sauvette éventuellement.

➤ La vie sexuelle hors de la reproduction

Tout ce qu'on vient de voir (chaleurs, excitation, accouplement) correspond à ce qu'on décrit habituellement comme le comportement sexuel normal du chien.

Il se trouve que les choses apparaissent de plus en plus compliquées au fur et à mesure des études éthologiques, l'un des apports de l'éthologie étant d'accepter de regarder ce que font les êtres vivants que l'on étudie sans idées préconçues. Chez le chien, comme on l'a déjà remarqué chez les primates, apparaissent des jeux sexuels assez précoces manifestement, puisqu'on observe déjà certains jeux sexuels avant la puberté chez les chiots. Ces jeux sexuels sont dominés par des autostimulations ou des stimulations d'un individu par un autre de la région génitale, essentiellement avec des comportements de léchage, qui se font d'ailleurs aussi bien entre partenaires de sexes différents qu'entre partenaires de même sexe (deux chiennes entre elles ou deux mâles entre eux). Ce type de comportement est résolument un comportement sexuel.

Y a-t-il une homosexualité du chien ?

Il ne faut pas faire de confusion avec ce qu'on appelle le « chevauchement hiérarchique » qui constitue un rituel de dominance et qui a conduit un certain nombre de personnes, dans le passé, à parler d'homosexualité chez le chien. Il existe en effet des jeux sexuels entre individus de même sexe, mais on n'observe pas chez le chien de comportement sexuel homosexuel exclusif comme on peut le voir chez l'être humain. Les chevauchements que l'on observe n'ont absolument rien à voir avec des comportements sexuels : la séquence d'exécution n'est pas la même, et ils n'aboutissent jamais notamment à l'éjaculation.

Il y a donc effectivement chez le chien une vie sexuelle qui déborde très largement le cadre de la reproduction, et qui est d'ailleurs parfois à l'origine de conflits entre l'animal et son propriétaire. Il est vrai qu'un certain nombre de personnes supportent mal, quand elles ont deux chiens à la maison, que leurs enfants assistent à ce genre d'ébats ; mais il faut savoir que c'est tout à fait normal et que cela pose d'autant moins de problèmes aux enfants que les parents n'en font pas un sujet d'horreur systématique.

Ces jeux sexuels peuvent durer très longtemps, parfois plusieurs dizaines de minutes, avec des léchages, des stimulations réciproques qui, répétons-le, ne sont pas du tout liés aux périodes de fécondité.

Bien évidemment, dans le cadre de la vie en commun avec l'homme, chez les sujets qui présentent notamment une imprégnation à l'espèce humaine très forte, apparaissent de la part du chien des amorces de ce type d'interaction avec l'être humain.

L'être humain accepte généralement assez mal que le chien mette son nez dans des parties intimes de son individu. Mais il faut savoir que, pour le chien, ce sont des régions de communications sociales tout à fait banales. Il est bien évident, notamment lors de conflits hiérarchiques dans les sociopathies, que souvent le chien cherche à établir ce type d'interaction avec son propriétaire de sexe opposé, *a fortiori* si le rival est présent – car le fait que ce soit accepté en présence d'un rival permet de se situer au plan hiérarchique. Nous observons souvent, dans ce qui nous est rapporté par les familles, ce type de tentative de la part du chien.

La marche en laisse

On a déjà parlé (page 178) de la mise en place de la laisse et du collier chez le chiot, en insistant sur le fait qu'elle devait garder un aspect ludique. Après la puberté, à partir de l'âge adulte, on peut avoir des exigences plus importantes. Si vous ne voulez pas faire d'erreurs, il y a quelques règles simples à respecter.

Comprendre la marche en laisse

▪ La première règle consiste à comprendre que la laisse n'est pas le moyen d'attacher le chien à un piquet vivant qui serait le conducteur. Il faut plutôt la définir comme une sorte de ligne téléphonique entre l'homme et le chien : dès qu'on la touche, dès qu'on la tend ou qu'on la détend, cela veut dire quelque chose. Les actions de tension doivent toujours être brèves et suivies d'un relâchement. C'est seulement s'il n'y a pas eu exécution que vous tendrez à nouveau la laisse. Mais, à ce moment-là, vous devez la reprendre plus sèchement pour bien insister sur la nature de l'ordre. La laisse est un outil de transmission : il faut une longueur suffisante pour pouvoir transmettre. Quelle que soit la taille du chien, même s'il est très grand et que son dos est à hauteur de la main, il faut que la laisse mesure de 90 cm à 1 m. Les petites laisses de 30-40 cm sont une catastrophe dans la mesure où le chien est en permanence sous tension à côté de son maître.

▪ La deuxième règle consiste à se rappeler qu'aucun chien au monde n'a de raison de marcher au pied, c'est-à-dire à la hauteur de son maître, et sans tirer. Il va donc falloir le lui apprendre. Quoi qu'il arrive, la situation de marche en laisse n'est pas une situation totalement détendue pour un chien.

■ D'où la troisième règle : quand il s'agit d'une promenade de détente pour le chien, il faut qu'il soit détaché, car, à partir du moment où on le met en laisse, il est aux ordres.

LES DIFFÉRENTS COLLIERS ET LAISSES

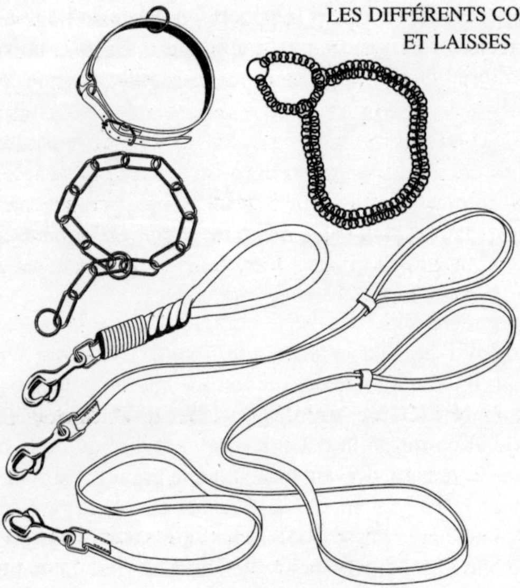

« Que penser des laisses à enrouleur ? »

Etant donné ce que nous venons de dire, il est clair que les laisses à enrouleur ressemblent plus à des moulinets de canne à pêche qu'à un outil de contrôle du chien, et sont évidemment fortement déconseillées. C'est même la dernière chose à faire, car la laisse doit avoir une longueur constante, quelle que soit la taille du chien.

« Pourquoi dit-on que le chien doit marcher à gauche ? »

Il est vrai qu'il y a des cas où l'on a défini des conventions comme pour le chien guide d'aveugle. Dans les clubs de dressage, on apprend aux gens à faire marcher le chien à gauche. Il faut bien comprendre que le chien n'y attache aucune importance. Simplement, comme les colliers d'éducation sont coulissants et que, par conséquent, le sens de coulissement doit se faire en direction du conducteur, il faut placer le collier correctement selon que le chien est à gauche ou à droite. On ne peut pas passer son temps à changer de main parce qu'il faudrait changer le collier chaque fois, tout simplement parce qu'il ne coulisserait pas et se bloquerait.

Apprendre la marche en laisse

Modifiez votre trajectoire

Il faut éviter les grands trajets rectilignes dans lesquels il ne se passe rien. Allez de préférence dans un endroit comme un parc où l'on peut tourner autour des arbres, et amusez-vous à faire des 8 autour des arbres. Il faut en permanence « tromper » le chien : il ne doit jamais savoir dans quelle direction il va aller, de telle sorte qu'il sera obligé de faire attention à vous. C'est de cette façon qu'il apprendra à ne pas tirer. Tant qu'il est à votre hauteur, flattez-le de la voix. Dès qu'il s'amuse à dépasser : un « coup de sonnette » (un coup de laisse) qui veut dire « Non ». Après, vous pouvez lui dire « Au pied », doucement – ce qui est important, en tout cas, c'est ne pas changer de vocabulaire sans arrêt – et vous continuez à marcher.

Variez votre vitesse de marche

D'autre part, pensez à varier, pendant la phase d'éducation, la vitesse de la marche, sachant que ce que l'on va demander au chien, c'est de caler son rythme sur celui du maître. Il faut donc des changements de vitesse, de façon que le chien ne sache pas quelle direction prendre et comprenne que l'on va pouvoir ralentir, accélérer, etc. Il faut tout mélanger de façon que le chien soit saturé.

Maintenez l'attention de votre chien

Pensez aussi à attirer son attention avec des petits bruits (des claquements de langue), en lui parlant (tous les petits mots que l'on peut faire avec la bouche, des pfowvv ! pfowvv ! etc.) afin que le chien soit intéressé.

Au début, il faut faire ces exercices pendant de petites périodes d'un quart d'heure-vingt minutes, simplement pour que le chien apprenne bien que, dès qu'on met cette laisse et ce collier, on est dans une situation de conduite où le maître va demander des choses.

Apprenez-lui à s'asseoir à chaque bord de trottoir

On peut enrichir encore ce travail en ajoutant le « Assis », notamment, à chaque bord de trottoir : c'est un exercice que l'on fait systématiquement avec les chiens guides d'aveugles (on s'arrête, on s'assied et on attend l'ordre pour traverser).

Cet apprentissage a d'ailleurs sauvé la vie de bien des chiens car le jour où ils sont seuls, s'ils ont appris à s'arrêter systématiquement au bord du trottoir, ils savent qu'en fait on ne passe que quand il n'y a rien.

Cela permet aussi d'éviter des problèmes le jour où ce sont des enfants qui vont promener le chien : ainsi, ils ne traversent pas au rythme du chien, s'il lui prend l'envie d'aller de l'autre côté de la rue.

Les cas particuliers

Parfois, il peut arriver que vous décidiez d'acquérir un chien pour la première fois, alors que vous commencez à avoir un âge avancé. Ou bien, autre cas de figure, vous pouvez choisir un chien qui pèse plus lourd que vous. Dans les deux situations, on est un peu inquiet de la façon dont les choses vont se passer.

Il existe une astuce tout à fait intéressante qui consiste à faire passer la laisse dans son dos. Si le chien marche à votre gauche, vous passez la dragonne de la laisse à votre poignet droit, la laisse passe dans votre dos, et vous exercez les tractions et les modulations de tension de la laisse avec la main gauche qui en même temps, à certains moments, peut ne pas tenir la laisse mais taper sur la jambe, flatter le chien en le caressant.

L'intérêt, c'est que si le chien, au début de son éducation, fait un démarrage fulgurant parce qu'il a vu un autre chien un peu plus loin, ou flairé une odeur intéressante, vous ne risquez pas de vous retrouver à plat ventre car tout votre corps vous permet de réagir en disant « Non » et en mettant tout votre poids dans la laisse. Cette technique permet d'éviter ainsi les fractures du col du fémur chez les personnes âgées. En plus, c'est rassurant parce que l'on se sent plus à l'aise.

Pourquoi la promenade en laisse n'est pas une promenade de détente pour le chien

N'oubliez jamais que la marche en laisse est un apprentissage et qu'elle doit rester un moment où l'on contrôle le chien. C'est pourquoi certaines promenades peuvent devenir un pensum pour les chiens comme pour les maîtres : faire du lèche-vitrines n'est pas très intéressant pour le chien et s'avère très éprouvant pour le maître qui doit en même temps rester conducteur. En effet, si vous regardez les vitrines en remontant une grande avenue commerçante, vous ne communiquez plus avec votre chien. Il est donc attiré par d'autres informations : il commence à renifler les pipis, ce qu'il trouve par terre. On a ainsi deux individus qui se promènent avec des motivations différentes, ce qui devient très difficile : le chien tire, le maître est agacé parce qu'il voudrait regarder quelque chose. C'est typiquement le genre de promenade à éviter, sauf pour les personnes qui sont obligées de le faire, comme les handicapés (mais leur chien est de toute façon rodé à cela).

Les promenades de détente ont lieu dans la nature et *a priori* avec un chien détaché.

Quand les règles sociales sont mal acquises

Le chien qui mord ou les conflits hiérarchiques homme/chien

Depuis que le chien partage la vie de l'homme, l'idée pour ce dernier que son chien puisse le mordre est intolérable. Cela fait sans doute resurgir des peurs ancestrales, comme celle d'être une proie. En outre, il y a toujours l'idée sous-jacente, plus présente chez les amateurs de certaines races, que le chien doit être littéralement soumis à l'homme, et il faut en arriver à des situations d'aberration totale pour que le chien puisse se rebeller.

Il y a une vingtaine d'années, quand les Américains ont essayé de codifier ce que pouvaient être les problèmes de comportement, Campbell a fait une première classification dans laquelle il reprenait l'idée de psychose et de névrose (et en France de parapsychose et de paranévrose). Le type même de la psychose chez le chien, c'est de mordre l'homme. Ce qui implique qu'un chien qui mord un homme est un chien fou, sans aucune autre explication. Heureusement, certaines personnes ont pris le chemin inverse, avec là aussi des débordements, et en sont arrivés à l'idée que, lorsqu'un chien mord l'homme, c'est forcément un problème de dominance ou de peur. Cette théorie repose sur l'idée que le chien serait intrinsèquement dominant. Campbell a donc essayé d'identifier le chien dominant pratiquement à la mamelle, avec l'idée que le chien naîtrait dominant comme il naît marron avec des taches blanches. Derrière tout cela, il y avait bien sûr le souhait d'éradiquer les chiens dominants pour s'exonérer du problème.

Cette approche a été complètement bannie par les écoles françaises ou anglaises qui ont expliqué que la dominance s'inscrivait dans un contexte de dynamique. Il ne s'agit pas de réfuter le fait que certains chiens auront plus de facilités que d'autres à devenir des dominants, mais il n'y a pas de gène de la dominance. Il faut savoir que, dans une agression de chien, il y a plusieurs phases et que chaque agression correspond à des situations fonctionnelles différentes. Un chien qui agresse pour augmenter sa position hiérarchique face à la nourriture le fera d'une façon différente que s'il mord parce qu'il a peur ou qu'il se sent en danger. On peut donc typer et identifier les différentes agressions :

- La plupart des morsures qu'on voit en consultation sont des morsures que l'on connaît bien à l'intérieur de la meute et qui correspondent à des situations de conflit hiérarchique. Ce sont des agressions autour du lieu de couchage, de la nourriture ou encore, bien souvent, pour préserver l'individu de sexe opposé de toute approche par une tierce personne. On remarque que les personnes victimes de morsures sont toujours des personnes adultes (ou pubères) de même sexe que celui du chien.
- Il y a aussi les agressions par irritation qui sont déclenchées soit par un contact physique direct, soit quand on inflige au chien une manipulation qui provoque une douleur.
- Il y a enfin les agressions de type territorial avec un chien qui contrôle les entrées et les sorties de tous les membres du groupe ou des visiteurs qui parfois ne peuvent plus repartir.

La séquence type est la suivante : le chien est assis, on est en train de le caresser ou de le toucher et soudain, les membres se raidissent, les oreilles se dressent et le chien émet un grognement sourd et bref. Puis son poil se dresse sur son dos et, ce que les gens ne manquent pas de remarquer, il se produit une dilatation de la pupille : on voit apparaître le tapis rétinien, ce qui donne au chien un regard vert (voir pages 47 et 293). Ensuite, il va donner un coup de dent et se remettra toute suite à menacer. Cela arrive souvent lorsqu'on commence à « grattouiller » le dessus de la tête ou l'encolure (ce sont des endroits que seuls les dominants peuvent manipuler sur les dominés) du chien qui est couché à côté du fauteuil. Les gens croient que le chien est fou de mordre quand on le caresse. En fait, il n'est pas fou : il a seulement, en tant que dominant, contrôlé la durée du contact physique.

➤ Pourquoi il y a conflit hiérarchique entre l'homme et le chien

Il faut comprendre qu'être dominant n'est pas une maladie pour un chien. Si vous avez un chien dominant, cela peut être parfois un peu pénible, mais vous ne serez pas pour autant mordu : le dominant est agressif et ne mord que quand il y a transgression, ce qui est rare. Le problème avec l'homme, c'est qu'il ne laisse jamais son chien être totalement dominant : il lui abandonne par négligence ou par affection des prérogatives de dominant, mais, au final, il veut quand même pouvoir tout contrôler. Le chien se retrouve donc dans une situation totalement ambivalente qu'il ne comprend pas. De cette ambivalence permanente va naître une situation où le chien est toujours sur le qui-vive.

Un des symptômes majeurs de cette situation est l'hypervigilance : les maîtres ont la sensation d'être surveillés en permanence. C'est ce qui fait que la nuit, quand le chien est couché dans le couloir, plus personne ne peut aller aux toilettes, par exemple. Il ne s'agit pas de dire, comme on l'a vu plus haut (page 229), que quelqu'un dans la famille a échoué ou est malade, mais seulement qu'il y a une souffrance du groupe et qu'il fonctionne mal. C'est pour cela qu'on parle de sociopathie : le chien n'est pas le seul impliqué dans cette affaire, et on ne peut agir uniquement sur lui. Il va falloir réaménager le système relationnel.

Malgré tout, cela ne veut pas dire que le chien ne souffre pas. Au départ, on a une situation de chaos où le chien reçoit des informations contradictoires autour de la nourriture, de l'espace, etc. C'est-à-dire qu'on a mis le chien dans un contexte qui, pour lui, se décode comme une situation de dominant. Parfois, c'est l'inverse : c'est le propriétaire qui se comporte en dominant. Or ces situations d'ambivalence chronique sont extrêmement anxiogènes : la première conséquence est cet état d'hypervigilance du chien dont on a parlé plus haut. Si on n'intervient pas, si on ne met pas de traitement en place (ce qui est le plus souvent le cas car on s'aperçoit que les familles sont capables de vivre ainsi pendant très longtemps, en trouvant des arrangements incroyables pour limiter les risques sans rien changer sur le fond), le chien va présenter des tableaux d'anxiété extrêmement sévères avec des symptômes organiques, digestifs, urinaires cardio-vasculaires, mais aussi une boulimie, un léchage accompagné de lésions, ou bien ce qu'on appelle l'« hypotoménie », c'est-à-dire un chien qui se met à boire des litres et des litres d'eau (avec les nuisances qui en découlent).

Le premier stade d'agressivité

Mais avant d'en arriver à ce stade ou au stade qu'on décrit comme une hyperagressivité vraie, c'est-à-dire au moment où le chien se rend compte que le seul moyen de tout résoudre efficacement, c'est de mordre (voir page 233), on ne peut pas dire que le chien soit malade. Au contraire, pendant très longtemps, il réagit normalement à une situation aberrante.

Puis les symptômes les plus parlants sont ce qu'on appelle les « triades » de la sociopathie : agression par irritation, agression hiérarchique et agression territoriale. Mais tous les chiens n'expriment pas typiquement les trois formes d'agressions, d'autant que l'expression par voix agressive n'est pas la seule forme d'expression de la situation de sociopathie. Certaines personnes, au premier grognement, vont corriger le chien qui apprend à ne pas passer par le mode agressif, sans pour autant que la sociopathie soit réglée. Celle-ci va alors s'exprimer sous une autre forme : la malpropreté, par exemple, qui permet au chien d'exprimer son statut potentiel de dominant par voix phéromonale. Il lève la patte contre les murs, il pose des crottes bien en évidence et toujours en hauteur sur les meubles par exemple.

On peut être amené à faire une confusion fâcheuse entre ce genre de situation et l'anxiété de séparation (voir page 193). La grande différence, ici, c'est que les crottes sont posées bien en hauteur. En général c'est le premier objet qu'on voit en entrant qui reçoit les déjections. Dans les sociopathies, le conflit est souvent autour du maître qui s'en va en laissant le chien : souvent dès qu'il rentre, il retrouve des dégâts qui ne concernent que les issues (portes de sorties, fenêtres, rideaux, etc.). Ces dégâts très particuliers permettent de faire la différence avec l'anxiété de séparation. Par ailleurs, en général dans les sociopathies, le chien grogne plutôt qu'il ne hurle et c'est plus bref. Il aboie également de façon intempestive quand on téléphone ou quand on rencontre une connaissance dans la rue.

Malheureusement, les gens font souvent de l'automédication, parce qu'il y a eu un peu de communication sur le sujet, notamment sur l'anxiété de séparation ; on a vu des gens donner des anxiolytiques. Or, si ces médicaments sont mal choisis, ils ont un pouvoir désinhibiteur qui favorise le passage à l'acte agressif. Il faut donc toujours un diagnostic très précis.

Le stade d'hyperagressivité ou le chien dangereux

Cette sociopathie peut évoluer vers ce qu'on appelle le « stade 2 » qu'on qualifie aussi de stade d'hyperagressivité. Il concerne des chiens qui dès le départ vont exprimer cliniquement leur sociopathie par des phénomènes d'agression. Dans ce contexte, le chien s'aperçoit que, chaque fois qu'il mord, la situation évolue favorablement pour lui, donc on assiste à un renforcement positif de l'acte de morsure, et le chien apprend que la morsure est efficace. Ensuite, on va voir disparaître la structure de la séquence comportementale, c'est-à-dire : menaces, morsures, puis actes d'apaisement. Et petit à petit, on ne verra subsister que la phase de morsure sans aucun contrôle (on a vu le rôle du contrôle de la morsure, qui permet au chien de relâcher la prise dès que l'adversaire se soumet) : là le chien mord directement et sans aucun contrôle.

Généralement, à ce stade-là, le chien mord tout le monde dans la maison, et, au plan thérapeutique, il y a plusieurs conséquences importantes. Tout d'abord, il arrive très souvent – *a fortiori* si ce sont des chiens de grande taille et qu'il y a des enfants à la maison – qu'on choisisse l'euthanasie. Ensuite, il faut savoir que le traitement devra commencer en hospitalisation parce que c'est trop dangereux. Généralement, il faut toujours des médicaments avec des durées de traitement de cinq à six mois.

En temps normal, comme cela est enseigné aux vétérinaires, on incite les gens à traiter ; mais il y a des cas où, pour des raisons de sécurité, on conseille l'euthanasie, bien qu'on n'ait pas le pouvoir d'interner ou de faire euthanasier le chien de force. Si les propriétaires du chien insistent, on refuse de traiter et on leur envoie une lettre en recommandé avec AR, en leur expliquant les raisons du refus : nous estimons que c'est un bon moyen d'aider les gens à retrouver le bon sens qu'ils peuvent avoir perdu pour des raisons affectives, par exemple.

D'autres personnes refusent catégoriquement qu'on donne des médicaments au chien. Or on est obligé d'utiliser des psychotropes qui ont, il est vrai, des effets secondaires, comme le manque d'appétit ou le manque d'entrain. Mais, même si on ne maintient pas toujours le traitement médicamenteux, on est obligé de l'utiliser au début, avant de mettre en place les mesures d'éducation.

Il y a une séquence très typée lors de l'agression hiérarchique :

- D'abord, la phase de menace avec les grognements, l'exhibition des crocs, le hérissement du poil, etc.

■ Ensuite, si l'adversaire ne plie pas, le chien passe à la morsure (la façon dont le chien mord permet de savoir comment le chien se perçoit vis-à-vis de son adversaire, c'est un symptôme extrêmement précieux).

■ La morsure va généralement entraîner le retrait et la soumission de l'adversaire, et là, le chien va pratiquer l'apaisement.

Voilà comment se déroule l'apaisement avec l'homme : le chien vient mettre sa patte sur les genoux ou sur le torse de l'adversaire. Il peut poser sa tête sur les genoux ou mettre ses deux pattes sur les épaules, il va même appliquer des petits coups de langue sur la morsure de l'homme. Ce qui est terrible, c'est que les gens interprètent ces gestes comme une demande de pardon. C'est tragique, parce que, si on accepte cette séquence d'apaisement (qui existe aussi entre chiens), on finit de faire allégeance : cela veut dire que, quand on sera à nouveau agressé par le chien, ce sera encore plus dur de faire face.

Refuser l'« apaisement »

Quand on a été mordu, et que le chien s'apprête à amorcer la phase d'apaisement, c'est-à-dire qu'il vient poser sa patte ou sa tête sur vos genoux (ou votre torse) et même lécher votre morsure, il faut se lever et ne pas participer à cette séquence. Si vous interprétez ces signes comme une demande de pardon et que vous l'acceptez, vous signifiez au chien que vous vous soumettez à lui.

➤ Le traitement

On arrive presque toujours à guérir un chien dominant avec une thérapie directe : on parle de « régression sociale dirigée », ce qui veut dire qu'on va faire descendre le chien dans la hiérarchie de façon contrôlée (on ne casse pas tout d'un seul coup). On enlève donc au chien un certain nombre de prérogatives qu'on a pu observer pendant la consultation, comme le contrôle des allées et venues, la gestion des contacts avec les individus, notamment avec les personnes de sexe opposé.

Il s'agit, on l'a vu, d'une pathologie relationnelle (même quand il n'y a pas de problèmes affectifs majeurs). C'est pourquoi, si par exemple on est dans une famille où au moins deux prérogatives majeures de dominant sont octroyées au chien, et que cette famille repart avec deux pages de prescription, on peut être sûr qu'une fois à la maison la prescription ne sera pas suivie. On fait donc ce qu'on appelle des « thérapies des objectifs », en n'oubliant jamais que, dans un système très complexe (et là c'en est un), dès qu'on touche un petit élément, on fait bouger tout le système. La plupart du temps, on ne prescrit qu'une chose à la fois : modifier le repas par exemple.

Les repas

Concrètement, on demande aux gens de dîner avant leur chien et en sa présence. Quand ils ont fini de manger (et là seulement), ils lui donnent sa gamelle. Bien entendu, il ne faut absolument rien lui donner à table. D'autre part, ils ne sont pas obligés de rester : ils peuvent laisser le chien manger tranquillement en lui accordant 5 à 10 minutes ; une fois ce temps écoulé, ils enlèvent la gamelle.

Sur le plan comportemental, on arrive au but recherché, et, comme cela se fait de manière acceptable, le chien ne rechigne pas.

Ne pas donner à manger au chien à table

Il est fortement déconseillé de donner de la nourriture au chien lorsqu'on est à table. Dans certains milieux, les milieux ruraux notamment, c'est une tradition bien ancrée. Dans ce cas, le mieux est de placer une petite assiette sur la table qui servira à recevoir l'« aumône » que chacun veut offrir au chien : à la fin du repas seulement, on pourra donner au chien sa petite assiette.

Le panier

Sur le plan de l'espace, on demande aux gens de dessiner le plan de leur habitation pour se rendre compte des voies de circulation. Ensuite, on décide avec eux d'un lieu de couchage (comme on l'a dit plus haut, si l'habitat ne permet pas d'isoler un peu ce lieu, on interposera un objet). Répétons-le, il ne faut jamais oublier que, quand le chien fait quelque chose de mal, il faut faire une coalition pour le repousser vers son lieu de couchage et systématiquement, dès qu'il l'a atteint, arrêter les menaces et le laisser en paix. Cette mesure inquiète toujours un peu les gens, mais dès qu'ils ont essayé, ils se rendent vite compte de son efficacité.

Il y a des cas où il faut utiliser des médicaments, ce qui est souvent assez mal perçu. Si vous avez un dogue allemand qui pèse 80 kg et que vous avez déjà passé trois semaines à l'hôpital, vous serez sûrement content de voir le chien se calmer avec les médicaments. On ne donne jamais des médicaments qui suppriment totalement les manifestations agressives : on recherche plutôt un traitement qui va empêcher le passage à l'acte pour les morsures. Il ne s'agit pas de faire du chien un légume, ce qui démotiverait tout le monde.

Les contacts avec les humains de sexe opposé

Dans la sociopathie, ce sont les contacts avec les individus de sexe opposé qui sont en cause. Ici, la prescription ressemble beaucoup à celle de l'anxiété de séparation, excepté qu'elle s'adresse essentiellement aux personnes de sexe opposé : il s'agit de refuser toute interaction initiée par le chien et ce, qu'elle qu'en soit la nature (demande de caresses, appel aux jeux, etc.), même si vous avez appelé le chien. À partir du moment où une personne de même sexe que le chien entre dans la pièce, vous repoussez le chien et vous vous rapprochez ostensiblement de la personne du même sexe que le chien. De cette façon, vous jouez un jeu de proxémie parfaitement compréhensible par le chien : vous lui montrez qu'entre les deux individus qui se trouvent dans la pièce votre préférence va à cette personne et non à lui.

Cela a un sens dans le cadre d'une thérapie ; on n'est pas obligé de jouer à ce jeu fastidieux avec tous les chiens de compagnie. C'est un outil qui aide à remettre en place les règles hiérarchiques. Autant il est important de respecter ce qui est du domaine du contrôle des contacts, autant il n'est pas nécessaire d'insister sur le côté « je quitte le chien dès qu'un membre de la famille du même sexe que lui arrive ».

On s'est rendu compte d'une chose, c'est que des chiens qu'on traitait pour l'anxiété de séparation passaient directement à la sociopathie une fois qu'ils étaient guéris. À tel point qu'on peut dire que le meilleur signe de guérison de l'anxiété de séparation est l'apparition de la sociophatie ! En fait, cela veut dire que le chien a acquis un comportement d'adulte, puisque, bien évidemment, ce n'est pas un objectif thérapeutique en soi que d'en arriver là. Presque 70 % des familles qui ont tendance à développer des systèmes relationnels avec leur chien aboutissant à une anxiété de séparation sont aussi des familles qui, par la suite, vont avoir tendance à générer des systèmes relationnels qui favorisent les sociopathies, tout simplement parce qu'« on lui passe un peu tout ». Dès qu'on traite une anxiété de séparation, il faut donc mettre en place tout de suite la prévention de la sociopathie.

La durée du traitement

Le traitement dure deux à quatre mois. Mais là encore, le problème se joue dans la précocité : si vous arrivez avec un chien de 8 ou 9 mois qui a grogné une fois sur monsieur et qui a voulu embrasser madame, cela peut être réglé en à peine dix jours. La plupart du temps malheureusement, les gens attendent d'avoir quinze points de suture pour venir consulter ; dans ces cas-là, le traitement dure parfois assez longtemps. C'est pourquoi j'insiste : lorsqu'elles sont soignées très tôt, des sociopathies peuvent être réglées en huit jours. Il est très regrettable que les gens aient honte, comme pour aller consulter un pédopsychiatre. Cette sorte de pudeur est un frein à l'efficacité du traitement.

On a parlé du symptôme lorsqu'il apparaît à la puberté, mais il est bien évident que toute crise familiale peut faire émerger ce genre de situation. Le chômage en est un bon exemple : madame ou monsieur reste plus souvent à la maison en compagnie du chien, ce à quoi il faut ajouter qu'il (ou elle) peut être déprimé(e) par la perte de son emploi et se servir du chien comme d'un cataplasme affectif.

Le départ des enfants, les divorces sont d'autres facteurs possibles, etc. La dominance n'étant pas une caractéristique intrinsèque (répétons-le), elle peut être déclenchée par n'importe quel bouleversement du groupe. La prévention est donc très importante : quand on sait qu'un événement de ce genre va avoir lieu, il faut faire la liste des situations à signification hiérarchique pour le chien, et bien resserrer la vis, quand le chien a pris ses aises par-ci, par-là.

Comment rester maître chez soi

Rester maître chez soi, c'est maintenir face à son chien une position de dominant. Cela ne signifie pas qu'il faille l'affronter en combat singulier. Il faut simplement que, dans la vie quotidienne, vous observiez quelques règles.

■ *Les repas du chien*

Vous devez faire manger votre chien après vous et ne pas lui donner à manger pendant votre repas.

■ *Le lieu de couchage du chien*

Il faut l'installer dans un endroit qui ne soit pas un lieu de passage obligé (évitez les couloirs et les paliers). Lorsqu'il fait une bêtise, vous l'envoyez dans son panier sans agressivité, mais aussi sans possibilité de refus. C'est un lieu qui n'appartient qu'à lui : il ne faut pas l'en sortir ni pour le câliner ni surtout pour le corriger.

■ *Les caresses*

– Pour les mâles : à partir de l'adolescence, la maîtresse doit repousser le chien s'il se montre trop pressant.

– S'il s'agit d'une femelle, le maître veillera à ne pas trop répondre à ses avances, surtout si elle est en chaleur.

■ *Communiquer en dominant*

Pour que votre chien vous perçoive en dominant et obéisse à vos ordres :

– Prenez un ton ferme (mais sans crier), utilisez des mots brefs, évitez les longs discours.

– Votre corps doit être incliné vers l'avant, les épaules dégagées, le torse sorti.

– Vous ne regardez pas le chien dans les yeux (ce qui serait décodé comme une provocation au combat), mais vous fixez votre regard sur son dos.

➤ Ce qui peut aggraver les conflits hiérarchiques homme/chien

Il existe des facteurs humains qui peuvent augmenter la probabilité de développement de ce type de conflits. Ces situations vont même intervenir pour littéralement les figer, les incruster et en faire quelque chose, suivant la taille du chien et la nature du désordre familial, soit de cocasse, soit de franchement dramatique.

Il y a trois grands types de difficultés, de facteurs humains qui peuvent venir aujourd'hui favoriser ou compliquer ce type de troubles. On peut dire que le premier type de difficultés importantes, ce sont les conflits de couple. Le deuxième type de facteur, ce sont les grandes crises familiales, les systèmes familiaux en souffrance. Le troisième concerne les problèmes sociaux et, aujourd'hui, on est évidemment obligé de parler des difficultés économiques liées au chômage, notamment au chômage de longue durée.

Les conflits de couple

Dans les conflits de couple, on peut dire, au risque de caricaturer, que globalement le chien devient très vite l'instrument de la violence conjugale. C'est aujourd'hui une situation de quasi-routine pour les vétérinaires comportementalistes que de recevoir une personne qui amène généralement un chien de même sexe : en général, monsieur amène le chien, et madame, la chienne. Plus exceptionnellement, notamment lors de la première consultation, le couple a une demande motivée par des agressions subies par la personne qui est de même sexe que le chien, avec immédiatement une situation soit de minimisation, soit de négation de la réalité du problème par l'autre membre du couple. Négation qui peut être une véritable négation ou une minimisation dite à voix haute et devant l'autre : on ne dit pas que l'autre personne n'a pas été mordue, mais que « ça ne pouvait pas se passer autrement, compte tenu de la façon dont il ou elle se comporte ; n'importe quel chien aurait fait pareil : c'est un problème d'incompétence ». La bêtise est parfois même invoquée comme source d'explication. Généralement d'ailleurs, la difficulté pour le clinicien est d'arriver à éviter le pugilat autour de la constatation des faits.

Il y a aussi des situations, plus incrustées, plus stagnantes, dans lesquelles celui des deux qui a instrumentalisé le chien comme objet violent essaie d'instaurer une connivence avec le clinicien pour lui expliquer que tout cela n'est pas tout à fait vrai, qu'on ne va pas non plus entrer dans un conflit pour ça, que le chien n'a rien et que, peut-être, il ne faudrait pas s'occuper du chien…

Quand le chien est de petite taille, c'est préoccupant, car il n'est jamais très agréable de se faire mordre par un chien même s'il ne pèse que 1,5 kg. Mais il est évident que cela devient extrêmement grave si on a affaire à des chiens de grande taille.

Madame F., en consultation, m'expliqua que oui, c'était vrai, le chien avait mordu son mari, mais tente de minimiser l'événement. À cette époque, je n'étais pas un clinicien très expérimenté, notamment en ce qui concerne les thérapies familiales, et j'expliquai à la madame F. qu'il s'agissait d'un conflit hiérarchique, que le chien la considérait comme sa femelle et que son mari était donc à ses yeux un concurrent direct ; d'où les morsures puisqu'il essayait d'évincer ce rival importun.

Puis je lui dis de façon tout à fait directe que la situation était grave parce que, pour l'instant, les morsures étaient encore bénignes (c'était un chien qui pesait 35 kg et qui avait donc les moyens de sa politique), mais que ce comportement pouvait être extrêmement dangereux et aboutir à des blessures graves, voire pire. La dame me répondit, avec des pupilles tout d'un coup dilatées, sous l'effet évident de l'intérêt que cette hypothèse revêtait pour elle : « Ah bon, c'est vraiment dangereux ! Ça peut vraiment poser un problème. »

Ce type de situation implique toute une série de mécanismes assez étonnants : souvent, on observe des comportements qui officiellement sont faits pour calmer le chien, apaiser la situation, mais qui en réalité exacerbent le conflit. Par exemple, le chien mâle est en train d'agresser monsieur, et madame se met à côté du chien et le caresse en lui parlant à voix douce, soi-disant pour l'apaiser alors qu'elle observe que cela ne fait que décupler l'agressivité du chien qui bascule très vite dans une situation de dominance prononcée.

C'est très intéressant parce que le chien est à la fois l'indicateur de la souffrance du couple et un instrument actif de violence. Tout le travail du clinicien consiste à arriver non pas à sauver le couple, ce qui n'est pas du domaine des prérogatives ni des fonctions d'un vétérinaire comportementaliste, mais, du moins, à faire en sorte que le chien ne puisse plus être utilisé de cette façon. D'autant plus que le chien n'est pas dans une situation positive pour lui parce qu'il est évident que celui des deux propriétaires qui a instrumentalisé le chien n'a pas du tout l'intention de vivre dans un système où le chien ferait la loi. Le chien va donc être en permanence remis en question par cette personne et très vite développer ce que l'on observe systématiquement dans les conflits hiérarchiques, c'est-à-dire des problèmes d'anxiété à partir du moment où sa position est tout à fait ambiguë (comme on l'a vu page 229).

On trouve des situations de la même violence, avec en plus un autre problème, chez les chiennes. En effet, deux fois par an, le conflit devient encore plus violent : dès que la chienne est dans sa période d'ovulation, tout devient extrêmement difficile.

Un jour, je reçois en consultation madame O. avec une très jolie chienne bearded collie – que l'on appelle « collie barbu » –, un joli chien à poils longs qui, dans l'imaginaire des gens, est plutôt un chien sympathique, un nounours. Madame O. vient avec ses enfants et sa mère. Elle est dans un état de détresse affective important : plusieurs fois elle fond en larmes en m'expliquant ce qui lui arrive. En plus, elle a honte du problème auquel elle est confrontée. En fait, elle vit littéralement chez la chienne. Madame O. a toujours eu peur des chiens, et, dans la période de crise de son couple, son mari lui a offert une chienne. Il s'agissait soi-disant d'un cadeau à sa fille aînée qui à l'époque avait huit ans, mais on sait bien que, dans ces cas, c'est la mère qui est obligée de gérer le quotidien du chien. Le mari sait très bien que sa femme a une véritable phobie des chiens puisqu'il lui arrive de changer d'itinéraire si elle sait qu'elle risque de rencontrer un chien. Ce « cadeau » la met donc dans une situation difficile, mais comme son couple est en train de se dissoudre, elle se dit que cette chienne va faire tellement plaisir à sa fille qu'elle finit par l'accepter.

Comme le chiot arrive tout petit, au début, madame O. parvient à surmonter sa phobie. Le problème commence quand la chienne devient adolescente. Monsieur est parti, le divorce a été prononcé, et cette dame se retrouve avec une chienne qui devient adulte. Elle est incapable de faire face, d'abord parce qu'elle-même vit mal son divorce – elle est à l'époque traitée pour dépression. Comme en plus madame O. a peur, la chienne acquiert des prérogatives de dominante.

Au moment où je vois madame O. en consultation, elle m'explique, que lorsqu'elle est à table, il est classique que la chienne vienne lui interdire de manger et consomme le contenu de son assiette. Elle saute sur la table, s'approche en grognant, et la dame s'écarte. Madame O. a fini par s'apercevoir que si elle veut manger – et c'est là que l'on voit, par rapport à tout ce que l'on a décrit sur le comportement alimentaire, un retournement terrible mais magnifique au plan de la démonstration –, elle doit se lever et manger face au mur à toute vitesse pour être sûre de pouvoir avaler le contenu de son assiette. Avec la chienne à proximité qui intervient dès qu'il y a possibilité de voir l'assiette et de s'en saisir.

On peut dire que c'est un exemple extrême de violence post-conjugale puisque monsieur O. a réussi, d'une certaine façon, à aggraver encore le vécu par son ex-épouse de cette période de divorce.

Les crises familiales

Il existe des systèmes de crise plus complexes. Dans les crises de systèmes familiaux, ce qui est surtout très classique, ce sont les problèmes liés aux conflits de génération, notamment avec les conflits entre parents et adolescents. On observe aussi des situations de conflits hiérarchiques. Le chien n'est plus un instrument de violence conjugale, mais un instrument de violence familiale. Parfois aussi parce qu'il y a une place vacante du fait de la souffrance dans le groupe : tout le monde est présent, mais le chien va se retrouver face à une situation où plus personne n'arrive à s'affirmer.

Prenons l'exemple d'un saint-bernard que m'amènent, en première consultation, monsieur et madame V.
Monsieur V. a un discours absent : il a du mal à me parler de ce qui se passe. Madame V., en revanche, gère manifestement la situation et essaie de faire face. Le chien agresse régulièrement monsieur V. qui ne peut pas, par exemple, embrasser madame comme il veut ; il n'accepte pas que le fils de dix ans, à certains moments, s'approche du père, ne laisse entrer que qui il veut laisser entrer, ne laisse sortir que qui il veut laisser sortir. Le seul déséquilibre – qui fait du reste que le chien commence à présenter des troubles anxieux, notamment avec du léchage sur ses pattes –, c'est que madame V. n'est pas du tout d'accord. Elle sent très bien que le chien est en train de prendre le dessus. Le fils aime beaucoup le chien et elle ne veut pas s'en défaire. Mais, vu sa taille et son poids (80 kg), il présente un danger potentiel énorme : il a attaqué des gens qui voulaient entrer, des gens qui étaient invités, au portail du pavillon.

Madame V. arrive quand même à sortir de la maison ; le chien a bien essayé de l'en empêcher, mais elle a toujours eu des chiens et lui a donné une grande claque quand il a voulu l'impressionner. Du coup, se met en place une situation dans laquelle elle ne peut pas avoir confiance dans le chien mais où elle arrive à faire face car elle a vraiment la volonté de ne pas se laisser dominer par le chien.
Je prescris une thérapie classique, et je revois les gens un mois après. Échec quasi total : il n'y a pas de morsure parce que la chimiothérapie empêche le chien de passer à l'acte, mais tout le reste n'a pas changé. Donc toujours une situation de tension importante, des difficultés parce que monsieur V. ne participe pas du tout à la thérapie, et que, du coup, madame V. ne voit pas comment elle peut accepter des modifications que j'ai mises en place. Conscient du danger, j'insiste en disant que, si tout le monde ne se motive pas, je vais être obligé de proposer l'euthanasie du chien ou le placement – étant donné qu'il est jeune, on peut encore espérer le récupérer dans un autre groupe. Madame V. « craque » un peu, m'explique que ce chien sert à soutenir psychologiquement son fils qui a fait plusieurs psychothérapies. Comme la famille V. habite assez loin de l'endroit où je consulte, je les renvoie à leur vétérinaire pour des examens complémentaires notamment, et madame V. finit par parler et par révéler que la psychothérapie du jeune garçon est liée au fait que ce garçon voudrait être une fille. Il s'habille en fille dès que c'est possible, a des jeux de fille. Son père vit cela comme la malédiction suprême, il a toujours rêvé d'avoir un garçon, et il lui arrive ce qui peut advenir de pire. Pour lui, il est en situation d'échec donc il ne peut plus rien faire : il est disqualifié, non réactif, et, face au chien, il n'y a plus personne. Excepté madame V. qui, pour le chien, joue un rôle complètement aberrant parce que c'est une femme. Dans ce contexte, il y a, d'un côté, une difficulté à établir le fonctionnement du groupe et, de l'autre, le vide.

La sociopathie, le conflit hiérarchique, est ici liée au fait qu'il existe une grave crise de système avec en plus quelque chose, comme toujours dans les profondes crises de système, qui est du domaine du secret. Parce que, évidemment, on essaie de faire peser une chape de plomb sur cette situation.

Les problèmes sociaux

Aujourd'hui, on voit apparaître un autre type de problèmes, lié notamment aux situations de chômage de longue durée. Dans ces situations, ce que l'on observe très vite, c'est un système en déliquescence avec une organisation du groupe familial qui finit par perdre sa colonne vertébrale. Il y a des systèmes familiaux dans lesquels il n'existe plus vraiment ni de liens quotidiens entre les différents membres de la famille, ni de possibilité d'alliances entre les membres de la famille humaine ; c'est-à-dire qu'il y a un stress tellement profond que le groupe s'est autodévalorisé et qu'il n'y a plus de solidarité. Or cette solidarité est très importante : on l'utilise souvent en thérapie, quand il y a une sociopathie, et que le chien a pris le leadership, en expliquant aux gens qu'ils doivent faire alliance face au chien, ce qu'ils ont alors du mal à comprendre.

La situation peut être dramatique parce que – même si cela a l'air d'une évidence, il faut quand même le rappeler – la taille du chien, répétons-le, est déterminante. La marge de manœuvre quand on a affaire à un caniche nain de 5 kg n'est pas la même qu'avec un dogue allemand de 70 kg, tout simplement parce que le danger n'est pas le même.

La difficulté à laquelle un vétérinaire est confronté est la suivante : d'un côté, quand le chien est de grande taille, il est en première ligne, en termes de responsabilité ; ensuite, éthiquement, son travail n'est pas de préserver la vie du chien pour mettre les gens en situation de danger. Mais, d'un autre côté, ne pas arriver à obtenir un succès dans cette thérapie, c'est ajouter un échec de plus dans une structure qui n'en a pas besoin. C'est donc un très gros souci car il s'agit souvent d'un grand challenge thérapeutique : arriver à sortir les gens de cette situation est très difficile. En revanche, quand on arrive à rétablir la situation, c'est satisfaisant de s'apercevoir que les gens retrouvent, par ce biais-là, une certaine fierté.

Autre cas particulier : le chômage qui frappe une personne. C'est souvent le chômage du père de famille, qui avait avant une situation brillante.

Monsieur et madame S. viennent un jour en consultation avec un chien de chasse magnifique. Ce chien, un mâle de 5 ans, était, pendant quatre ans, resté à sa place, sans problème. Au cours de sa cinquième année, le chien s'est mis à changer de comportement. Monsieur S. ne peut plus rien lui dire : s'il a le malheur de lui faire la moindre remarque un peu sèche, le chien l'agresse. Madame S., certains jours, ne peut pas sortir de chez elle, si elle n'arrive pas à tromper la vigilance du chien qui passe son temps dans le couloir : elle ne peut plus faire ses courses, ou alors il faut qu'elle sorte avec lui, mais ce n'est pas toujours possible puisqu'il y a beaucoup de magasins qui n'acceptent pas les chiens. De toute façon, dans la rue, on ne peut quasiment plus parler à madame S., surtout si c'est un homme qui s'adresse à elle : le chien s'interpose et commence à le menacer. Ce chien est donc devenu un poids extrêmement lourd. Par ailleurs, le chien fait du marquage urinaire : dès qu'ils reçoivent du monde, il entre dans la pièce et lève la patte sur un meuble en présence de tout le monde. Le chien qui était vécu comme un individu sympathique jusque-là devient un vrai calvaire.

Au cours de la consultation, on tourne en rond : monsieur et madame S. disent des choses incompatibles, ce qui nous amène à revenir souvent sur un certain nombre de points. La consultation de la pathologie du comportement n'est pas un interrogatoire de police, mais l'animal a l'avantage d'être cohérent, et quand les informations ne permettent pas d'expliquer sa logique, on est obligé de revenir pour essayer de comprendre ce qui se passe. Je finis donc par apprendre que monsieur S., qui est diplômé d'une grande école prestigieuse, a perdu son travail : il avait un poste de direction très important qui leur permettait un train de vie élevé. Mais celui-ci a commencé à s'effondrer il y a un an parce que les indemnités de chômage commençaient à diminuer. Il n'a toujours pas trouvé de travail et vient d'apprendre qu'il va probablement devoir faire un peu de recyclage.

En réalité, il s'agit d'une situation d'autodévaluation, aggravée par les remarques de ses enfants, qui sont grands. La répartition des rapports d'autorité s'est complètement modifiée, et le chien occupe cet espace qui est en train de devenir vacant. On retrouve cet effet de cercle vicieux : la personne se sent déjà complètement dévalorisée, niée dans son existence, et elle se trouve face à un chien qui en rajoute encore un peu. Plusieurs fois dans la consultation, monsieur S. dit : « Finalement, je ne suis plus bon à rien, je ne suis même plus capable d'arriver à imposer ma loi à ce chien pour que la famille puisse vivre tranquillement. »

Tous ces facteurs humains jouent un rôle important dans la genèse des conflits hiérarchiques. C'est dans ces situations-là que l'on rencontre les cas les plus sévères, car les autres sont plutôt liés à la méconnaissance de ce qu'est un chien. Dans beaucoup de cas, des conflits hiérarchiques vont apparaître parce que les gens ne se doutent pas que cela existe, ils ne savent pas comment tout cela fonctionne et sont pris dans un système de double lien : d'un côté, ils aiment leur chien et, comme on leur a dit qu'un chien mordeur finit par être euthanasié, ils ne veulent pas en parler, ne veulent rien faire parce qu'ils ont peur que le vétérinaire leur dise de le piquer. D'un autre côté, ils ne peuvent pas rester avec cette bête dangereuse et sont donc obligés de faire quelque chose. C'est en fait la majorité de la population, environ 60 à

70 % des cas. Dans mon expérience, en proportion croissante, toutes ces situations de crise des structures familiales et sociales font que le chien va pouvoir prendre une place éventuellement vacante et occuper la position du leader.

Enfin, pour conclure sur les conséquences du chômage et des états dépressifs, quelle qu'en soit la cause, il faut savoir que, dans un certain nombre de cas, la personne qui est en souffrance dans la famille va avoir tendance à s'occuper davantage du chiot au moment de l'acquisition et va devenir un être d'attachement qui est lui-même hyperattaché au chiot (voir page 193). Il est évident qu'alors on va retrouver les anxiétés de séparation les plus sévères avec des tableaux cliniques qui peuvent surprendre des cliniciens non expérimentés car, souvent, les troubles vont se révéler tardivement.

Il y a toute une période pendant laquelle la personne ne trouvant pas de travail reste à la maison – ou bien la personne est toujours en état dépressif et en traitement –, donc le chien n'est pas en état de séparation. Et c'est au moment où la personne trouve du travail qu'elle commence à sortir de la dépression : comme elle va maintenant à l'extérieur, soit pour travailler, soit parce qu'elle reprend goût à la vie sociale, la clinique des troubles du chien explose littéralement, et le chien commence à tout casser à la maison.

Souvent, ce n'est pas parce que les gens sont sortis de la dépression ou parce qu'ils ont retrouvé du travail que leur hyperattachement au chien a été résolu. C'est pourquoi on a beaucoup de difficultés à mettre en place une thérapie, parce qu'ils n'ont pas envie de rompre le lien. Notre travail est de les amener à le faire, évidemment sans les prendre « de front », ce qui ne servirait à rien. Ce n'est pas parce qu'on va « secouer » les gens et leur dire : « Vous n'avez pas le droit de faire ça », qu'ils vont changer de comportement. Le tout est d'utiliser toutes les techniques de thérapie systémique pour arriver à faire en sorte que, petit à petit, quelque chose bouge dans un sens favorable pour l'équilibre du groupe.

Les conflits hiérarchiques entre chiens

On a parlé des conflits hiérarchiques entre l'homme et le chien, mais il va de soi qu'il peut y avoir un conflit entre deux chiens, le symptôme majeur étant les bagarres (bien sûr, tous les combats entre chiens ne sont pas des sociopathies). On verra apparaître des bagarres autour de la nourriture, à propos des contacts avec le propriétaire, et lorsque deux mâles se retrouvent aux côtés d'une chienne en chaleur (des chiennes en chaleur auront aussi tendance à se bagarrer plus souvent).

Il faut noter qu'il n'y a pas de sociopathies spontanées entre chiens : celles-ci n'apparaissent qu'avec l'intervention d'une présence humaine (ou les conditions de vie créées par l'être humain). Chez les chiens de compagnie, la grande source de difficulté provient du mythe de l'égalité : les gens font des transpositions hasardeuses en appliquant aux chiens ce qu'ils essaient de mettre en place avec leurs enfants. J'entends souvent en consultation des remarques comme : « Vous savez, moi, je ne fais aucune différences entre eux, ils ont droit à la même chose… » Très bien pour les enfants, mais pas pour les chiens… Vous devez bien comprendre que vous ne pouvez pas demander à votre chien de vivre dans un système d'égalité. Dès lors qu'il y a deux chiens, il y aura nécessairement un dominant et un dominé.

Si vous n'intervenez pas, il peut y avoir quelques accrocs (ça grogne, on s'attrape par la peau du dos, on se secoue, on s'attrape la gorge, etc.), et généralement, si personne ne s'en mêle, c'est l'affaire de quelques minutes. À partir de là s'établit un premier rapport hiérarchique, qui pourra d'ailleurs changer plus tard. Le problème, c'est que ce genre de scène est assez effrayant : les gens voient les deux chiens s'empoigner et sont littéralement affolés, d'autant plus que le combat veut que l'un des deux chiens soit plaqué au sol. Et comme le dominant attrape l'autre par l'encolure ou par la gorge, ils sont persuadés que le chien veut briser les vertèbres de l'autre, ou bien lui trancher la carotide ou la jugulaire, ce qui n'est pas du tout le cas. Anatomiquement, on se rend compte que tout est prévu : une peau lâche qui permet une prise facile et une traction qui fera basculer le chien au sol pour le mettre en position de soumission. Quand les chiens sont normalement socialisés, il y a contrôle de la morsure, et quand personne ne s'en mêle, quatre-vingt-dix fois sur cent, il n'y pas de blessure, et s'il y en a, elles sont sans aucune gravité.

Mais dès que l'être humain s'en mêle, le chien bloque tous les systèmes de soumission et d'apaisement du combat. On entre donc dans une situation qui n'a pas d'issue et on a deux chiens en état d'hypervigilance qui se guettent et finissent par passer leur temps à épier ce que fait l'autre. Le résultat de cette atmosphère, c'est que la moindre chose, comme une cuillère qui tombe à terre, va provoquer une bagarre. Certains croient pouvoir résoudre la situation en mettant chaque chien dans une pièce différente, et là, c'est l'escalade… À cela, ajoutons que les gens veulent souvent que leurs chiens mangent à la même heure et interviennent, avec des conséquences dramatiques. À partir de ce moment-là, tout dépend du stade d'avancement auquel on va pouvoir intervenir au plan thérapeutique.

Que faire quand deux chiens se battent ?

Il y a une règle à respecter : dès que deux chiens commencent à grogner et que leur poil se hérisse, vous tournez le dos et vous ne regardez pas. Un peu comme pour les bagarres de garçons : elles prennent des proportions de plus en plus inquiétantes à mesure que les gens s'attroupent autour d'eux pour les regarder. Il ne faut jamais prêter attention à ces combats, d'autant plus que c'est la première fois qui déterminera la suite.

Si on se détourne, on observe immédiatement que le combat retombe comme un soufflet. Chez les chiens de compagnie qui vivent à plusieurs dans un appartement, la quasi-totalité des combats se produisent en présence des maîtres, jamais en leur absence.
La solution à éviter, le seul cas dangereux, c'est l'enfermement. Il faut toujours que l'autre puisse se retirer, sinon il y aura des combats récurrents parce qu'il n'y aura pas de possibilité de s'espacer : il faut que le vaincu puisse se retirer.

Tout cela est valable quand on en est au stade de l'hypervigilance, avec des chiens qui guettent absolument tout sans qu'il se passe rien de grave, mais à partir du moment où les situations sont largement modifiées, quand notamment les chiens sont séparés chacun à un bout de la maison depuis des semaines, on devra de nouveau associer une thérapie avec des médicaments pour diminuer l'état d'anxiété des animaux et augmenter leur niveau de contrôle. Cela afin d'empêcher le passage à l'acte d'agression immédiate : il ne s'agit pas du tout de sédatifs, simplement, les animaux restent en phase de menace et ne vont pas plus loin.

On repère très bien, dans ce genre de situation, que, finalement, il y avait un des chiens qui mangeait lentement, par exemple. C'est de cette façon qu'on arrive à identifier celui des deux qui se plaçait spontanément en dominant dès le début. Alors on essaie de restaurer son statut de dominant. Il est important de comprendre qu'on fait cela pour qu'il y ait une interaction entre les deux chiens. Après, il ne faut plus s'en mêler : ils devront manger dans un endroit où il n'y a personne pour se mêler de leurs interactions. Ainsi, ils pourront établir une relation hiérarchique.

Le seul cas où les choses sont vraiment très difficiles à gérer, c'est quand il y a eu mort de l'un des deux chiens ; la plupart du temps, on conseille aux gens d'éviter de prendre un autre chien.

Non parce qu'on n'arrive pas à résoudre la situation, mais parce que, après, la situation d'interaction propriétaire/chien devient tellement complexe qu'il vaut mieux qu'il n'y ait qu'un seul chien à la maison. Il est vrai que c'est un peu dommage, parce qu'on arrive en fait très bien à traiter ce genre de cas, mais on peut comprendre que les gens soient un peu crispés pour entamer une thérapie.

Les phobies sociales

On regroupe dans cette entité clinique des situations d'interaction, où l'animal est confronté à un autre être vivant (homme ou animal) et qui déclenchent des réactions émotionnelles violentes, comme la fuite ou l'attaque. Les deux grands groupes d'interactions qui posent problème à certains chiens sont :

– d'une part les situations où le chien est incapable de supporter les êtres humains qui s'approchent directement vers lui,

– d'autre part les situations de rencontres directes entre chiens, par exemple, nez à nez dans la rue, en laisse la plupart du temps.

➤ Pourquoi le chien a peur des interactions

La réaction de retrait est normale, la première fois. Mais, dans la phobie sociale, en dépit de la répétition de ce genre d'événement, le chien ne progresse pas : il est incapable de s'adapter. Bien au contraire, il va paniquer de plus en plus et avoir des réactions de plus en plus violentes. Les facteurs aggravants viennent, comme la plupart du temps (il ne s'agit évidemment pas d'une entreprise de culpabilisation), des entreprises malencontreuses de la part des propriétaires. Souvent, ils anticipent l'éventuelle crainte du chien.

On retrouve beaucoup cette attitude chez les chiens de grande taille dont le maître craint l'agressivité : il y a souvent une corrélation entre les phobies sociales chez le chien et chez le maître. Contrairement à ce qu'on croit, il n'est pas du tout prouvé que le chien sente la peur de son maître, mais si celui-ci craint les contacts trop directs, s'il a peur dès que quelqu'un les aborde dans la rue, il va exercer une pression sur le collier du chien, il aura une gestuelle affolée, et mettra en garde toute personne qui voudra s'approcher du chien. Résultat, le propriétaire est très tendu, le chien de plus en plus crispé, et, malgré tout, en général dans ces moments-là, le maître caresse son chien. C'est un cercle vicieux : le propriétaire anticipe un drame chaque fois qu'il croise quelqu'un, et le chien est toujours près à attaquer avec la bénédiction du maître qui le caresse, croyant ainsi le rassurer.

➤ Le traitement

On traite presque toujours avec des médicaments pour diminuer l'état d'alerte du chien et on met en place des jeux pour amener le chien vers ce qu'on appelle le « contre-conditionnement ». C'est-à-dire qu'on crée une situation de jeu qui va inscrire le chien dans une émotion positive, puis on le met dans un contexte où il se retrouve avec l'interaction qu'il ne supporte pas (quelqu'un qui arrive vers lui, quelqu'un qui se penche vers lui) pour l'amener à ne plus réagir de façon apeurée, soit par des tentatives de fuite, soit par des tentatives d'attaque.

Même problème avec les chiens entre eux, notamment avec les chiens de petite taille dans la mesure où beaucoup des propriétaires de ces petites bêtes ont la hantise de la rencontre avec un chien de grosse taille. Ils font alors ce que j'ai l'habitude d'appeler de l'« hélitreuillage de chien », c'est-à-dire qu'ils relèvent vite le chien par le harnais et le gardent dans les bras. Le chien n'est pas capable de faire l'opération mentale qui permet de comprendre qu'on peut avoir peur de ce que l'autre pourrait faire. Il fait l'association : « On rencontre un autre chien : c'est l'état d'alerte. » Et comme toujours, pour le calmer, le maître le caresse.

Si on ne le soigne pas, le chien va subir une véritable désocialisation, c'est-à-dire qu'il deviendra incapable de se comporter normalement avec ses congénères.

Sur le plan thérapeutique, il y a là aussi des solutions très simples qui associent des thérapies de contre-conditionnement, des thérapies par le jeu avec des médicaments. La difficulté qu'on rencontre, c'est la non-demande de soins, de la part des propriétaires, pour les chiens de petite taille parce qu'ils s'accommodent très bien de cette situation.

Les phobies sociales, quand on fait le bilan, sont relativement sous-représentées, parce que les gens consultent moins lorsqu'il s'agit de problèmes entre chiens : ils viennent plus volontiers quand eux-mêmes sont mis en danger.

Le chien et les enfants : comment prévenir les accidents ?

Pour parler de la prévention des accidents, quelques points de repère sont nécessaires.

➤ Les statistiques : qui est mordu ?

Si l'on regarde comment se répartit la population des enfants mordus par les chiens, on constate qu'il y a deux tranches d'âge plus fréquemment touchées (cela ne veut pas dire que tous les autres enfants ne risquent rien, mais qu'il y a deux périodes de danger maximal).

– Première population : les enfants qui ont entre neuf mois et deux ans (on peut aller jusqu'à trois ans). Il s'agit en fait des jeunes enfants qui commencent à avoir une autonomie motrice, d'abord à quatre pattes puis en locomotion bipède.

– Puis une seconde population qui a entre douze et quinze ans.

Dans ces deux populations, en dehors de l'âge, il y a des éléments de sexe qui interviennent :

– Chez les petits, ce sont plutôt les garçons qui sont mordus – il n'y a pas un énorme décalage, mais ce sont plus souvent les garçons.

– Dans le second groupe, ce sont plus souvent les filles.

Autre facteur qui intervient :

– Le premier groupe est mordu généralement par un chien qui appartient à la famille au sens large du terme : soit c'est le chien de la famille nucléaire, soit c'est le chien des grands-parents. Donc, un chien régulièrement fréquenté.

– Pour la seconde population, ce sont plutôt des morsures de chiens inconnus, rencontrés dans la rue.

Quatrième information épidémiologique, très intéressante aussi :

– Le premier groupe présente des morsures essentiellement au visage, pour les plus petits, jusqu'à ce qu'ils marchent à peu près correctement. Dès qu'ils sont un peu plus grands, on associe les mains et les bras.

– Dans le second groupe, ce sont des morsures au visage, surtout localisées autour de la bouche, et très rarement des morsures à la main.

Comment interpréter ces données ? Quelle prévention peut-on définir ?

➤ Prévenir les morsures sur les tout-petits

En fait, chez les petits enfants, il s'agit de morsures qui, dans l'immense majorité, sont ce qu'on appelle des « morsures en dessous des meubles ». Dans le récit de cette morsure grave, on retrouve toujours le même scénario : l'enfant essaie d'établir une interaction avec le chien, les parents ne s'en sont pas mêlés, et, à un moment donné, le chien passe sous un meuble. L'enfant le suit et là : hurlements et morsures.

Des études ont été réalisées par différentes équipes de psychologues et d'éthologues – notamment l'équipe de Besançon il y a une dizaine d'années –, qui ont montré que les enfants, avant l'âge de trois ans, ne sont pas capables de décoder les signaux émis par le chien et notamment les signaux de menace. Comme on l'a vu, dans cette période-là, généralement les petits enfants veulent établir un contact avec le chien ; le chien va, à plusieurs reprises, essayer de rompre le contact en envoyant des signaux de menace pour se soustraire au contact (retroussement de babines, petits grognements…) qui ne sont pas interprétés par l'enfant. L'accident va avoir lieu au moment où le chien essaie de se mettre dans un coin pour se cacher et où le contact est forcé, dans un environnement où il n'a plus de possibilité de se soustraire.

Ces accidents sont évidemment toujours dramatiques car ils se passent dans un endroit fermé, avec une composante importante de type agression par peur ou agression par irritation de la part du chien : il s'agit donc d'agressions mal contrôlées surtout pour l'agression par peur. Comme les enfants sont généralement à quatre pattes, les morsures portent presque toujours au visage. Les parents, évidemment, se précipitent pour résoudre le problème, ce qui, dans un premier temps, aggrave l'état de stress du chien : le temps qu'ils arrivent à attraper leur enfant, il y a souvent d'autres morsures. Répétons-le, ces morsures-là sont des morsures toujours graves, avec des délabrements ou des pertes de substance.

Morsures de petits enfants : les cas où il faut plus particulièrement se méfier

Qu'est-ce qui a tendance à prédisposer au risque de morsure ? Comme on l'a dit, le chien mord parce qu'il n'a pas pu se soustraire au contact que cherchait à établir un petit enfant. Or il faut savoir que plusieurs éléments favorisent l'irritabilité du chien de telle sorte qu'il a particulièrement tendance à éviter les contacts :
- les troubles de socialisation à l'espèce humaine ;
- les états d'anxiété ;
- les états de douleur chronique : tous les animaux qui présentent une lésion douloureuse qui n'a pas été traitée, que ce soient des problèmes articulaires, des problèmes d'otites, notamment chez le cocker qui a souvent des otites chroniques, toutes les pathologies chroniques du pourtour de l'anus, extrêmement fréquentes chez le berger allemand qui souffre de fistules anales chroniques et très douloureuses ;
- les atteintes sensorielles, c'est-à-dire tout ce qui est altération de la vue, altération de l'ouïe ;
- les situations de conflit hiérarchique chroniques dans lesquelles le chien n'arrive plus à s'organiser dans le groupe : dans ce cas, les interactions avec les enfants peuvent être une situation anxiogène pour lui.

Ce qui est particulièrement consternant, c'est que, lorsqu'on discute avec les parents après l'accident, on s'aperçoit qu'il est le énième d'une longue série de petits accidents avortés. En outre, l'issue est généralement l'euthanasie du chien qui ne peut se faire immédiatement, puisque, légalement, il faut un délai de quinze jours : en effet, l'animal est considéré comme mordeur, et, dans le cadre de la protection contre la rage, on doit attendre ce délai de surveillance médicale pour savoir si le chien présente une dégradation de son état général ou s'il meurt. S'il est enragé et qu'il a mordu, dans les quinze jours, il va décéder. Pour protéger les personnes et pour entamer un traitement antirabique, on a donc besoin de cette surveillance.

Cela veut dire que la famille qui a été traumatisée par cette histoire dramatique va devoir, pendant quinze jours, garder son chien, tout en sachant que, passé ce délai, il va être euthanasié. Dans la pratique, assez souvent, ils renoncent à l'euthanasie : à chaud, ils la veulent, mais, au bout de quinze jours, c'est déjà un peu différent.

Plus l'enfant grandit, plus il approche les deux-trois ans, plus tout cela est difficile car la première chose que fait l'enfant en rentrant de l'hôpital, c'est de recommencer à caresser son chien. Plus l'enfant est capable de faire des associations et de comprendre ce qui se passe, moins il supportera la disparition du chien.

Pour toutes ces raisons, généralement, on préfère voir le chien en consultation et le traiter, chaque fois que c'est possible. Mais il est vrai que l'on a souvent une sensation de frustration et de déception, car si ce chien avait été pris en main beaucoup plus tôt, quand il a commencé simplement à grogner sur l'enfant – période où les gens se sont contentés de donner éventuellement une claque au chien ou d'attraper leur enfant en disant : «Tu l'embêtes, c'est normal qu'il grogne» –, on aurait réussi à éviter l'accident.

Attention !

Le premier conseil de prévention est donc le suivant : tout chien qui grogne de façon répétée sur un enfant en bas âge – j'insiste bien sur les enfants en bas âge, en tout cas sur les enfants au sens propre du terme, c'est-à-dire avant la puberté –, doit être examiné par un vétérinaire.

Heureusement, les parents sont de plus en plus vigilants, et l'on voit même de temps en temps des excès d'inquiétude. Je me souviens d'avoir vu en consultation un petit scottish terrier qui avait mordu à la main un enfant pendant une fête d'anniversaire. En fait, les enfants avaient traqué le chien en jouant à « la chasse au chien » pendant des heures ; à un moment donné, le chien, attrapé méchamment par l'oreille, a donné un coup de dents à l'enfant. Il n'y a pas eu de gros dégâts, mais les parents ont eu très peur. Mon travail, en consultation, était de les rassurer en leur expliquant plutôt comment on éduque les enfants à ne pas faire ce genre de choses. Malheureusement, on ne voit ceux qui ont des problèmes réels qu'une fois qu'il y a des points de suture.

Ne laissez jamais un enfant seul avec un chien

Dans tous les cas de figure, même quand tout est parfait – chien dominé, socialisation parfaite, animal sympathique avec tous les enfants –, vous ne devez pas considérer qu'un chien, même s'il a la tête de l'emploi, est une nurse. Avant l'âge de dix ans, on ne laisse jamais un enfant seul avec un chien. Pourquoi ?

– Premier point : le risque est énorme car, quoi qu'il arrive, le chien est un prédateur : c'est un animal qui a un équipement anatomique pour pouvoir infliger des blessures, et même si le niveau de contrôle de ses réactions est celui d'un animal très évolué, très sophistiqué, il y a des garde-fous dans le passage à l'acte qui n'existent pas.
– Second point : on le laisse avec un petit être humain qui n'a pas encore tous ses propres contrôles et peut être tenté de faire un certain nombre de choses que l'animal va mal supporter, qui peut ne pas bien interpréter les signaux du chien, et, donc, on réunit tous les ingrédients pour un accident.
Il vaut mieux pécher par excès de précaution : il faut absolument toujours qu'il y ait un adulte présent. Sans sombrer dans la paranoïa, il ne faut pas oublier que le chien est un loup modifié.

➤ Les adolescents mordus

Le deuxième cas de morsures par un chien étranger concerne surtout des adolescentes et des préadolescentes. Généralement, le scénario est le suivant : un chien est rencontré dans la rue ou ailleurs, attaché en laisse ou non. Dans cette tranche d'âge, il suscite beaucoup d'envies de faire des bisous. L'adolescente s'approche donc pour embrasser le chien qui se met à la mordre au visage.

Il est sûr que la prévention concerne cette fois moins le chien que l'éducation donnée aux enfants : la meilleure prévention est de leur expliquer dès le départ ce qu'est un chien, comment il fonctionne.

Prévenir les morsures : ce qu'il faut expliquer aux enfants et aux adolescents

– Éviter d'embrasser les chiens : le baiser n'est pas vraiment une interaction classique dans cette espèce – le seul animal, en dehors de l'homme, qui fasse des bisous est un grand singe et il est rarement un animal de compagnie.

– Privilégier une interaction d'un autre type : on appelle le chien, le chien vient établir le contact. Ou bien il y a d'abord des caresses et on peut ensuite être un peu plus caressant, mais toujours en regardant bien si le chien commence à se crisper : s'il essaie de se retirer, on n'insiste pas. Surtout quand c'est un chien qui ne fait pas partie du groupe familial.

➤ Les chiens qui attaquent les enfants

Dernier cas de figure : les chiens qui attaquent les enfants, c'est-à-dire qui font véritablement de la prédation sur enfants. Tous les ans, on en recense quelques cas : ce sont des histoires terribles de bambins qui rentrent de l'école ou qui sont partis jouer entre copains. Ils tombent sur deux ou trois chiens qui commencent à courir, à les attaquer et sont à l'origine – quand l'histoire ne se termine pas plus mal car il y a parfois décès de l'enfant – de morsures en quantités très importantes. Je me souviens du cas d'une petite fille qui, en rentrant de l'école, avait été attaquée par trois chiens et qui avait des morsures de la plante des pieds à la racine des cheveux.

Malheureusement, l'enfant ne peut pas faire grand-chose car il est très facile de dire qu'il ne faut pas se mettre à courir une fois que le chien commence à traquer, qu'il faut au contraire rester le plus immobile possible, mais c'est quasiment infaisable en pratique. Même pour un adulte.

La prévention doit se faire au niveau de la société dans la mesure où il s'agit systématiquement de chiens détenus par des gens qui ne les ont pas socialisés à l'espèce humaine ; souvent, ce sont des chiens destinés à garder un bien immobilier, et le jour où ils sortent par inadvertance, ils sont à l'origine d'accidents graves.

Autre exemple dramatique : la prédation des chiens sur les bébés. Ainsi, certains chiens de chasse vivent en chenil toute l'année et n'ont jamais eu une socialisation complète à l'espèce humaine. Pour eux, un bébé gesticulant dans son couffin n'est rien d'autre qu'une grosse proie extrêmement intéressante.

On voit régulièrement en consultation des gens qui ont des bébés qui commencent à marcher à quatre pattes. Par ailleurs, ils ont un chien ou des chiens, notamment des fox à poil lisse, des jagdterriers, ou d'autres races utilisées à la chasse et rarement socialisées à l'espèce humaine de façon correcte, sauf quand l'éleveur revendique le côté chien de compagnie. Ils nous décrivent que le chien a présenté un état d'excitation très fort en présence du bébé puis commencé à sauter et à tomber avec les pattes avant tendues à côté du bébé, voire à donner des coups de pattes sur l'enfant. Là, c'est vraiment l'alerte rouge. Il s'agit d'un comportement de prédation sur petite proie : cela veut dire que le chien considère l'enfant comme une proie potentielle. Si vous n'êtes pas à proximité, il peut y avoir un accident gravissime.

Aujourd'hui, nous sommes incapables de faire disparaître ces comportements de prédation. Au mieux, il peut y avoir placement du chien et retour dans un effectif de chien de chasse ; s'il n'y a pas d'autres solutions, c'est l'euthanasie car il n'est pas question de garder un bébé à côté d'un chien qui a ce type de comportement.

On ne voit pas ce comportement que sur des chiens de chasse ; j'ai encore en tête l'exemple d'un rottweiler qui, à l'arrivée du bébé à la maison, a commencé à manifester un état d'excitation terrible dans la chambre où il y avait le berceau. Dès que les parents ont tourné le dos, il a foncé sur le berceau pour essayer de dévorer le bébé.

Les chiennes peuvent-elles représenter un danger pour un nouveau-né ?

Dans les cas de conflit hiérarchique entre une femme et une chienne (voir page 241), il peut y avoir deux cas de figure lors de l'arrivée d'un bébé.

– Soit la chienne essaie d'accaparer le bébé et empêche la mère de s'approcher de lui, ce qui génère des situations très compliquées parce que plus le bébé pleure, notamment s'il a faim, plus la chienne est en état d'alerte et moins la mère peut s'approcher. Malheureusement, au début, les gens sont très attendris car la chienne se couche à côté du berceau et commence à réglementer l'accès au berceau en laissant passer généralement son maître et personne d'autre. C'est en fait extrêmement dangereux.

– Soit la chienne peut s'attaquer au bébé, notamment s'il existe une situation de challenge vraiment très ambiguë. Car, de même que les chiennes entre elles peuvent mettre à mort des chiots, il peut y avoir attaque sur le petit de l'homme.

Si on veut essayer de transposer ce comportement en termes de sentiments humains, on peut dire que c'est une espèce de jalousie, mais on retrouve des situations qui sont très proches des infanticides chez les lions : quand un mâle devient dominant, il tue toute la descendance du dominant précédent, y compris, si c'est nécessaire, la mère qui s'interpose. Cela est aussi décrit chez les chimpanzés, et dans différentes sociétés. Évidemment, dans la cohabitation entre le chien et l'homme, c'est tout à fait redoutable.

La prévention à la naissance d'un bébé

– Pour une bonne prévention lors de l'arrivée d'un bébé, parlez avec votre vétérinaire, afin de vous assurer que votre chienne est dans une position hiérarchique correcte pour accepter l'arrivée du bébé. Si elle est en position de soumission, il n'y a pas de problème. La seule chose que la naissance d'un bébé peut provoquer chez elle, c'est une lactation de pseudo-gestation (voir page 218) qu'on a les moyens de traiter.

– D'autre part, assurez-vous que la socialisation de votre chien à l'espèce humaine est complète et qu'il n'y a pas de risque que le chien ait tendance à considérer le bébé comme une proie.

CHAPITRE 5

Le chien âgé

Ces dernières années, on a observé une plus grande fréquence des troubles comportementaux chez le chien âgé. En effet, comme chez l'homme, l'espérance de vie du chien a augmenté : il est maintenant assez fréquent de voir des chiens de 15 ans ou plus ; même les chiens de grande taille peuvent vivre plus de 10 ans. D'où les troubles liés à l'usure, concernant, notamment chez le mammifère, ce qui vieillit le plus mal : le cerveau.

Que se passe-t-il au moment du vieillissement ?

Avec le temps, la vie relationnelle du chien devient de plus en plus pauvre, au point que certains propriétaires se demandent s'il faut maintenir en vie un animal qui n'a quasiment plus d'échange avec son entourage. Le vieillissement cérébral préoccupe beaucoup les médecins et les vétérinaires, tout simplement parce que, même si le corps va bien, les intercommunications deviennent de plus en plus difficiles, ce qui génère des problèmes dans les relations et la vie familiale.

Les cellules

Le cerveau est l'organe de traitement des informations qui doivent passer de cellule en cellule. Ces échanges d'informations impliquent des phénomènes chimiques assez complexes que je vais essayer de décrire le plus simplement possible afin que vous puissiez comprendre le processus du vieillissement.

Les substances qui passent d'une cellule à l'autre sont appelées des *médiateurs* et doivent trouver des structures à l'intérieur des cellules qu'on appelle les *récepteurs.* On pourrait dire qu'il y a le message et sa boîte aux lettres.

Pour que tout cela fonctionne, il faut que l'ensemble des composants soit dans un état idéal. Le premier outil est la membrane, c'est-à-dire l'enveloppe qui renferme le contenu de la cellule : c'est l'espèce de gel qu'on appelle le « cytoplasme » et le noyau de la cellule (la structure la plus noble). La membrane n'est pas seulement un système d'emballage, c'est une structure très complexe qui permet l'échange avec le milieu extérieur. Cette membrane est faite de substances qu'on appelle des « lipides » (des corps gras) qui vont former une double couche séparant l'intérieur de la cellule du milieu extérieur. Cette double couche de lipides est elle-même composée de substances qui lui assurent une certaine fluidité : c'est-à-dire que (là réside l'originalité) c'est un système d'emballage qui est fluide dans sa structure, donc capable de bouger. Cette capacité à bouger est très importante parce que les capteurs des messages cellulaires (les protéines) doivent pouvoir coulisser sur la membrane. Il faut se représenter un système comme un double lit de billes : une surface de base qui est la surface des lipides, et, au milieu de cette surface homogène, des grosses masses qui doivent pouvoir se déplacer pour se rendre sur des parties de la cellule qui ont besoin d'avoir des échanges particuliers.

C'est donc un système fluide, dynamique et qui n'est pas homogène dans sa surface, c'est-à-dire que les récepteurs qui servent à recevoir les informations cellulaires ne sont pas répartis de façon régulière à la surface de la cellule. En fait, les récepteurs viennent se mettre sur des zones d'échanges tout simplement parce qu'il y a un contact avec une autre cellule qui va envoyer une information (on appelle cela, dans le jargon de la physiologie cellulaire, des « microdomaines »). Ce système est adaptable, chaque microdomaine va avoir besoin d'un certain type de récepteur à certain moment, et, en permanence, cela doit pouvoir bouger.

Ces déplacements (se rapprocher ou s'écarter d'un microdomaine), les récepteurs ne peuvent les effectuer que si la partie lipidique de la membrane est fluide. Or le vieillissement est caractérisé par le fait que ces membranes, comme toutes les structures biologiques, sont obligées de renouveler leurs composants en permanence ; au cours du vieillissement, la membrane va incorporer des lipides particuliers qui lui font perdre sa fluidité et qui la rigidifient.

Quand on va décrire, au plan comportemental, ce que peut être la conséquence du vieillissement, on va dire la même chose : c'est-à-dire que le vieillissement se caractérise par une perte d'adaptabilité, une « rigidisation » comportementale.

Conséquence de la perte de la fluidité membranaire : la cellule peut moins faire face aux différentes situations de crises ou de stimulations violentes, d'où la difficulté à s'adapter. L'autre conséquence, c'est qu'à l'intérieur même de la cellule cela gêne considérablement les fonctions de survie et notamment les neurones. Or le neurone est une fonction très dépensière, qui a besoin de beaucoup d'oxygène et de beaucoup de glucose pour pouvoir échanger très vite au niveau membranaire afin que les fonctions vitales puissent être assurées. Dans les cellules nerveuses vieillissantes, tout se passe moins bien, avec des phénomènes de souffrances cellulaires et enfin des morts cellulaires : des cellules meurent, et, malheureusement pour le sujet âgé, il y a des noyaux du cerveau qui souffrent plus que d'autres, et ce avec des variations individuelles – on verra qu'il y a des races qui souffrent plus que d'autres.

Il est important de rappeler, quand on parle de mort cellulaire, qu'en tant que tel le neurone n'est jamais remplacé. Ce qui peut se passer, c'est que d'autres cellules qui se trouvent à côté peuvent éventuellement remplacer les connexions, si c'est une cellule qui a la capacité de se connecter avec des tas d'autres cellules. Cela arrive de façon importante pendant le développement où les cellules nerveuses s'interconnectent de façon importante – effectivement, un tissu nerveux ne vaut que par ses connexions, exactement comme un circuit électronique. Ces phénomènes de remplacements, qui peuvent s'opérer tout au long de la vie, se font moins bien chez le sujet âgé. Un chien de 3 ou 4 ans qui perd des cellules nerveuses a des possibilités de récupérations fonctionnelles non négligeables, mais, s'il les perd à 10 ans, c'est évidemment une autre affaire.

Le cerveau

Ce qu'on vient de décrire au sujet des cellules nerveuses concerne également l'ensemble du cerveau, avec toute une série de conséquences fonctionnelles.

➤ Les conséquences du vieillissement sur le fonctionnement du cerveau

Dans le cerveau, il existe des noyaux cérébraux liés à des fonctions particulières, des plus élémentaires, comme le contrôle du tonus musculaire, aux plus complexes, comme la gestion des informations visuelles ou auditives. Ces noyaux cérébraux ont tendance à utiliser le même système neuromédiateur[1] ; on ne peut donc pas dire qu'un neuromédiateur soit lié à une fonction comportementale ou à une fonction cérébrale. En revanche, les cellules qui utilisent tels ou tels neuromédiateurs sont plus ou moins associées à des fonctions précises.

Ce rapport des neuromédiateurs avec les fonctions somatiques, corporelles et physiologiques ou avec les fonctions comportementales va nous permettre de comprendre ce qui se passe au niveau du vieillissement. Malheureusement pour le chien âgé, toutes les structures cérébrales n'ont pas le même rythme de dégradation. En particulier, il semble bien que, chez le chien (mais l'avenir peut nous faire changer d'avis puisqu'on travaille encore sur le sujet à l'heure actuelle), l'un des systèmes neurotransmetteurs le plus dégradé au cours du vieillissement soit le système qui utilise une substance particulière : la dopamine.

---

1. Un neuromédiateur est une substance chimique qui permet aux cellules de communiquer et qui assure la circulation de l'information.

Ce système dopaminergique intervient beaucoup, notamment dans les fonctions de contrôle (contrôle de la motricité) et dans tout ce qui est du domaine de l'anticipation – c'est ce qui fait, par exemple, qu'un chien qui vit dans un foyer arrive très bien à reconnaître les petits signes qui précèdent le départ des membres de la famille. Si ce système dopaminergique se dégrade quand il vieillit, le chien sera moins capable d'anticipation. C'est pourquoi les gens ont toujours l'impression que leur chien ne s'intéresse plus à rien. En fait, il s'intéresse aux choses qui l'entourent, seulement il lui faut plus d'informations pour réagir. Il y a aussi un moins bon contrôle du tonus musculaire, ce qui fait que le chien paraît plus maladroit ou plus brutal.

Tous les autres systèmes sont également touchés lors du vieillissement (la sérotonine, la noradrénaline), mais il y a une plus grande mort cellulaire dans les noyaux qui utilisent la dopamine.

➤ Les plaques amyloïdes

Au niveau cérébral, on peut aboutir à une pathologie quand on voit apparaître des structures qui sont malheureusement tristement célèbres chez l'homme : les plaques amyloïdes. Ces plaques amyloïdes sont des dépôts d'une substance (la substance amyloïde) qui apparaît au microscope sous forme de plaques sur les tissus nerveux. On trouve ces plaques chez les patients qui souffrent de la maladie d'Alzheimer. Cette maladie entre dans le cadre de ce qu'on appelle les « démences séniles » qui constituent des pathologies très invalidantes.

Il y a quelques années, des chercheurs japonais, puis américains, ont mis en évidence la présence de plaques amyloïdes chez le chien. Ces chercheurs étaient des spécialistes de l'histologie (c'est-à-dire l'étude des tissus) et il n'étaient pas capables de d'associer cette découverte avec les anomalies comportementales chez l'animal – il s'agit en effet d'une découvertes de salle d'autopsie faite par des gens qui n'ont pas la moindre information sur l'animal. Plus récemment, en France, on s'est aperçu que, si on confronte la présence de ces plaques amyloïdes avec l'analyse du comportement de l'animal, on remarque que les animaux possesseurs de ces plaques amyloïdes ont des troubles cognitifs (tout ce qui concerne le traitement de l'information et tous les mécanismes d'apprentissage). Au début, on peut croire que le chien est sourd : il n'est plus capable d'associer l'information auditive avec un comportement à exécuter. D'autre part, ce sont des chiens qui se remettent à faire leurs besoins n'importe où, comme quand ils étaient chiots.

La découverte de ces plaques amyloïdes chez le chien a tout de suite fait réagir les médecins, car ils sont toujours à la recherche de modèles spontanés. Ils ont bien, en laboratoire, des souches de souris âgées (qui sont d'ailleurs sélectionnées pour vieillir plus vite), mais cela ne ressemble pas beaucoup, cliniquement, à ce qui se passe chez l'homme âgé, et, de surcroît, le milieu de vie de ces souris est incomparable. Par ailleurs, le développement de la maladie est très spécifique chez le rongeur et cela ne donne pas des informations extraordinaires. D'où l'intérêt des médecins pour ces chiens qui spontanément développent des troubles avec présence de plaques amyloïdes.

Le problème chez l'homme, maintenant qu'on a plus de recul clinique sur les troubles de la démence sénile, c'est qu'on semble aller très loin dans la discrimination entre les tableaux cliniques et l'analyse histologique. Les chercheurs se sont rendu compte que les plaques amyloïdes n'étaient pas tout à fait de même nature que celles du chien, et qu'en outre il y avait une dégradation particulière qui semble être en relation avec les troubles cliniques : d'autres structures des cellules nerveuses, en plus des plaques amyloïdes, se dégradent aussi.

Pour faire une petite parenthèse technique : dans une cellule nerveuse, on trouve le corps de la cellule et tous les prolongements qu'elle émet. On distingue deux types de prolongements : les courts qui lui permettent de se connecter avec d'autres cellules (ce sont les dendrites) et les prolongements très longs (qui peuvent mesurer plus d'un mètre, comme le nerf sciatique) qu'on appelle les « axones » (plusieurs axones se réunissent pour former un nerf). Une partie du « squelette cellulaire » de ces axones et de ces dendrites est constituée de sortes de petites baguettes, des structures tubulaires (les neurofibrilles) qui constituent un véritable système de rails permettant d'acheminer des petites vésicules, des bulles, qui elles-mêmes contiennent les neuromédiateurs. Les neuromédiateurs sont fabriqués dans le corps de la cellule et vont coulisser à l'intérieur de leur vésicule, jusqu'aux extrémités de la cellule, c'est-à-dire jusqu'aux endroits d'où vont être transmises les informations. Or, dans la maladie d'Alzheimer, il y a dégénérescence de ces neurofibrilles, lourde de conséquences parce que l'information ne circule plus.

Chez le chien, on n'est pas en mesure d'avoir des informations aussi précises sur la dégénérescence des neurofibrilles : on a seulement repéré les plaques amyloïdes. Celles-ci sont mises en évidence dans le cerveau par exemple (ce qui est directement lié aux troubles qu'on observe cliniquement chez l'animal), notamment dans une très jolie structure qui s'appelle l'« hippocampe » et qui est très impliquée dans la mémoire. Dans cette structure qui gère les informations mémorisées, on trouve donc énormément de plaques amyloïdes, et il est intéressant de constater que, cliniquement, cela se traduit par des chiens qui ont de gros problèmes d'interaction de la mémoire. On va aussi trouver des plaques amyloïdes dans les structures qui utilisent la dopamine et qui interviennent aussi dans le contrôle d'exécution des comportements mémorisés.

L'homme ne donnant que rarement à l'animal l'occasion de vieillir, on ne sait pas si, avec l'âge, une vache aurait des plaques amyloïdes… Même le cheval, malgré son statut, a peu de chances d'atteindre un âge avancé. Les seuls qui partagent ce privilège avec l'homme sont les chiens et les chats. Rien n'a été mis en évidence sur le chat ; ce n'est qu'avec le chien qu'on a remarqué des similitudes.

Les hormones

➤ La dégradation de l'hypophyse et le dérèglement des glandes surrénales

Sur le plan hormonal, l'événement majeur et très spécifique au chien est ce qu'on va appeler l'« axe hypophyso-surrénalien ». De quoi s'agit-il ? On a, à la base du cerveau, une petite glande qu'on qualifie parfois de chef d'orchestre des sécrétions hormonales : *l'hypophyse*. L'hypophyse émet un certain nombre d'hormones dans le sang qui vont elles-mêmes stimuler d'autres glandes. Parmi ces glandes, une paire de petites glandes se trouve au-dessus des reins : on les appelle, pour cette raison, les *glandes surrénales* (ou capsules surrénales). Ces glandes surrénales sont très impliquées dans les réactions de stress et dans tout ce qui est émotionnel. Elles sécrètent de nombreuses hormones et ont une structure comportant une partie centrale et une partie périphérique. La partie périphérique sécrète une hormone qu'on connaît bien et qu'on utilise parfois trop : le cortisol (c'est ce qui, fabriqué par l'homme, devient la cortisone). Le cortisol intervient beaucoup lui aussi dans tout ce qui est réaction émotionnelle ainsi que dans la régulation de l'humeur. Toutes ces sécrétions sont donc gouvernées par des hormones fabriquées par l'hypophyse.

Or, comme on l'a vu, les cellules qui libèrent de la dopamine ont tendance à mourir davantage, et notamment celles qui sont dans l'hypothalamus qui commande l'hypophyse placée juste en dessous. Que se passe-t-il ? Ces cellules qui vieillissent mal assurent donc moins bien leur fonction qui est d'empêcher l'hypophyse de sécréter l'hormone qui stimule les surrénales. Conséquence : dès qu'on a une situation où l'hypophyse se met à libérer une hormone (ACTH) sans aucune régulation, ces ACTH vont stimuler les glandes surrénales qui vont du même coup produire du cortisol. On entre alors dans le cercle vicieux des cortisols qui vont dégrader toute une série de structures cérébrales intervenant à la fois dans le rythme veille/sommeil, dans l'appétit, dans l'humeur. C'est pourquoi les vieux chiens souffrent de troubles importants :

– des troubles à composantes dépressives : c'est notamment l'une des causes d'une maladie qu'on appelle « dépression d'involution » ;

– des troubles dermatologiques : le chien va perdre du poil, aura des infections de la peau à cause des conséquences immunitaires ;

– ses muscles vont s'amaigrir avec des troubles articulaires, on a l'impression que les membres sont quasi luxés ;

– ils boivent et donc urinent énormément ;

– ils prennent du poids, beaucoup de poids : dans les anciennes fresques médicales (il y a une quarantaine d'années), on décrivait le chien atteint de ces troubles comme un tonneau sur quatre allumettes car, précisément, l'abdomen grossit et devient mou (on parle d'ailleurs de ventre de grenouille) et comme il y a une fonte musculaire très importante, on a vraiment l'impression d'un tonneau sur quatre allumettes.

Mais pendant longtemps, avant d'atteindre ces stades extrêmes, le tableau clinique du chien âgé se limite à un tableau de dépression. C'est d'ailleurs le moment où il est encore aisé d'intervenir ; après, il y a beaucoup de dégâts, difficiles à rattraper sur un animal âgé.

➤ La thyroïde

L'autre problème hormonal majeur se joue au niveau de la thyroïde qui, elle aussi, intervient énormément dans l'équilibre émotionnel, dans l'état de vigilance et dans la sensibilité aux variations de l'environnement.

Avec la thyroïde, il n'y a pas une véritable dégradation de la sécrétion comme pour les glandes surrénales, mais elle perd sa capacité à renouveler régulièrement sa production hormonale qui est l'hormone T4. Cette hormone T4 a tendance à voir diminuer son taux sanguin. On ne peut pas dire qu'on ait une vraie hypothyroïdie (à la prise de sang, on a des taux qui ne sont pas si éloignés de ceux d'un sujet jeune), mais, dans des situations de stress, dans les situations qui demandent un réajustement des dépenses de l'organisme pour répondre à une agression, la thyroïde n'est plus capable de faire cette adaptation.

Le problème essentiel du chien âgé, c'est donc d'arriver à s'adapter à ce qui se passe autour de lui ; la perte de cette capacité augmente les risques de troubles anxieux, voire dépressifs. D'un côté, le désordre cognitif et, de l'autre, la tendance à développer des troubles émotionnels, des anxiétés notamment, ou des dépressions.

Les variations génétiques

L'expression du vieillissement varie énormément d'un sujet à l'autre, suivant le passé médical, selon que le chien a ingurgité certains médicaments (à base de corticoïdes notamment), ou selon la race.

➤ Les facteurs génétiques

Il y a une énorme inégalité génétique : d'après les données statistiques, on fait commencer le vieillissement à 7 ans, mais avec des écarts très importants selon les races.

▪ Tous les chiens qu'on classe dans les molossoïdes (tête massive et un peu plate : dogue allemand, dogue du Tibet, saint-bernard, bouledogue, boxer,...) ont une mortalité très précoce et des manifestations du vieillissement très anticipées. Dans le domaine des troubles de l'humeur, on a des tableaux cliniques très sévères, de même que dans les troubles cognitifs.

▪ Dans les races de petite taille, l'entrée dans la période du vieillissement se fera vers 10 ou 11 ans.

Ensuite, on trouvera de grosses disparités à l'intérieur des races, ou dans les lignées chez lesquelles on a un vieillissement plus accéléré que chez d'autres. Dans certaines lignées de race molossoïde, on a des chiens qui entament leur vieillissement vers 5 ou 6 ans avec des dépressions d'involution et des troubles vraiment sévères, ou des troubles hypophyso-surrénaliens graves à 5 ans.

➤ Les mâles et les femelles face au vieillissement

Au facteur génétique, il faut ajouter le facteur sexuel : sans qu'on sache pourquoi, statistiquement, on s'est aperçu que le développement des troubles dépressifs touchait plus souvent les femelles que les mâles. Pour la dépression d'involution, on a un écart de l'ordre de six femelles pour quatre mâles.

Il faut savoir que, chez la chienne, il n'y a pas de ménopause, même s'il peut y avoir une diminution de production, en revanche. Le statut particulier qu'occupent les chiennes chez les animaux de compagnie (elles ont leurs chaleurs sans jamais être saillies) pourrait être en rapport avec ces constatations sur les troubles dépressifs. Cliniquement, cela conduit souvent à pratiquer, sur les chiennes âgées, une ablation du système génital pour des raisons d'infection ; cela peut aussi contribuer à expliquer la plus grande vulnérabilité des chiennes à développer des troubles comportementaux.

Comment le comportement du vieux chien se modifie

Statistiquement, les tumeurs cérébrales surviennent plutôt chez les vieux chiens, après 5 ou 7 ans. Or on constate que le tableau clinique de ces tumeurs cérébrales est un tableau de dépression. Chez le chien, contrairement à l'homme, on n'a même pas de modification du fond de l'œil en cas de tumeur cérébrale ; la radio ne donne aucune information, il n'y aurait donc que le scanner.

Aujourd'hui, face à un vieux chien qui présente un tableau clinique de dépression, l'attitude est d'abord de faire un examen clinique complet bien sûr, puis d'analyser le comportement de l'animal. Après, on pratique une exploration hormonale afin d'être sûr qu'il ne s'agit pas d'un problème hypophyso-surrénalien. La dernière étape consiste à demander un scanner. Comme il n'y a pas de Sécurité sociale pour le chien, on procède par élimination, des choses les moins graves aux plus sérieuses. Quand il y a une tumeur, on dispose aujourd'hui de traitements qui permettent d'avoir des résultats tout à fait satisfaisants, dans les cas où ce n'est pas opérable.

Dès qu'un chien atteint environ 7 ans, toute modification du comportement peut et doit même laisser supposer qu'il se passe quelque chose sur le plan organique : il ne faut pas passer son temps à dire, comme le font la plupart des gens, que tout cela est *normal* parce que le chien est vieux. Ce qui est normal chez le vieux chien, c'est un allongement du temps de sommeil. Tout le reste n'est pas normal, et, là aussi, il faut réagir le plus précocement possible.

Le passé comportemental de l'animal intervient sur sa probabilité à développer des troubles comportementaux. Les animaux qui présentent des troubles anxieux – soit pendant le jeune âge, soit quand ils sont adultes – risquent, s'ils ne sont pas traités, de développer une dépression d'involution quand ils seront âgés. Les chiens qui ont souffert du syndrome de privation sont des animaux qui doivent être particulièrement surveillés quand ils arrivent à un certain âge, afin d'être traités dès les premiers signes de dépression d'involution.

Dans la catégorie de ce qu'on appelle les « chiens de travail » (chien militaire, chien de garde, chien d'aveugle, chien de cirque), beaucoup d'animaux présentent ces symptômes lorsqu'ils sont mis à la retraite. On pourrait penser que, comme on les arrête à cause de leur âge, le phénomène de réforme n'a rien à voir et qu'ils sont juste en train de faire une dépression d'involution tout à fait classique. On a fait une enquête avec deux groupes de chiens, le premier avec des chiens de travail qui partaient en retraite pour devenir directement des chiens de canapé et le second avec des chiens qui étaient sortis de leur activité pleine et entière mais qui, en revanche, continuaient une autre activité (sportive ou un peu de pistage). On s'est aperçu qu'il y avait une extrême inégalité entre les deux groupes avec un taux de développement de dépression quatre fois moindre pour les chiens qui gardent une petite activité. Conclusion : il ne faut jamais mettre de retraite brutale en place.

Les troubles dépressifs

➤ Comment se manifeste la dépression du vieux chien

On parle de dépression d'*involution,* parce que, en apparence, on assiste à une espèce de retour à des comportements infantiles.

C'est une entité clinique qui allie troubles de l'humeur et troubles de l'apprentissage et qui se caractérise de la façon suivante :

- Un chien qui ne s'intéresse plus à rien (ni au jeu ni aux choses qui lui faisaient dresser l'oreille).
- Il gémit sans qu'il y ait de souffrance physiologique.
- Il a de grosses irrégularités de l'appétit avec une alternance de grosse faim et d'absence.
- On observe une disparition du contrôle d'évacuation : le chien se comporte comme un bébé, il fait ses besoins quand il doit, peu importe où il se trouve (dans les formes les plus typiques, les chiens font sous eux durant leur sommeil).
- On retrouve un comportement exploratoire par voix buccale, comme lorsque le chien a 4 mois : il lèche et prend dans la gueule tout ce qu'il trouve. C'est même souvent ce qui déclenche le dépistage de la maladie, car ces chiens sont souvent amenés en urgence à 7 ou 8 ans pour l'ingestion de tel ou tel corps étranger.
- Il y a également d'énormes troubles du sommeil : le chien aura des insomnies qualitatives, l'organisation de son sommeil n'étant plus normale. On assiste à un avancement du sommeil paradoxal : cette phase – qui est la phase de rêve – ne commence pas au bout de 90 minutes de sommeil, mais après quelques minutes d'endormissement. Le chien peut se réveiller en hurlant, parce que son sommeil fait l'objet de décharges émotionnelles très violentes. Très rapidement, évidemment, l'insomnie du chien va entraîner l'insomnie du propriétaire parce que le chien vient chercher du réconfort. Un autre aspect très spectaculaire est la crise d'anxiété qui précède l'endormissement, comme si le chien avait peur d'aller se coucher.
- On pourrait ajouter à tout cela une vraie perte de l'habileté sociale qui est une manière de gérer les interactions sociales entre chiens. Les gens qui ont plusieurs chiens d'âge différent constatent que le chien vieux a tendance à se déconceptualiser, c'est-à-dire qu'il réagit de façon retardée par rapport à l'interaction qui a lieu. Or une posture de menace ou de soumission

à retardement peut entraîner une incompréhension totale de la part des autres chiens. Tout cela aboutit évidemment à des agressions avec des combats mal contrôlés. Conséquence, on assiste souvent à l'apparition brutale de combats entre chiens qui vivaient auparavant en parfaite intelligence. Les gens imaginent que c'est un problème hiérarchique, que le jeune chien commence à remettre en cause l'autorité de l'ancien et ils font parfois soigner le mauvais chien en pensant que c'est le plus jeune chien qui est en cause ; on en arrive donc à des situations carrément incohérentes.

« Est-ce une bonne idée de faire l'acquisition d'un chien plus jeune pour stimuler un vieux chien ? »

Beaucoup de gens, quand leur animal présente les syndromes d'apathie des chiens qui souffrent de dépression d'involution, croient bien faire en achetant un jeune chien. C'est le type même de la bonne idée qui peut tourner au drame parce que tout dépendra de la position hiérarchique qu'occupait le vieux chien avant l'arrivée du petit. Si c'est un chien qui avait des privilèges de dominant, il supporte très mal l'arrivée d'un jeune chien et plonge beaucoup plus vite dans la dépression !

Pour ceux qui étaient en position dominée, c'est très variable : certains en tirent bénéfice, chez d'autres, non seulement cela n'apporte rien, mais, en plus, cela peut déclencher les combats que j'ai décrits, issus de l'incompréhension entre les deux animaux (et cela empirera au moment de la puberté).

On ne peut donc pas soigner un chien en faisant l'acquisition d'un autre chien. Il faut d'abord traiter le chien âgé, et, ensuite, il sera tout à fait sympathique d'acquérir un second chien.

➤ Comment soigner le chien dépressif

Sur le plan thérapeutique, si on devait faire une comparaison entre la sociopathie (les comportements agressifs des chiens, voir pages 229 à 241) et la dépression d'involution, on pourrait dire que, dans la sociopathie, on est capable de traiter la plupart des cas sans utiliser de médicaments, avec une thérapie comportementale. Dans la dépression d'involution, on est presque à l'opposé, parce que c'est une maladie très étroitement liée à l'état de délabrement biologique du système nerveux et hormonal, et qu'il n'existe aucun traitement qui remette à neuf le système nerveux : les médicaments permettront donc à l'animal de sortir de son état dépressif, c'est le moins qu'on puisse faire.

Les médicaments

De nos jours, on dispose de médicaments qui permettent d'agir avec beaucoup plus de précision sur certains aspects du vieillissement. Par exemple, on peut bloquer la fabrication de certains composants toxiques qui sont les déchets du métabolisme des vieux neurones. Il faut donc effectuer un travail de prévention auprès des vétérinaires pour qu'ils avertissent les propriétaires d'une incontournable rechute – même si elle n'est pas immédiate – dès qu'on arrête le traitement (on essaie de repousser de plus en plus cette échéance). En clair, on fait passer le message que vieux cerveau il a, vieux cerveau il gardera, quels que soient les médicaments qu'on lui donnera… On propose donc aux propriétaires des listes de symptômes qui ont toutes les chances de se manifester au moment de la rechute, compte tenu des conditions dans lesquelles le chien a contracté sa dépression d'involution, et on leur demande d'aider les vétérinaires à détecter cette rechute afin de remettre en place un protocole thérapeutique, sans attendre que tout le tableau clinique se soit remis en place.

Quel est le pronostic ?

Dans 99 % des cas, on arrive à réorganiser un sommeil correct dès la première semaine de traitement. Il faut dix à quinze jours pour arriver de nouveau à une situation satisfaisante en matière de déjections. En revanche, si, au bout de quinze jours, on fait disparaître les grosses nuisances, on n'a pas traité la dépression *stricto sensu* : environ six mois de traitement sont pour cela nécessaires.

Pour des raisons économiques, on a tendance à diminuer la durée du traitement, mais, dans ce cas, il faut savoir que l'intervalle premier traitement/première rechute est d'autant plus réduit que le traitement est bref. La double contrainte, c'est, d'une part, le prix du traitement (qui augmente avec la taille du chien) et, d'autre part, le fait qu'une fois les grosses nuisances effacées les propriétaires ne comprennent pas pourquoi il faut continuer à traiter. C'est le travail des vétérinaires de leur faire comprendre ce point.

Quand on trouve des causes organiques à cette dépression d'involution, troubles hypophyso-surrénaliens ou tumeurs cérébrales, il y aura, en plus du reste, un traitement de la cause. Parfois, le médicament qui traite le trouble hormonal (c'est le cas pour les troubles hypophyso-surrénaliens) est en même temps un médicament à réaction antidépressive, ce qui fait qu'on évite ainsi de multiplier les prises de médicaments. En général, avec un bon traitement mis en place assez précocement, on arrive à tenir un an avant la première amorce de rechute. Dès que les gens sont vigilants aux signes cliniques qu'on leur a indiqués, on peut traiter très tôt, de telle sorte qu'avec deux mois de traitement on arrive à enrayer le démarrage d'une rechute.

Réinsérer le chien dans la famille

La présence d'un traitement à base de médicaments ne veut pas dire qu'il n'y a pas de thérapie : dans ce cas, elle se limite principalement à la réinsertion de l'animal dans le groupe familial. Cette réinsertion est nécessaire, parce que, étant donné l'ampleur cataclysmique des symptômes de la dépression d'involution, les propriétaires mettent souvent le chien dans une pièce facile à nettoyer en se disant que, de toute façon, comme il ne bouge presque plus et qu'il n'arrête pas de gémir, autant fermer la porte. Le chien se trouve donc progressivement complètement exclu, et la dépression s'aggrave.

Ce qu'il faut impérativement comprendre, c'est que le chien ne fait pas pipi et caca dans le salon pour vous ennuyer ; une fois que vous avez compris cela, la relation s'améliore automatiquement. Ensuite, il est indispensable de reprendre des activités avec votre chien : malgré l'arthrose, il peut très bien apprécier de jouer ou de faire du pistage ou d'autres activités propices à développer l'interaction homme/chien. Il en va de même pour la chasse : sans faire chasser le chien toutes les semaines, on peut très bien l'emmener de temps en temps pour qu'il goûte encore aux plaisirs de la chasse. Il y a une très bonne dynamique si vous acceptez de participer dans ce sens, parce que, avec le traitement, les progrès vont très vite.

Le syndrome confusionnel ou la démence du vieux chien

Pendant longtemps, on a confondu ce qu'on appelle le « syndrome confusionnel » avec la dépression d'involution. Mais on ne comprenait pas bien pourquoi ces chiens qui avaient des troubles cognitifs énormes n'étaient pas pour autant dépressifs.

Pourquoi parle-t-on de syndrome confusionnel ? En médecine, on utilise le mot *syndrome* quand le tableau clinique est homogène, mais que les causes sont hétérogènes ; alors qu'on parle de maladie – comme la rage – lorsqu'il s'agit d'un virus avec un mécanisme unique et qui ne s'attrape que si le virus est là. Pour le syndrome, plusieurs types de facteurs interviennent pour aboutir au même tableau clinique. On qualifie ce syndrome de *confusionnel*, parce que, dans son comportement, le chien est confus, incapable d'organiser son activité : il est en décalage permanent avec tout ce qu'il se passe autour de lui.

➤ Comment se manifeste ce syndrome confusionnel

Cela va commencer de façon intermittente :

▪ Par moments, il ne répond plus aux ordres (il n'est pas en situation d'opposition, mais il ne réagit pas), par exemple. Puis, petit à petit, cette intermittence se fait de plus en plus fréquente, voire chronique.

▪ On a aussi des troubles de l'apprentissage, donc des problèmes de propreté.

▪ Des troubles de l'orientation dans l'espace, avec deux types de troubles : d'une part, une incapacité à apprécier les espaces, ce qui fait que le chien a tendance à essayer de passer dans des endroits impossibles (qui font 3 cm), d'autre part, des troubles de l'orientation qui peuvent être assez spectaculaires avec des chiens qui se perdent dans l'appartement et qui, à l'heure du repas, sont incapables de trouver la pièce de la gamelle. Souvent, ces chiens font à 10 ans leur première fugue ! alors qu'en fait le chien est parti faire son petit tour habituel autour du pâté de maisons, comme depuis des années, mais qu'il s'est perdu en revenant. Du coup, il n'est pas rentré à la maison pendant plusieurs jours. Ce n'est pas sans rappeler ce qu'on connaît hélas très bien chez les patients humains atteints d'Alzheimer, au point qu'il est devenu maintenant banal de leur apposer une étiquette avec leur nom et leur adresse afin de les remettre dans le bon sens lorsqu'ils se perdent en revenant de chez l'épicier.

▪ Viennent s'ajouter des problèmes de repérage dans le temps qui ont été à l'origine des confusions avec les troubles dépressifs. Ces troubles de repérage dans le temps font que le chien perd son système d'alternance veille/sommeil habituelle. En quantité, les chiens peuvent dormir autant, c'est-à-dire, facilement douze à seize heures par vingt-quatre heures pour un chien âgé, mais ils se mettent à dormir de plus en plus dans la journée et, parallèlement, à développer une activité nocturne. Ce ne sont donc pas des insomnies, mais de la désorganisation, et c'est assez perturbant, pour le propriétaire, de voir le chien sauter sur le lit en pleine nuit, avec la balle dans la gueule pour jouer.

C'est donc un tableau de désorganisation cognitive. En ce qui concerne les interactions sociales, on est exactement dans la même situation, avec des chiens qui deviennent tout à fait étranges parce qu'ils ne respectent plus les rituels sociaux habituels. Là aussi surviennent des risques de bagarres avec les autres chiens, des situations d'incompréhension mutuelle entre le propriétaire et le chien. J'ai connu le cas d'un chien qui faisait ses besoins n'importe où. Bien sûr, le maître le grondait, et, pendant que son maître le grondait, le chien remuait la queue : il n'était pas du tout en adéquation avec son entourage. C'est pourquoi on peut parler de démence.

Face à des chiens âgés, les vétérinaires utilisent une grille d'évaluation : la grille EVEC (échelle de vieillissement émotionnel et cognitif). Les chiens avec syndrome confusionnel n'ont que des troubles cognitifs. En ce qui concerne l'émotion et l'humeur, tout est parfait. C'est chez ces chiens que l'on retrouve les plaques amyloïdes (voir page 273) ; d'où les analogies avec les troubles de démence sénile humaine et notamment avec la maladie d'Alzheimer.

➤ Le traitement

En termes d'amélioration immédiate des troubles, c'est soit favorable, soit réservé, en fonction de l'ancienneté du tableau clinique. Lorsqu'on est encore dans l'intermittence, on peut faire quelque chose (avec un taux de rechute de 100 % car on ne sait pas enrayer définitivement la clinique). Mais dès que les troubles deviennent chroniques, on a du mal à en sortir. L'idéal est de mettre en place le traitement médicamenteux et de ne plus l'arrêter, ce qui pose de gros problèmes économiques car, quand on a un chien qui pèse plus de 20 kg, cela devient très coûteux ; souvent, les gens demandent que l'on mette en place des plages d'arrêt de traitement, d'autant que, même avec une assurance, les mutuelles divisent par deux le montant des remboursements quand le chien atteint cet âge-là. Ces arrêts exigent une extrême vigilance de la part des maîtres afin de remettre tout de suite en place le traitement, dès que les premiers signes apparaissent. On demande aussi aux gens d'éviter de laisser le chien se promener tout seul, et si vraiment ils ne peuvent pas, on leur conseille de faire comme pour les humains, c'est-à-dire d'inscrire sur leur collier toutes les indications possibles pour savoir d'où vient le chien. Malheureusement, beaucoup se font écraser ou finissent on ne sait où.

Pour résumer : un traitement essentiellement médicamenteux, en sachant qu'il est toujours conseillé de continuer ou de reprendre des activités avec votre chien pour le stimuler, ce qui va tout à fait dans la dynamique du traitement. Si vous n'avez vraiment pas le temps, j'ai de plus en plus tendance à conseiller une technique qu'on utilise chez les animaux sauvages ou chez les chats et qui consiste à cacher la nourriture, à ne pas la présenter de façon tout à fait accessible : cela oblige le chien à agir pour trouver sa nourriture.

L'hyperagressivité du vieux chien

Jusqu'à présent, les entités cliniques que l'on a décrites ne posaient pas de problème pour l'entourage sur le plan de la sécurité. Il n'en est pas de même pour l'hyperagressivité du vieux chien qui est une entité dominée essentiellement par des troubles cognitifs et des troubles émotionnels, avec notamment l'apparition de troubles anxieux.

➤ Comment se manifeste l'hyperagressivité du vieux chien

Cliniquement, l'hyperagressivité se présente soudainement chez un chien qui n'a jamais eu de problèmes.

▪ Tout d'un coup, le chien se met à avoir des comportements hiérarchiques complètement incoordonnés : cela ressemble à une dyssocialisation primaire (voir page 112), mais qui apparaîtrait après l'âge de 7 ans. Par exemple : vous êtes tranquillement en train de manger, votre chien, qui d'habitude se tient bien à sa place de chien dominé au sein du groupe social, se met soudain à vouloir voler votre nourriture en vous menaçant. Il s'en prend indifféremment aux adultes, aux enfants, aux femmes et aux hommes, pubères ou non. Il y a des bagarres avec les autres chiens.

▪ Ce trouble s'accompagne d'une communication sociale complètement déplacée, et, en ce sens, l'animal sera hors contexte. Il n'y a pas de confusion possible avec une sociopathie puisque rien n'a changé dans l'organisation du groupe : on n'a pas donné au chien des prérogatives qu'il n'avait pas. Mais tout d'un coup, par intermittence au début, le chien va faire des choses complètement extravagantes. Par exemple : la famille est installée dans le canapé, le chien vient les rejoindre comme pour faire un câlin, et sans prévenir, il va lever la patte et uriner sur l'accoudoir. En termes de sécurité, il est parfaitement déconseillé d'essayer de le réprimander à ce moment-là parce qu'il va mordre.

▪ Il y a une autre manifestation très spécifique : les séquences d'agression ont une structure inversée. Le chien mord d'abord et grogne ensuite, c'est-à-dire que la phase de menace apparaît après la morsure.

➤ Comment soigner l'hyperagressivité du vieux chien

On envisage d'étudier plus précisément la région frontale du cerveau de ces chiens parce que ces manifestations cliniques font penser aux démences frontales, notamment avec ce qu'on appelle la maladie de Pick : il s'agit de personnes âgées qui se mettent à faire des choses délirantes en public, qui peuvent devenir grossières ou très provocatrices. Cette maladie vient de lésions du cortex frontal.

Le problème de cette entité clinique, c'est que le chien devient dangereux, d'autant plus que, comme il n'avait jamais eu de problème du même ordre, personne ne se méfie et que la confiance persiste. Le danger est particulièrement grand avec les enfants, et on est aujourd'hui extrêmement réticent à traiter lorsqu'il y a des enfants de moins de sept ou huit ans, qui est l'âge limite en dessous duquel on ne peut pas demander à quelqu'un de participer à la thérapie. Dans ces cas, on conseille l'euthanasie parce qu'on ne se sent pas capable d'assurer une sécurité immédiate à la famille.

S'il n'y a que des adultes, c'est avec plaisir qu'on traite les chiens atteints de ce mal : le traitement, dans ces cas-là, est quasiment à 100 % médicamenteux. L'attitude thérapeutique est de ne pas arrêter le traitement et de le maintenir jusqu'à la fin de la vie du chien. On a très peu de recul sur ce qui se passe quand on arrête le traitement et ce pour des raisons d'éthique, on a la plus grande répugnance à faire des essais et des expériences thérapeutiques dans ce sens alors qu'on a réussi à mettre en place un traitement qui stabilise l'animal. Dans un syndrome confusionnel ou dans une dépression d'involution, on peut se permettre de dire qu'on arrête le traitement pour voir comment cela évolue.

Dans les quelques cas où les maîtres ont arrêté d'eux-mêmes les médicaments, il y a eu rechute, et, alors, le chien n'échappe pas à la solution de l'euthanasie. Comme je l'ai dit, la taille du chien est primordiale dans la décision, au-dessus de 15 kg ; cela peut paraître un peu abrupt, mais pour maîtriser un chien de 15 kg qui entre dans une phase d'agression, il faut au moins deux personnes et bien connaître les systèmes de contention du chien et surtout il ne faut pas être craintif. Il faut comprendre que, dans ces cas-là, la décision d'euthanasie est prise pour la sécurité des personnes, alors qu'en cancérologie, en pathologie rénale ou dans d'autres maladies organiques l'euthanasie est décidée parce que le chien souffre et qu'il est incurable. On pourrait se rassurer en se disant qu'un chien atteint d'hyperagressivité doit souffrir puisqu'il n'est jamais paisible, mais il n'est pas sûr que ce soit le cas. La seul solution serait d'avoir des hôpitaux psychiatriques pour chiens dans lesquels on les enfermerait jusqu'à la fin de leurs jours, mais je ne suis pas certain que ce serait réellement un progrès.

La dysthymie du vieux chien

Cette quatrième entité clinique est essentiellement un trouble de l'humeur qui oscille entre deux pôles : une extrême irritabilité avec insomnie totale (moins de six heures par vingt-quatre heures) et des périodes de comportement normal. C'est ce qu'on appelle les « dysthymies unipolaires ». Ensuite, au cours de l'évolution clinique, cette dysthymie unipolaire devient petit à petit bipolaire avec une oscillation entre des périodes d'extrême irritabilité et des périodes de dépression, avec une période normale intercalée entre les deux.

Ce qui est dangereux dans cette maladie, ce sont les périodes d'extrême irritabilité, dans lesquelles le chien devient explosif. C'est-à-dire que, brutalement, il se produit ce qu'on appelle le *switch*, expression qu'on emploie aussi chez l'homme dans les troubles de types maniaques : c'est un peu comme un interrupteur qu'on allume et qu'on éteint.

➤ Description

▪ Le chien est donc en état d'alerte permanent avec moins de six heures de sommeil par vingt-quatre heures (alors qu'en temps normal, un chien adulte dort rarement moins de douze heures par vingt-quatre heures comme la plupart des carnivores). Dans ces moments-là, n'importe quoi – un mouvement, un bruit, que sais-je encore – peut déclencher une réaction d'agression qu'il est impossible d'anticiper ou dont on ne peut prévoir la cible. Vous êtes dans la cuisine avec votre chien. La machine à café, comme tous les matins, émet un petit bruit au moment du passage de l'eau, et là, soudainement, le chien se jette sur vous et vous mord ; l'instant d'après, il peut aussi bien se jeter sur la cafetière et la démolir.

▪ Il a en outre des phases de fixité : il regarde fixement un objet, un mur ou une personne, sans bouger, pendant plusieurs dizaines de minutes. C'est au moment de ces phases de fixité qu'il faut prier pour que rien ne se passe, sinon le chien réagira en s'attaquant à n'importe quoi. Au moment du *switch*, on observe le premier signe clinique (qui est d'ailleurs très précieux pour les propriétaires), la mydriase, c'est-à-dire la dilatation pupillaire. Les gens le repèrent très bien, ils l'analysent comme un « regard de fou ». Ensuite, de la même façon, après une phase d'attaque, il va rentrer dans une période normale avec tout autant de soudaineté. Cet état de normalité peut durer plusieurs jours et puis, tout d'un coup, il y a un nouveau *switch*. C'est la dysthymie unipolaire avec des périodes de normalité et des périodes d'irritabilité extrêmes durant lesquelles le chien peut mordre n'importe qui, n'importe quand (les morsures ne sont pas du tout structurées : le chien mord quelqu'un jusqu'au sang et puis il s'en va comme si de rien n'était).

Les gens ont parfois l'extrême patience de garder un chien dans cet état ; au bout d'un moment, cela va se transformer en dysthymie bipolaire et là, au lieu de repasser à l'état normal après une crise, le chien entre en état de dépression avec des troubles qui rappellent beaucoup ceux de la dépression d'involution, mais sans le retour au comportement infantile.

Ce sont des animaux extrêmement dangereux pour tout le monde, car n'importe qui peut être exposé aux morsures. On a des descriptions cliniques hallucinantes avec des gens obligés d'appeler les pompiers pour leur venir en aide, comme cette femme qui est entrée dans la pièce où son chien était en train de fixer la machine à laver ; au moment où elle croise le chien, il lui attrape le pied en grognant et en la mordant violemment, et puis, soudain, arrête.

➤ Le traitement

On sait traiter et maintenir à l'état normal un chien souffrant de dysthymie. Le traitement est 100 % chimique, et il n'y a pas de thérapie.

Il y a les dysthymies du vieux chien, mais il y en a d'autres chez le chien adulte, notamment chez le cocker, et pour les traiter, on va retrouver les mêmes médicaments que chez l'homme psycho-maniaco-dépressif, c'est-à-dire les régulateurs de l'humeur avec les sels de lithium. Ce sont des médicaments qui doivent être pris en continu et avec un contrôle biologique (certains de ces médicaments présentent une certaine toxicité). Par exemple, quand on utilise les sels de lithium, il ne faut pas changer le régime alimentaire du chien une fois qu'on a réussi à stabiliser le traitement parce que ce sont des médicaments qui sont éliminés par voie rénale ; si on change la quantité de sel dans l'alimentation, l'équilibre du traitement s'effondre complètement. C'est-à-dire que soit l'animal évacuera son traitement de façon exacerbée, soit il ne va plus l'éliminer et là, il sera en surdosage.

Le traitement est très contraignant, d'autant plus que 20 à 25 % des chiens répondent mal aux trois types de médicaments dont on dispose pour les traiter. Là aussi, il faut bien s'entendre avec la famille pour décider si on traite ou non.

Par rapport aux autres troubles du vieux chien, il semble bien que, dans ce trouble, il y ait des facteurs de prédisposition génétiques : ce ne sont pas des facteurs génétiques raciaux, mais familiaux. Il faut être conscient que c'est un traitement à vie et que, de mon point de vue, ce sont les animaux les plus dangereux. Quand on n'a pas approché ce genre de chien, c'est difficile à imaginer. Un jour, j'ai rencontré un propriétaire qui m'a dit : « J'ai l'impression de vivre avec une grenade dégoupillée dans l'appartement ! »

Aujourd'hui, face à cette situation, la difficulté est le choix du moment où il faut mettre en place le traitement (la bonne dose, la réduction des effets secondaires et l'équilibre du chien). En effet, comme les crises peuvent être très espacées (plusieurs mois), on ne sait jamais si le traitement est stabilisé ou si on est dans une phase de normalité. Le souci d'un vétérinaire est donc de mettre en place les bonnes doses de médicaments dès le début, sans avoir à attendre trois mois pour voir si le chien recommence… Il faudrait là aussi pouvoir les hospitaliser afin de les observer sans que plane toujours le risque que quelqu'un se fasse mordre.

La mort

Le chien face à la mort

Beaucoup de gens se demandent si le chien sent venir sa mort et s'il en a une perception particulière. Malheureusement, les scientifiques ont toujours besoin de preuves mesurables avant de se prononcer. Or, dans le cas présent, il est évidemment très difficile de répondre.

Par expérience, on n'a pas le sentiment, lorsqu'on assiste à la mort du chien, que l'animal lui-même ressente grand-chose. Mais il est très difficile d'être objectif car autour de ce moment inéluctable se joue un nœud relationnel et affectif très fort.

L'homme face à la mort du chien

Bien qu'il n'y ait pas, à ma connaissance, de statistique sur ce point, il semble qu'à l'heure actuelle, dans la population des chiens médicalisés, un certain nombre décèdent quand et parce que l'entourage proche l'aura décidé. C'est au moment où la décision de l'euthanasie est prise que les questions émergent. C'est pour cela qu'un certain nombre de praticiens mettent en place d'abord une anesthésie ; seulement après, ils injectent le produit qui provoquera le décès.

➤ Les vétérinaires et l'euthanasie

Aujourd'hui, on dispose de produits d'euthanasie quasiment indolores et très rapides, mais cela ne change rien aux sentiments des propriétaires ni à ce que peut ressentir celui qui pousse le piston de la seringue... En effet, on pense trop souvent que le vétérinaire, parce que c'est son métier, vit cet événement de façon tout à fait sereine. En fait, d'après les études qui ont été réalisées, on se rend compte que le vétérinaire est très perturbé par cet acte. La pratique de l'euthanasie a même été mise en cause en relation avec un problème important dans la profession de vétérinaire, qui est celui du suicide : les vétérinaires font partie d'une des professions les plus représentées épidémiologiquement dans la population qui se suicide. En outre, comme ils ont accès à tous les produits, ce sont souvent des suicides extrêmement « réussis ». Une étude américaine fait ressortir que cette proximité avec la mort et le fait, surtout, d'être celui qui donne la mort pourraient intervenir dans cette tendance des vétérinaires à utiliser les produits... pour eux-mêmes.

À cet égard, il est intéressant de remarquer qu'en revanche les gens qui travaillent dans les abattoirs ne se suicident absolument pas plus que n'importe quelle autre profession. On constate chez eux des pratiques analogues à celles des gens amenés à participer à des opérations monstrueuses comme dans les camps d'extermination nazis ou dans l'ex-Yougoslavie. C'est-à-dire que les acteurs (non pas les instigateurs, mais ceux qui sont amenés à obéir et à mettre en place les ordres) ont tous des comportements très proches : ils essaient à la fois de chosifier et de dénaturer par avance la victime, à la fois dans la façon d'en parler, de la traiter et de l'« accueillir ». C'est flagrant dans les abattoirs : les hommes ont des gestes de brutalité gratuite, mettent tout de suite en place une distance qui leur permet de rendre non vivant ce qu'ils sont en train de manipuler. Ils manipulent les animaux comme si c'étaient des sacs de grains.

Dans le cas des vétérinaires, on est dans une mort médicale accompagnée de gestes et de tout un cérémonial. Celui qui va mourir « n'a pas été conçu pour mourir ».

➤ Comment vivre la mort du chien ?

La mort est une question très importante à laquelle, culturellement, tous les pays ne répondent pas de la même façon. Aux États-Unis, on a mis en place des groupes de parole et des numéros d'assistance pour les personnes dont le chien vient de décéder. Il est difficile de savoir si c'est une récupération mercantile ou une mise en place culturelle autour de la mort, mais on voit le vétérinaire prendre les personnes dans ses bras au moment de la mort, leur envoyer des cartes anniversaires du décès du chien, leur envoyer des fleurs, planter un arbre avec eux, etc. Pour résumer, un certain nombre de gens ont essayé de codifier le vécu de la mort.

Évidemment, ce genre d'attitude ne fait pas d'émules en France ni en Europe où les praticiens sont extrêmement réticents à mettre en place ce genre de rituels.

« Faut-il ou non que nous assistions à la mort de notre chien ? »

On trouve en fait deux attitudes : certains vétérinaires demandent systématiquement aux propriétaires du chien de rester, alors que d'autres préfèrent qu'ils ne soient pas dans la pièce au moment où ils pratiquent l'euthanasie. Du point de vue du chien – je parle en tant qu'éthologiste –, il est évident que la présence des propriétaires est certainement un élément de perturbation et de complication (avec du même coup l'augmentation du stress de l'animal). S'ils ne sont pas là au moment de l'injection (même si c'est la piqûre d'anesthésiant, parce que beaucoup de vétérinaires, comme on l'a vu, font cette anesthésie avant de pratiquer l'euthanasie même s'ils sont seuls avec l'animal), le stress de l'animal diminue fatalement.

Résumons-nous : pour l'animal, il vaut mieux que les maîtres ne soient pas présents. Mais attention, ce conseil est positif pour le chien qui part, il l'est moins pour le chien qui arrivera et prendra le relais dans la famille. Pour faire le deuil correctement, il est malgré tout nécessaire que les gens voient leur animal mort – cela est valable pour la mort en général. Car, selon tous les auteurs qui ont étudié la question, il est clair que la perte d'un chien est bien une situation de deuil et qu'en plus il faut qu'il y ait un deuil. À partir de là, rien ne peut être indécent : vous avez le droit de pleurer et d'être profondément affecté.

Faire le deuil d'un chien

➤ Ne pas « nier » la mort du chien

Pour que le deuil se fasse, il est donc très important de voir le chien mort, de ses propres yeux. Or il faut savoir que, pour des raisons qui sont d'ordre légal, dans l'immense majorité des cas, les gens n'emportent pas avec eux le cadavre de l'animal. On peut parfois assister à des situations extrêmes dans lesquelles la famille amène le chien à la clinique vétérinaire ; le personnel vient prendre le chien pour l'emmener dans la salle où sera pratiquée l'euthanasie, les gens signent les papiers administratifs et ils ne revoient plus leur chien.

Il est évident que cette hypermédicalisation de la mort du chien (comme on l'observe chez les êtres humain) va gêner l'évolution du deuil. Par ailleurs, avec le chien, il est très facile de rentrer dans une stratégie de négation de la mort dans la mesure où on peut retrouver le même chien. Nous verrons cela plus en détail quand nous parlerons de ce qu'on appelle le « chien de remplacement » (voir page 303). Les deuils pathologiques sont considérablement favorisés par cette structure et cette organisation de la mort de l'animal.

➤ Ne pas avoir honte de pleurer le chien

Très curieusement, alors qu'on est dans une société où l'on dit souvent que les gens « en font beaucoup trop pour leur bête », que « ce n'est pas raisonnable », qu'on « exagère avec les animaux », les propriétaires n'osent pas manifester leur peine face à la perte de leur chien : ils ont honte parce que c'est socialement nettement moins admissible que s'il s'agit du deuil d'une personne.

Si l'on en parle froidement et qu'on veut prolonger cette réflexion dans le sens de la morale ou de certaines religions, cela peut paraître révoltant, pour certains, de penser qu'on met sur le même plan le deuil d'un animal et celui d'une personne proche. Cela dit, dans la réalité, force est de constater que c'est exactement la même chose, avec de plus en plus de similitudes qui découlent de cette situation de surmédicalisation de la mort.

➤ Les rites

Il serait complètement illusoire de croire qu'on peut donner des « recettes » pour faire le deuil d'un chien. On ne peut pas dire : « Votre chien est mort, faites ceci, faites cela et tout ira bien… », parce qu'il y a trop de cas de figures différents avec le cas extrême des chiens qui, lorsqu'ils disparaissent, laissent une énorme béance affective dans le groupe familial. Tout ce qu'arrivent à faire les praticiens, c'est de donner un certain nombre de pistes pour limiter les dégâts.

Même si on peut parfois être très surpris de voir les gens couper une mèche de poils ou reprendre le collier, il faut bien comprendre que tous ces gestes interviennent manifestement dans les premiers pas vers le mécanisme de deuil et d'acceptation.

C'est exactement la même chose dans le cas d'une pratique qui tend à se répandre : l'organisation des obsèques du chien. Depuis toujours, certains ont le désir de donner une sépulture à leur chien ; il y a d'ailleurs des cimetières pour chiens en France (notamment dans les Hauts-de-Seine à Asnières), dont certains sont d'ailleurs classés monuments historiques. On y voit des stèles magnifiques ou des statues qui représentent le chien défunt. II y a aussi un cimetière récent mais très poignant à Villepinte dans la Seine-Saint-Denis.

Des société privées proposent, comme pour les humains, différentes cérémonies. En effet, normalement, le statut d'un chien qui décède, c'est l'incinération collective ; ensuite les cendres sont dispersées dans des lieux sanitairement prévus à cet effet. Mais les cliniques peuvent mettre les gens en rapport avec ces sociétés pour récupérer les cendres ou pour réaliser de véritables obsèques avec l'enterrement du chien dans un cercueil.

Outre ces pratiques – qui sont les mêmes que pour l'homme –, il y a aussi la taxidermie. Les naturalisations sont un aspect non négligeable du processus de deuil. Quand j'étais jeune vétérinaire, je me souviens d'être allé vacciner à domicile un loulou de Poméranie ; ce sont des chiens avec une voix très aiguë, et je m'attendais donc à l'entendre aboyer (en l'occurrence je ne savais pas que la maison possédait un petit jardin derrière et que le chien s'y trouvait). Mais j'aperçus par la fenêtre le loulou de Poméranie couché sur le canapé et je le trouvai très calme… et pour cause : c'était le loulou de Poméranie précédent qui était naturalisé et que la dame installait sur le canapé tous les matins !

Tous les taxidermistes reconnaissent que, pour la profession, la naturalisation des chiens de compagnie est une activité non négligeable. On leur demande en général de mettre le chien dans une position bien définie, qui doit rappeler quelque chose. Aux États-Unis, il y a même une société qui lyophilise les chiens (ce qui revient à déshydrater complètement le corps).

Évidemment, il y a une énorme différence entre les gens qui choisissent la fosse commune et ceux qui font appel à ce genre de pratique. Rappelons à ce sujet qu'enterrer son animal dans le jardin peut poser de gros problèmes sanitaires.

Enfin, dans les revues animalières, il y a très souvent des annonces qui proposent de faire le portrait de votre animal, l'argument étant que vous pourrez conserver à vie l'image de votre animal. Tout cela constitue des éléments sociologiques passionnants qui ne sont pas l'objet de ce livre et que nous ne pouvons qu'effleurer.

Quand un nouveau chien « remplace » le chien disparu

➤ Le syndrome du chien de remplacement

Comme on l'a vu, on fait le deuil de son chien exactement comme on fait le deuil d'une personne. Il y a des cas où cela se passe mal : la situation la plus classique est celle d'une famille (ou de l'un de ses membres) qui reste bloquée à la phase de déni. C'est-à-dire qu'elle refuse purement et simplement la mort du chien. Comme on l'a déjà évoqué, il se trouve que le chien, pour son malheur, est un animal qui rend tout à fait possible et de façon très spectaculaire le déni de l'homme, dans la mesure où on peut sans problème en retrouver un identique.

Il peut donc arriver qu'une famille dont le chien vient de décéder fasse l'acquisition, dans les heures (je dis bien les heures) ou, au plus, les jours qui suivent le décès, d'un autre chien, souvent parfaitement semblable jusqu'au détail près. C'est-à-dire qu'il sera de même sexe, de la même race, avec la même répartition des taches et, très souvent, en provenance du même éleveur et de la même portée. Ce chien pratiquement semblable à l'autre est donc acquis dans le but de nier la mort du précédent. Ajoutons à cela qu'on peut lui donner le même nom – on observe malheureusement une pratique identique lorsqu'il s'agit d'un enfant.

Le problème, c'est que, dès l'instant où ce chien arrive dans la famille, il est placé dans un système de comparaison avec l'animal défunt qui est bien sûr totalement idéalisé ; c'est-à-dire qu'il était forcément plus obéissant, plus gentil, plus intelligent, etc. Au contraire de l'enfant, le chien n'est pas du tout conscient de cette situation de comparaison en sa défaveur – on ne peut évidemment pas imaginer que le chien se retrouve face à une image de lui-même qui serait dévalorisée –, mais il est pris dans le jeu de la communication avec ses maîtres. Or ces maîtres vont établir avec ce chien une communication totalement ambivalente. C'est extrêmement spectaculaire, c'est-à-dire que, en fait, ce chien est disqualifié dans tout ce qu'il fait. Ainsi, dans la communication, il va systématiquement se trouver en butte à des réponses, de la part de ses maîtres, totalement inadaptées à ce qui est en train de se passer. Quand il vient pour faire la fête, il est brutal, et ses maîtres vont le repousser alors qu'il ne fait rien de mal ; lorsqu'il fait ses besoins, alors qu'il est encore un chiot, c'est forcément très grave, parce que l'autre chien, bien sûr, a laissé le souvenir d'avoir été propre instantanément.

Cela ne veut pas dire que le chien est battu, mais qu'on va avoir des interactions dans lesquelles les maîtres envoient constamment au chiot des signaux à double sens. Parmi ces signaux à double sens, il y a celui caricatural qui consiste à appeler le chiot, en ayant l'air très souriant, et à le repousser chaque fois qu'il arrive parce qu'on le trouve brutal ; pour le chiot, c'est reçu comme un appel au contact, et immédiatement après comme quelque chose qui est plus proche de la sanction que de l'accueil. Dans la façon de caresser des maîtres, on s'aperçoit que même le mouvement des mains est modifié : il n'y a pas d'établissement complet du contact, le chien est caressé non pas avec la paume complète mais avec les éminences qui sont à la base de la paume de la main. Ce sont donc des caresses dans lesquelles on repousse le chien et où il n'y a pas la totalité de la communication. En général, le maître ne parle pas à son chien pendant qu'il le caresse : il n'y aura pas les signaux verbaux et non verbaux qui accompagnent normalement un échange affectif.

Ce pauvre animal reçoit donc en permanence des messages à double sens, et cette double communication va très vite aboutir à un état d'anxiété extrêmement profonde qui s'accompagne de signes médicaux importants. Ce sont les tableaux de l'anxiété tels qu'on les a décrits (voir page 193), mais tout cela se complique avec des troubles organiques, notamment beaucoup de troubles dermatologiques : on observe souvent des pyodermites, maladies cutanées dans lesquelles il y a des lésions purulentes dues à des staphylocoques et à d'autres bactéries. Des troubles digestifs sont très fréquents également, et les maîtres se retrouvent très souvent chez le vétérinaire, ce qui les renforce dans leur idée que, finalement, l'autre chien était vraiment bien supérieur à celui-là.

Les troubles vont être d'autant plus sévères qu'on est en plein dans la période où la communication s'instaure (voir pages 39 à 57).

Ce syndrome du chien de remplacement est une entité qu'on sait bien reconnaître aujourd'hui et sur laquelle on a des possibilités thérapeutiques.

Le cas qui suit m'a été rapporté par un vétérinaire comportementaliste que je voudrais citer, Claude Beata. Un de ses clients, dans le sud de la France, était amateur de braques allemands. Il avait fait l'acquisition d'un de ces superbes chiens dans un élevage très renommé qui se trouve en Alsace. Dès le départ, ce

chien est hyperinvesti sur le plan affectif car il était très attendu. Lorsque le propriétaire le montre au vétérinaire, il lui dit : « Vous avez vu comme il est beau, c'est vraiment une lignée de champion, etc. » Pour lui, le chien est en quelque sorte la septième merveille du monde.
Or, le lendemain, le chien échappe à la vigilance de son maître et se fait écraser dans la rue. Il ne meurt pas sur le coup, est emmené en clinique, mais, hélas, il ne peut être sauvé et décède. Dans l'après-midi du même jour, le maître du braque téléphone à l'éleveur alsacien qui lui répond qu'il reste un frère de la même portée. Il file en Alsace le soir même, et, le lendemain matin, Claude Beata a donc la surprise de voir le même homme avec un chiot qui est le frère de celui qui vient de décéder et qui lui ressemble comme deux gouttes d'eau. Comme c'est la même année de naissance, il fait modifier les papiers pour lui donner le même nom. Malgré cela, les premières paroles du maître lorsqu'il pose le chiot sur la table du vétérinaire sont : « Vous ne trouvez pas qu'il est quand même beaucoup moins beau ? »
Quelques semaines plus tard, le chiot commence à manifester des troubles : il est malpropre, il a des tas de signes anxieux, il souffre du « syndrome du côlon irritable », il a des diarrhées et, quelques semaines plus tard, il commence une pyodermite. Là, c'est l'engrenage des consultations chez le vétérinaire, et, chaque fois, le maître explique à quel point ce chien est moins bien que le précédent – qu'il n'a même pas eu le temps de connaître, soit dit en passant.

➤ Le traitement

Ce chien va heureusement pouvoir être soigné, mais ce sera long. Il faut d'abord traiter l'anxiété ainsi que tous les troubles organiques qui lui sont associés. Cela implique des traitements qui, une fois encore, vont plus chercher à faire réagir le chien qu'à masquer ce qui se passe autour ; on évite les anxiolytiques comme les dérivés de Valium® qui provoquent une sorte d'anesthésie émotionnelle, ce dont on n'a pas du tout besoin dans ce type de traitement. On va plutôt chercher à stimuler les productions comportementales du chien.

Puis il faut mettre en place une thérapie. Il faut savoir que dans ce cas on n'est plus dans le type de thérapies qui ne concernent que le chien mais dans ce qu'on appelle une « thérapie systémique » ou une thérapie familiale dont le but est d'aider la famille à changer, ou plutôt d'accompagner un changement qu'elle aura elle-même déterminé au cours du dialogue avec le vétérinaire.

Évidemment, la thérapie ne consiste pas à assener un programme de choses à faire : au contraire, il faut dédramatiser la situation en permettant aux gens de dire leur deuil. L'une des causes de ce syndrome de remplacement réside en ce que, finalement, les maîtres ont l'impression de ne pas être autorisés à dire leur souffrance, leur chagrin et leur deuil, après la mort du chien précédent. C'est-à-dire qu'à la fois tout le monde reconnaît que c'est une grande souffrance de perdre son chien, mais qu'en même temps il est considéré comme indécent d'en parler.

L'une de nos premières tâches consiste donc à parler du chien qui est mort : on essaie d'organiser la cicatrisation de ce deuil en permettant de verbaliser tout ce que les gens n'osaient pas dire. La grande erreur – et qui pourtant paraît être la chose la plus simple –, c'est de commencer par faire le bilan du nouveau chien pour prouver à quel point il est « bien ». En réalité, c'est une maladresse parce que le système familial va résister de toutes ses forces à cette reconstruction, et les maîtres vont passer leur temps à mettre en exergue tous les défauts (qui sont parfois objectifs au demeurant) du nouveau chiot.

Comme il est souvent très difficile de faire accepter ce nouveau chiot, nous prenons sur nous la description de toutes les nuisances de ce chien ; c'est-à-dire que notre technique consiste à montrer aux gens combien ce nouveau chien est une source de problèmes sans fin. Après avoir énuméré tous les défauts du chien, on obtient exactement le résultat symétrique de ce qu'on a dit qu'il ne fallait pas faire : le système familial va automatiquement prendre la défense du chien en disant : « D'accord, il n'est pas propre, d'accord, il a des problèmes de santé, mais il est tellement gentil, tellement sympa, et même avec ses boutons, il est finalement beau ce chien, etc. »

Dès cet instant, on rebondit sur ce premier changement en aidant la famille à progressivement prendre conscience de ce qu'est réellement ce chien. Pour ce faire, on se polarise sur l'une de ses anxiétés, issue de sa pathologie de chien de remplacement, en essayant de voir ensemble ce qu'on peut faire pour l'améliorer. On peut commencer par un programme pour restaurer l'apprentissage de la propreté : on décrit donc aux propriétaires ce que le chien peut comprendre en matière d'apprentissage de la propreté (il s'agit de ce qu'on a décrit auparavant page 94). C'est très important parce que, en plus, le traitement qui a été prescrit favorise la prise d'initiatives par le chien et augmente ses capacités d'apprentissage. On va donc obtenir de bons résultats avec cet exercice qui peut paraître mineur comparé à la gravité des troubles du chien, mais qui vient renforcer le travail effectué au cours des consultations, en prouvant que, finalement, ce chien est capable d'être mieux que ce qu'il semble être.

Progressivement, c'est la famille qui va prendre en charge le chien ; on est dans une dynamique de thérapie familiale où, petit à petit, chaque personne va être soignée de son mal. Jamais, évidemment, il ne sera dit que ce chien aurait été très bien si on ne lui avait pas fait subir ce système de double contrainte. Dire : « Mais vous vous rendez compte de la souffrance que vous infligez à votre chien ? Vous vous rendez compte que c'est parce que vous avez nié le deuil de l'autre qu'il est dans cet état », est probablement très réconfortant pour le clinicien indigné, mais cela n'apporte aucune réponse à la souffrance du groupe. Le chien qui est là et qui souffre est un animal symptôme d'une souffrance de l'ensemble du groupe familial. Si on ne prend pas en compte cette dimension-là, on ne guérit personne, étant entendu que le travail du vétérinaire n'est pas de guérir la famille, mais de faire en sorte que l'animal aille mieux et ait une relation idéale avec ses maîtres, mais étant aussi entendu que cet idéal, ce sont eux qui le définissent.

➤ Comment éviter qu'un chien ne serve à « remplacer » un chien disparu

Ce trouble nous conduit à parler de prévention. La prévention se situe évidemment au moment du décès du chien précédent. Aujourd'hui, il existe de nombreuses initiatives qui permettent d'entourer la mort d'un chien.

Tout d'abord, puisque tout le monde est d'accord pour reconnaître qu'on a une relation affective avec un chien, il faut avoir la cohérence d'oser dire qu'on est triste et malheureux quand le chien meurt. On entend très souvent les gens nous dire des choses comme : « C'est terrible, vous comprenez, parce que je n'ai pas ressenti moins de peine que pour la mort de ma mère ou de mon mari. » Beaucoup, on l'a déjà dit, ont une sensation de culpabilité face à une loyauté cachée vis-à-vis d'un autre défunt ; il n'est pas nécessaire d'établir une hiérarchie dans la peine que l'on ressent quand on perd un être cher. Le travail du vétérinaire, qui sera souvent présent lorsque le chien décède, consiste, on l'a vu, à laisser les gens exprimer leur deuil et leur chagrin.

Par ailleurs, il ne faut pas chercher à aseptiser la mort de l'animal, c'est-à-dire qu'il faut voir le corps de l'animal mort (il y a même des gens qui ont besoin de toucher une dernière fois le corps de leur chien). Ne pas voir le chien mort facilite la phase de déni parce qu'on n'a pas pu s'assurer, de façon sensorielle, de la mort de l'être cher, et qu'on peut toujours se dire qu'il n'est pas vraiment mort.

Autre élément de prévention : il faut prendre le temps de faire son deuil. Le deuil du chien ne prend pas fin quelques heures après le départ de la clinique vétérinaire. Tant que le deuil n'est pas cicatrisé, il ne faut pas acquérir un autre chien. Il y a même des consignes encore plus drastiques qui consistent à déconseiller formellement aux gens de prendre la même race et le même sexe, etc. Malheureusement, même quand le chien est très différent morphologiquement du précédent, on arrive à des troubles du syndrome du chien de remplacement, parce qu'à la limite c'est encore plus facile de lui reprocher d'être vraiment différent et donc moins bien que le chien défunt.

CHAPITRE 6

Qu'est-ce qu'un chien ?

D'où vient le chien, cet animal reflet de l'homme ? Est-ce un loup apprivoisé, modelé, ou une espèce totalement différente dont les ancêtres auraient disparu ? L'homme et le chien partagent ce caractère étrange : leur origine est un sujet de controverse.

D'où vient le chien ?

C'est un grand sujet de controverse entre zoologistes, archéologues et paléontologistes : en effet, le chien est l'animal le plus anciennement domestiqué par l'homme et, en même temps, c'est l'une des espèces qui présente la morphologie la plus variée. L'écart de formes et de tailles est tellement important qu'un observateur non averti pourrait légitimement se demander si l'on a affaire à la même espèce, au sens zoologique du terme.

Entre chien et loup

Cette hétérogénéité morphologique a suscité de nombreuses théories. L'une des plus fameuse est celle de Konrad Lorenz qui avait imaginé qu'il existait deux types de chiens :

– des chiens qui seraient des descendants du loup : il s'agirait des races nordiques que Lorenz décrit comme fières, plus facilement agressives mais très fidèles à leurs maîtres.

– des chiens qui descendraient du chacal doré : ce seraient des chiens d'apparence plus douce, généralement de taille plus petite présentant moins de comportements agressifs mais beaucoup plus fluctuants dans leur fidélité, qualifiés de peu fiables et qui correspondraient à toutes les races du Sud.

Quel que soit le génie de Lorenz, quand on sait ce qu'ont pu être ses amitiés et ses tendances politiques et sociologiques, on comprend une fois de plus qu'il s'est servi du chien pour parler de l'homme. C'est en fait une tendance à laquelle il est difficile d'échapper. Ce modèle théorique est donc intéressant au plan de la contamination de la pensée scientifique par l'idéologie, mais il n'a pas beaucoup de valeur scientifique, d'autant qu'on est aujourd'hui capable, avec des systèmes de sondes génétiques, de savoir quelles sont les parentés entre les espèces et que la parenté entre le chien et le chacal est ainsi clairement écartée.

Conclusion, à l'heure actuelle, au plan zoologique, la controverse peut être considérée comme réglée : le chien est un loup. De fait, beaucoup d'auteurs étaient arrivés à la conclusion que le chien et le loup étaient le même animal, ne serait-ce que parce que les deux sont interféconds : c'est-à-dire qu'en Europe – notamment en Italie et en Espagne –, dans les zones où les populations de loups sont abondantes, on rencontre dans les fermes des animaux qui sont le produit de croisements entre le loup et le chien.

Bien sûr, on trouve différentes sous-espèces de loups à la surface du globe : des loups d'Amérique du Nord, des loups européens, méridionaux, asiatiques, et, ce qui est particulier, il semblerait que certains groupes de populations aient tendance à garder des caractéristiques infantiles : c'est ce qu'on appelle, en biologie, la « néoténie ». Suivant les espèces, cette néoténie s'accompagne d'une morphologie plus ronde avec persistance de caractères juvéniles, mais aussi d'une plus grande plasticité comportementale. On pense que, chez le loup, il y aurait des groupes d'individus qui garderaient ces caractéristiques juvéniles, ce qui a attiré l'homme.

Cela étant, on peut se poser un certain nombre de questions dont l'une des plus essentielles est la suivante : qu'est-ce qui fait que des loups se sont mis à vivre avec des êtres humains ?

Le chien, animal utilitaire ?

Il existe deux grandes explications sur l'origine de la relation entre l'homme et le chien. Certains auteurs sont allés jusqu'à développer la théorie suivante : nos ancêtres du paléolithique chassaient en groupe pour essayer d'approcher leur gibier ; le loup chasse en groupe dès que les proies sont de taille importante avec une stratégie très élaborée ; on pourrait donc penser que les deux espèces ont collaboré spontanément pour capturer des proies de grande taille et, finalement, ont partagé cette nourriture.

Le premier problème que pose cette hypothèse, c'est que les stratégies utilisées par le loup, si sophistiquées soient-elles, sont toujours basées sur le même principe : le loup « force » sa proie. Forcer est un terme que l'on utilise beaucoup en vénerie : il signifie qu'on pousse la proie à courir jusqu'au moment où elle est tellement fatiguée qu'on peut s'en emparer. Cette technique permet d'abord de faire une sélection, c'est-à-dire qu'en général, même s'il y a plus ou moins repérage d'un individu ou d'un groupe d'individus d'apparence plus faible, les loups attaquent un troupeau – par exemple, dans le Grand Nord, un troupeau de rennes. Ils poussent le groupe d'animaux devant eux, et, petit à petit, l'un d'eux se détache parce qu'il court moins bien : c'est sur lui que les loups se focalisent.

Mais tout cela nécessite de courir pour pouvoir pousser la proie jusqu'à l'épuisement, ce qui n'est pas une grande caractéristique de l'être humain.

Deuxième point, si l'on regarde les techniques de chasse les plus primitives, on constate qu'elles utilisent des armes de jet qui n'ont pas une portée très importante. Plus près de nous, des études ont été réalisées sur les *bushmen* en Afrique du Sud : leurs techniques de chasse consistent principalement à approcher la proie le plus près possible, le plus discrètement possible, pour pouvoir décocher une flèche. Or ceci est une technique de chasse plus féline que canine. On s'aperçoit du reste que les *bushmen*, qui ont des chiens, ne les emmènent jamais avec eux, parce qu'ils les dérangeraient dans leur façon de chasser.

Finalement, il faudra que l'être humain ait développé des armes de jet suffisamment puissantes pour qu'il se mette à utiliser le chien, et l'avènement de l'utilisation des chiens dans le cadre de la chasse, la création d'une vénerie passent aussi par l'augmentation de la vitesse de déplacement de l'être humain et par l'utilisation du cheval. Jusque-là, l'utilisation du chien pour la chasse ne va pas de soi.

La théorie selon laquelle c'est uniquement à partir d'une coopération à la chasse que l'homme et le loup sont devenus amis n'est donc pas défendable.

Le chien, animal de compagnie ?

Au cours de fouilles, les archéologues ont trouvé des corps humains qui avaient été placés en sépulture avec, auprès d'eux ou même dans leurs bras, des chiots, en tout cas des petits canidés, dont certains sont des espèces intermédiaires entre le squelette du loup classique et celui du chien. Ce qui est sûr, c'est qu'ils tenaient ces animaux dans leurs bras, comme c'est le cas avec des êtres pour lesquels il existe un lien affectif.

Si l'on regarde ce qui se passe dans des populations qui ont des modes de vie comparables à ceux du néolithique, notamment des populations vivant en Papouasie, en Nouvelle-Guinée ou d'autres populations comme les Aïnous ou les Pygmées d'Afrique, on observe que, classiquement, quand une femme perd son enfant, le groupe lui offre un petit animal qu'elle va materner. Dans certains cas, elle peut même lui donner le sein : chez les Aïnous, par exemple, on élève les oursons de cette façon ;

chez les Pygmées, ce sont des porcelets, en Papouasie-Nouvelle-Guinée, des chiots. Petit à petit, compte tenu de cette observation actuelle et de la présence de chiots dans les sépultures, l'idée s'est fait jour que l'homme aurait été surtout attiré par des animaux issus de populations de loups à caractère très juvénile et aurait utilisé ces animaux comme substitut affectif.

Même si les deux hypothèses ne s'excluent pas totalement, c'est-à-dire même s'il est possible qu'il y ait eu des coopérations en termes de prédation entre l'homme et le chien, il est très probable que le chien, dès le départ, avait pour vocation d'être un animal de compagnie. En tout cas, sa relation à l'homme n'était pas seulement utilitaire.

Cette observation est très intéressante car, aujourd'hui, certains prétendent que depuis que l'homme a introduit le chien au sein de la famille (depuis la fin des années 1950) et depuis que le chien est donc devenu un membre à part entière de la famille occidentale, on l'a complètement dégradé et désorganisé : il a perdu sa fonction de travail, et, l'oisiveté étant mère de tous les vices, il n'est pas étonnant qu'on ait tant de problèmes avec nos chiens.

Tout ce discours véhicule beaucoup de propos moralisateurs et de projections parce que cela signifierait que, dès qu'un chien a des problèmes comportementaux, il suffit de le faire travailler pour qu'il aille mieux. Si c'est un berger allemand, il suffit de lui apprendre à mordre, parce que c'est son travail de berger allemand – on ne sait pas pourquoi mais c'est comme ça. Si c'est un chien de chasse, il faut qu'il chasse. Si c'est un chien de traîneau, il faut qu'il tire un traîneau, et ainsi de suite.

Dans la deuxième hypothèse, si le chien a été dès le départ un substitut affectif, on comprend mieux que, périodiquement, et notamment dans des sociétés plus complexes et plus stressantes, l'homme puisse rechercher intensément cette relation avec un animal qui l'apaise.

Les différents « métiers » du chien

La relation de l'homme au chien a subi de nombreuses évolutions, et l'on peut dire qu'on retrouve le chien dans tous les rôles. En premier lieu, l'une des utilisations qui apparaît comme les plus antipathiques pour nos sociétés occidentales (mais qui a existé et qui existe toujours) : le chien, comme tous les autres animaux, a servi à l'homme de denrée alimentaire. Cela veut dire que l'homme a mangé du chien et mange encore du chien. Cette consommation de chien, on en constate des traces très anciennes : à partir du moment où l'on trouve des squelettes d'animaux ressemblant à des chiens associés à l'homme, on repère aussi des traces qui montrent qu'il y a eu consommation de l'animal, dans certaines régions du monde plus que dans d'autres. Cette pratique a perduré dans différentes régions – on pense tout de suite à l'Asie –, mais il ne faut pas oublier qu'il y avait des boucheries où l'on trouvait encore du chien en Allemagne et en Suisse, au début du siècle.

Quant à l'Asie, le chien y reste un met de choix, avec des races qui au départ sont plutôt destinées à être consommées. C'est le cas du chow-chow, dont le destin ressemble beaucoup à celui de nos vaches dans les fermes traditionnelles : c'est à la fois un animal de boucherie et un animal destiné à la traction puisqu'on lui fait tirer de petites charrettes. Sont aussi consommés des chiens dont les populations ne sont génétiquement pas très stabilisées mais qui ont tous à peu près la même morphologie – type berger avec une queue enroulée sous la croupe. Dans nos pays, ils valent très cher, même si la mode est un peu retombée, comme pour le sharpei, qui sert à la fois de chien de combat et de chien à manger. En Asie du Sud-Est, il n'y a guère que le Japon qui ne soit pas consommateur de chiens.

Il est amusant de signaler qu'en Asie, à côté des chiens qu'on mangeait, il y avait des chiens dont la position était aristocratique ou sacrée : ils étaient associés soit à la population religieuse – comme le terrier du Tibet qui vivait avec les moines – soit à l'empereur de Chine – comme les pékinois shih-tzu dans la cité interdite. On retrouve chez ces pékinois les mêmes caractéristiques morphologiques que sur les grandes statues de lions : on a sélectionné ces chiens pour qu'ils aient un faciès de lion. La petite histoire raconte que ce sont des officiers ou des diplomates britanniques qui ont fait sortir quelques pékinois pour les ramener en Europe et les faire se reproduire. C'étaient en effet des animaux dont la commercialisation n'était pas autorisée.

On a aussi mangé des chiens dans une société qui a disparu mais qui en revanche nous a laissé des souvenirs en matière de races de chiens : les Aztèques. Toutes les sociétés qui se sont succédé dans ce qui est aujourd'hui le Mexique et le Guatemala consommaient du chien, notamment deux races – dont personne n'imaginerait qu'elles puissent être consommées ! –, qui étaient considéré comme une friandise : le chihuahua et une autre race qui est un chien nu – plus pratique car nécessitant moins de travail en préparation –, le xoloizcuintle (ou xolo). C'est un chien de taille moyenne qu'on trouve aujourd'hui encore dans nos sociétés occidentales, qui n'a pas de poils et qui vaut aussi très cher.

Le chien, animal de traction

Dans un passé très récent et parfois de manière encore présente dans certains pays, le chien était utilisé comme animal de traction. Cette fonction, à laquelle on pense moins souvent, semble assez ancienne, même s'il est difficile d'en trouver des traces ; on a toutes les raisons de penser qu'assez vite certaines populations humaines ont fait tirer des objets ou des enfants aux chiens.

Chez les Indiens d'Amérique du Nord, notamment chez les tribus des plaines, les chiens tiraient des espèces de charrois faits avec deux branches entre lesquelles des peaux étaient tendues. On posait là des enfants, notamment des bébés, mais aussi des marchandises, des objets usuels.

On pense évidemment aux chiens des Esquimaux, mais il faut savoir qu'en Europe aussi, jusqu'au début du siècle – avec une résurgence au moment des guerres –, on a utilisé des chiens pour tirer des petites carrioles. On trouve encore des cartes postales et des photographies montrant des chiens généralement assez grands, attelés à des petites carrioles dans lesquelles on voit des enfants. C'était alors quelque chose de tout à fait banal.

Le chien de chasse

L'un des « métiers » les plus importants et les plus traditionnels du chien est celui de chien de chasse, avec deux grands types d'utilisation.

➤ Lorsque le chien est utilisé comme un prédateur

Dans un premier mode d'utilisation, la prédation est exercée par le chien. On retrouve le mode de chasse naturel du chien qui concerne toutes les races de chiens courants : le chien doit trouver la proie, la faire courir et la forcer, à l'origine, principalement pour qu'elle soit bloquée à un endroit afin que l'être humain vienne la mettre à mort. C'est ce mode de chasse qui prévaut dans la chasse à courre sur le cerf, dans la chasse au renard anglaise, ou dans la petite vénerie, c'est-à-dire quand il n'y pas de chevaux et que l'homme court derrière les chiens jusqu'à ce qu'ils aient bloqué le lièvre, par exemple.

Évidemment, dès qu'on a eu des armes, notamment des armes à feu, s'est développée une chasse au chien courant : l'homme est posté et essaie d'anticiper les trajectoires de la proie pour l'abattre au moment où elle passe à sa portée.

Ce qui est très intéressant dans la vénerie, c'est que, progressivement, un système de communication s'est mis en place entre l'homme et le chien, l'homme apprenant à décoder les vocalises du chien. Un bon piqueux – le piqueux est celui qui s'occupe de la meute – est capable, d'une part, d'identifier la voix de chacun de ses chiens, ce qui est assez remarquable à distance, et, d'autre part, de savoir ce qui se passe assez précisément, ce qui permet d'ailleurs d'orienter la chasse de façon efficace. Ainsi, il peut savoir si les chiens sont derrière une biche ou un cerf – à la chasse à courre on ne touche pas les biches. S'ils sont derrière une biche, on va sonner pour rameuter et renvoyer les chiens sur un cerf. Il peut aussi repérer les moments où les chiens sont dans une situation difficile parce qu'ils ont été trompés par les différents lacets et recoupements de voies qu'a pu opérer le cerf. On peut au contraire savoir que les chiens ont vu le cerf et sont en train de se rapprocher, ce qui va amener à différentes sonneries – dont le fameux hallali.

Cela nous amène au deuxième système de communication : l'utilisation de la trompe ou du cor par l'être humain. Or on s'aperçoit très vite que les chiens eux aussi associent parfaitement certaines sonneries avec des informations précises. Dans une chasse à courre, au moment où l'on ouvre la porte du chenil, on imagine que les chiens vont se disperser dans le plus grand désordre, mais ce n'est pas du tout le cas : ils viennent se rassembler autour du cheval du piqueux et attendent qu'on leur sonne le « bien-aller » pour partir. Jusque-là, pendant qu'on sonne la sortie du chenil, ils sont rassemblés. De façon régulière pendant la chasse, ils vont suivre les informations transmises par le cor. Il est amusant de constater que, manifestement, les chevaux de chasse suivent à la fois les sonneries et les vocalises des chiens, de sorte que, si l'on n'a jamais été à la chasse, la meilleure tactique est de laisser le cheval chasser, s'il y est habitué. Dans le cas contraire, on peut facilement se retrouver très loin de l'endroit où les choses intéressantes se passent.

On pourrait ajouter à ces modes de chasse assez basiques l'utilisation de chiens de déterrage : ce sont des chiens qu'on envoie dans le terrier pour attaquer la proie, que ce soit un renard ou un blaireau. Étant bien entendu que cela n'est devenu possible que parce que la sélection a fait qu'on a pu réduire la taille du loup de telle sorte qu'il est devenu capable de rentrer dans un terrier de renard, de blaireau ou même de lapin pour les variétés de teckels les plus petites comme le teckel miniature (Kaninchenteckel).

➤ Le chien d'arrêt

Ce qui est du domaine du chien d'arrêt a nécessité une évolution plus importante. De quoi s'agit-il ? Ici, le travail du chien consiste à dépister l'endroit où se trouve le gibier puis à le faire partir mais en restant sur place, c'est-à-dire en marquant ce qu'on appelle l'*arrêt*, de façon que le chasseur puisse tirer.

L'arrêt est un état très particulier sur lequel il y a aujourd'hui très peu d'études, parce qu'il n'est pas très simple d'aller mettre des électrodes sur un chien… Ce qui est sûr, c'est que le chien va quêter, c'est-à-dire que, suivant les races, il est nez au vent ou nez au sol, et qu'il repère. Pour l'instant, on ne sait pas encore très bien quoi, sûrement pas simplement l'odeur de l'animal, en tout cas il sait à un moment donné qu'il y a une proie. Dès lors, le chien commence à l'approcher, avec différentes étapes selon les races de chiens — il y a des phases de couler durant lesquelles il rampe littéralement. Quand il est tout près, il marque l'arrêt. C'est une phase d'immobilité totale, très caractéristique et très nette pour le chasseur : une race comme le pointer marque des arrêts absolument magnifiques où il ressemble à une véritable statue.

À ce moment-là, généralement, le chasseur donne un ordre qui conduit le chien à repartir en couler vers la proie. Si c'est un oiseau, il va décoller, s'envoler, et là, le chasseur peut l'abattre. Si c'est un lièvre ou un lapin, il va débouler, partir à toute vitesse et permettre ainsi au chasseur de le tirer.

Ensuite, le chien va chercher l'animal qui est mort : c'est la deuxième phase de son travail. On a sélectionné des races pour obtenir un comportement de rapport optimal : on les appelle les retrievers (labrador, golden retriever). C'est aussi l'origine du caniche – notamment des gros caniches dont l'ancêtre était le barbet –, qui était manifestement un chien de chasse au canard, d'où la tonte lion qui permet à la fois de le protéger contre le froid et d'avoir un séchage rapide. Il y a, au Portugal, une race très spectaculaire qu'on appelle le cão de agua : c'est un chien d'assez grande taille, d'allure en lion, et qui est aussi utilisé pour le gibier doux.

Dans ce type de chasse, on demande à l'animal un énorme contrôle puisqu'il doit rapporter le gibier mort et ne pas l'abîmer. S'il se met à le mâchonner, on dit qu'il « pille », et le pillage est considéré comme un gros défaut chez un chien de chasse. Les chiens les mieux éduqués sont ceux qui vont rapporter le gibier sans mâchonner.

Tout cela fait l'objet d'un apprentissage qui nécessite des prédispositions. Ainsi, on ne fait pas tenir l'arrêt à un chien courant. À l'inverse, et c'est la grande angoisse des chasseurs puristes, il ne faut pas s'amuser à mettre un pointer au milieu d'une meute de chiens courants : même s'il a cette propension naturelle à marquer l'arrêt, s'il n'est pas éduqué à cette méthode de chasse, il se met à courir comme les autres, et tout se désorganise très vite.

Il faut bien comprendre que cet apprentissage nécessite un niveau d'inhibition du chien extrêmement important, car, à toutes les phases, il faut qu'il s'arrête dans son élan. Malheureusement, cela justifiait des méthodes barbares, parfois encore utilisées même si elles sont interdites au titre de la protection animale, je veux parler des méthodes d'éducation ou de rééducation, utilisant des lassos en fil de fer pour bloquer le chien. Je me souviens d'un braque qui avait été adopté par des gens. Sur son poil marron moucheté de blanc, il présentait un fin trait blanc autour du cou, car la peau avait été tellement entaillée par le nœud coulant qu'à la repousse, le poil n'était plus pigmenté. Autre procédé du même acabit : l'utilisation du petit plomb, c'est-à-dire que, si le chien commence à partir trop tôt, on lui tire dessus avec du petit plomb ou du sel. Aujourd'hui, on utilise des méthodes qui ne sont pas plus recommandables, mais qui laissent moins de traces : le collier avec choc électrique déclenché à distance.

On a souvent recours à ces méthodes alors que, dans le passé, le chasseur avait la patience d'éduquer son chien et vivait très près du lieu de chasse : c'était un ensemble culturel, il y avait une relation très forte entre le chien et le chasseur. Malheureusement, on trouve aujourd'hui des chasseurs pour lesquels la chasse fait partie d'un signe extérieur de réussite sociale, et qui veulent un chien clé en main, qu'ils n'auront jamais pris la peine de former. Le plus souvent, parce qu'ils ne vivent pas dans un endroit qui permet de le faire, mais aussi parce qu'ils n'ont pas le savoir-faire ni surtout la patience. Ils paient donc des gens qui ne sont pas toujours très compétents, et n'ont pas une grande rigueur morale, l'objectif étant d'avoir un chien mécanisé. Tout cela est justifié par l'idée qu'on est dans le cadre d'une espèce de grande tradition. Or, quand on lit les textes des grands veneurs d'autrefois ou des gens qui ont théorisé l'éducation des chiens de chasse, on s'aperçoit que les méthodes violentes ne font pas partie de l'arsenal. Elles le sont devenues au même titre qu'on voit, malheureusement, des cavaliers mettre des éperons électriques ou faire passer à leurs chevaux des guêtres à clous ou des guêtres avec de l'essence de térébenthine pour leur apprendre à ne pas toucher la barre d'obstacle. Ce genre de débordements jette le discrédit sur l'ensemble de l'éducation de ces chiens, ce qui est parfaitement injuste, car elle procède d'un remarquable savoir-faire que connaissent encore certains grands professionnels de l'éducation des chiens de chasse, en France ainsi que dans d'autres pays d'Europe.

➤ Le chien de recherche au sang

Le chien de recherche au sang est une « spécialité » qui nous vient de l'Allemagne, de l'Alsace et de quelques pays d'Europe centrale, dans lesquels les règles de chasse, de tout temps, interdisent de laisser un animal blessé sans l'abattre. On a donc développé l'éducation de chiens capables de remonter la piste à partir de l'endroit où l'animal a été blessé, pour le retrouver, de façon à permettre de l'achever – pour lui éviter une longue agonie – et de le récupérer.

Il y a des races plus compétentes, plus prédisposées à ce type d'exercice qui nécessite d'abord un excellent équipement olfactif. Dans les grandes races en matière de recherche au sang, on peut citer, « À tout seigneur, tout honneur », le saint-hubert. Ce très gros chien peut peser jusqu'à 40-50 kg, avec beaucoup de peau, de grandes oreilles, et est du reste l'ancêtre de pratiquement tous les chiens courants (d'une façon ou d'une autre, il a souvent participé par croisement à la création de ces races). Le teckel est aussi un excellent chien de sang, ainsi que le bruno du Jura et d'autres races moins connues chez nous qu'on appelle les chiens de rouge, provenant de différentes régions d'Allemagne : ce sont des chiens avec des robes d'un marron-rouge brique plus ou moins soutenu, et pour lesquels on effectue un entraînement spécial, en créant des pistes artificielles avec du sang d'animal domestique, éventuellement mélangé avec un peu d'odeur de gibier, des abats.

Le travail du chien de chasse peut être rapproché d'une autre utilisation, qui pour sa part ne doit pas aboutir à la mort de l'animal : je veux parler des chiens de berger.

Les chiens de berger

Le rôle du chien de berger est de rassembler les animaux et de les empêcher de sortir du groupe. C'est un comportement qu'on observe spontanément chez les loups quand ils chassent des troupeaux. Mais, évidemment, dans le travail d'éducation d'un chien de berger, on lui apprend à seulement mordre brièvement les animaux, notamment les animaux de petite taille comme le mouton. Cela étant, on observe dans de nombreuses circonstances qu'il y a toujours eu des chiens qui avaient tendance à faire des « prélèvements » sur le troupeau. D'autant que, parmi les chiens de troupeau, sont apparus très vite deux types de chiens : des chiens qui étaient des auxiliaires de l'homme, pour rassembler et conduire, et des chiens destinés à protéger les troupeaux contre les prédateurs.

➤ Le chien de berger qui aide l'homme à rassembler et à conduire les troupeaux

Aujourd'hui, les chiens ont été supplantés par les clôtures électriques et les barbelés, mais on a tendance à oublier que, dans le nom de beaucoup de nos races favorites – le briard, le beauceron, le berger allemand –, il y a le mot berger : en réalité, le berger de Brie, le berger de Beauce, etc. Tous ces chiens gardaient des troupeaux de bovins, et parfois des troupeaux de moutons. Restent un certain nombre de races encore utilisées pour garder les troupeaux, comme le berger des Pyrénées, mais aussi le border collie, une race anglaise très appréciée, très spectaculaire quand on la voit travailler et qui gagne beaucoup de prix dans les concours de rassemblement de troupeaux de moutons comme de troupeaux d'oies (puisqu'on utilisait aussi des chiens pour garder les oies). Ce sont des chiens capables de répondre à des signaux très légers de la part de leur maître et souvent à grande distance (on l'a vu récemment dans le film *Babe*) : le moindre petit mouvement du maître, une manière de siffler particulière permettent au chien de savoir ce qu'il a à faire avec le troupeau.

➤ Le chien de berger qui protège des prédateurs le troupeau

Dans certaines régions, souvent en montagne, est apparue très vite à l'homme la nécessité de protéger son troupeau des prédateurs, et donc d'avoir des chiens capables de se battre contre des loups, des ours, des grands félins, notamment la panthère des neiges. Pour cela, il lui fallait des chiens de grande taille, avec des mâchoires extrêmement puissantes, de telle sorte que, si le berger était absent ou en train de dormir, un prédateur ou même un voleur ne puisse pas s'emparer d'un mouton.

Chez nous, la race la plus célèbre est le chien de montagne des Pyrénées, ce grand chien blanc immortalisé par le feuilleton *Belle et Sébastien* et dont la vocation consistait à repousser aussi bien les loups que les ours, les chiens errants ou les brigands qui pouvaient essayer de voler un mouton. L'honnêteté pousse à reconnaître, même si cela a l'air de porter atteinte à la bonne réputation de ces chiens, que, si un certain nombre de moutons disparaissaient, c'était parce qu'ils les mangeaient. On sait qu'un certain nombre d'entre eux avaient tendance à prélever leur « dîme » sur le troupeau, et les vieux bergers qui ont connu l'époque où ces chiens étaient indispensables disent que c'était une sorte de réciprocité admise, d'abord parce qu'il s'agissait d'un prélèvement faible, ensuite parce que, de toute façon, ces chiens n'étaient généralement pas vraiment nourris et se débrouillaient tout seuls. On retrouve presque une relation de cohabitation à l'ancienne, dans la mesure où chacun des deux respecte l'équilibre. Cela fonctionnait de cette façon : on se payait sur la bête.

Autre chien très spectaculaire, et dont on considère que toutes les races molossoïdes descendent : le dogue du Tibet. Je ne vais pas m'étendre sur les différentes variétés de dogues du Tibet, car c'est une population encore très hétérogène. Ce grand chien à dominante noire avec du poil feu, parfois un peu de blanc peut être très lourd. Il vivait dans les campements des nomades. Pendant la journée, il était maintenu à l'écart, tandis que, la nuit, on le laissait circuler librement de façon qu'il soit capable d'attaquer n'importe quel individu étranger au groupe, être humain, loup – ils sont nombreux dans ces régions –, ou panthère des neiges qui peut parfaitement descendre pour prélever soit un mouton, soit un jeune yack. Traditionnellement, ces chiens portaient un collier en crin teint en rouge autour de la tête, ce qui formait une espèce de crinière et les rendait encore plus effrayants.

La garde des biens

Autre utilisation très proche : la garde des biens. On peut dire que c'est l'utilisation sur laquelle on peut émettre le plus de réserves, surtout dans son application actuelle.

On peut penser que, dès l'origine de la relation, l'homme a apprécié que les chiens, *a fortiori* quand ils sont en situation de dominer, les avertissent en aboyant quand il y a transgression du territoire du groupe. Du reste, ils sont dans la même utilisation que les fameuses oies du Capitole, puisque les oies font du bruit dès que quelque chose approche de l'endroit où elles se trouvent.

À partir de cette utilisation, qui est presque, on peut dire, l'ancêtre de la sirène d'alarme, se dessine une évolution qui consiste à utiliser le chien non seulement pour avertir, mais de surcroît pour attaquer l'intrus. C'est là que les choses se dégradent, parce que, très vite, l'idée s'est fait jour – et malheureusement elle persiste aujourd'hui – que les meilleurs chiens de garde sont des chiens pour qui l'être humain n'est pas un interlocuteur social normal. D'où la tendance à faire vivre et à éduquer les chiens de garde en isolement par rapport au reste de la population, en faisant en sorte qu'il n'accepte qu'une personne, son maître. C'est probablement à cause de cette utilisation que sont nées de nombreuses légendes, et notamment l'idée qu'un chien n'a qu'un seul maître, image d'Épinal qu'on retrouve souvent.

➤ Comment on dresse un chien à la garde

En réalité, qu'est-ce qui se passe ? Pour obtenir ce type de dressage à la garde, on met le chien en état de détresse – cette « méthode » est encore utilisée par un certain nombre d'unités militaires un peu partout dans le monde. On va dire, pour simplifier, qu'il s'agit d'une espèce de syndrome de Stockholm pour chien. C'est-à-dire que le chien est enfermé, quasiment sans boire et sans manger – cela afin de le mettre en état de détresse maximal – et que le premier individu qu'il va voir et qui va lui donner à manger et à boire deviendra son conducteur, son maître. À partir de là, c'est le seul humain qui va être habilité à le manipuler et qui va lui fournir le dressage à l'attaque de tous les autres êtres humains, si on lui en donne l'ordre. Résultat : un chien de garde qu'on doit pouvoir laisser seul, à un endroit précis, en espérant de lui qu'il attaque toute personne qui rentre là.

La forme la plus ultime a été observée dans les structures militaires, notamment pendant la guerre froide, avec ce qu'on appelle les « chiens de couloirs », autour des installations militaires ou le long de certaines frontières. Le long du rideau de fer notamment, il y avait beaucoup de chiens de ce type. Ils vivaient entre deux immenses clôtures, dans un couloir, et attaquaient ou même mettaient à mort, s'ils en avaient la possibilité, tout individu qui passait dans ce couloir. Au moment de la chute du mur de Berlin, ces chiens ont tous été vendus ou dispersés, ce qui est d'ailleurs assez inquiétant puisqu'ils n'étaient absolument pas socialisés à l'être humain. Certains ont été recyclés dans des sociétés de gardiennage qui louent les services de ces chiens pour garder des entrepôts de voitures de luxe, avec évidemment un danger : il ne faut absolument pas que ces chiens aient la possibilité de s'échapper, parce leur seule réaction face à un être humain est un comportement d'agression.

Éthiquement, on peut se demander si on est fondé à créer ce genre de situations.

➤ Les chiens dressés par des particuliers pour la garde

La communication sur l'insécurité urbaine, les cambriolages, etc. ont conduit un certain nombre de particuliers à éduquer leur chien pour obtenir le même type de résultat. On a donc vu fleurir dans les clubs canins des cours de dressage. Afin de rassurer le public, on parle d'« éducation spécialisée », mais c'est du dressage en ce sens qu'il s'agit de modifier profondément le comportement du chien de façon à l'amener à garder la maison. En sachant bien que, spontanément, n'importe quel chien bien intégré dans le groupe familial va avoir tendance à aboyer quand quelque chose se passe, mais n'essaie pas pour autant d'égorger un inconnu qui entre dans la maison.

Ce qui est rassurant, c'est que, si l'on veut faire d'un chien de compagnie un chien de garde, le taux de réussite est extrêmement faible parce qu'il faut le désocialiser alors que, de façon plus ou moins parfaite, il a été socialisé, au cours de son développement, par ses maîtres. Mais il est en revanche très inquiétant de constater que, même quand on obtient des résultats partiels, ces chiens dressés pour la garde adoptent des comportements d'agression souvent mal contrôlés par les propriétaires, qui forcément vont aboutir à des accidents. Et il est vrai qu'aujourd'hui, aussi bien en France que dans la plupart des pays d'Europe, l'ensemble des spécialistes en matière de comportement canin a tendance à préconiser l'interdiction pour les particuliers de pratiquer ce type de dressage sur leur chien.

Les chiens de guerre

Si l'on reste dans les utilisations « violentes », en tout cas dirigées contre l'homme, on est obligé de parler de l'un des métiers les plus anciens, puisqu'il est décrit dans les textes antiques : celui de chien de guerre. Le chien de guerre est l'ancêtre du chien militaire actuel : il était envoyé dans le cadre des techniques de guerre antiques pour attaquer les fantassins de l'armée adverse, y semer la panique et, éventuellement, opérer quelques percées dans le groupe en blessant ou en tuant.

Il s'agit de races de chiens de grande taille, on le comprend bien, avec des mâchoires très spectaculaires. Lors des grandes invasions, les Alamans avaient frappé l'imagination des troupes romaines par la présence d'énormes chiens qui n'existent plus, mais qui sont à l'origine de nombreuses races actuelles, notamment le dogue allemand qui aujourd'hui est plutôt considéré comme un grand chien de compagnie, même s'il reste un animal très impressionnant puisque c'est l'un des plus hauts sur pattes, avec une mâchoire qui force le respect.

Pour leur part, les Romains avaient des chiens lourds, très puissants, avec des mâchoires très impressionnantes. Ces chiens nous restent aujourd'hui sous la forme du mâtin napolitain. Au XVIe siècle, au moment des affrontements dans les guerres de Religion, on utilisait aussi des chiens de guerre pour déstabiliser les troupes adverses.

C'est à la fois une arme réelle et une arme psychologique parce que, dans l'imaginaire humain, être attaqué par un chien a quelque chose de très effrayant. Il faut imaginer ce que pouvait être la réaction des fantassins : à l'époque, ils avaient souvent un simple vêtement en grosse toile, éventuellement un vague plastron en cuir bouilli, en rotin ou en roseau tressé, ce qui, en face de la mâchoire de ce genre de chien, ne pesait pas bien lourd. C'était le plus souvent des soldats mal entraînés qui voyaient donc fondre sur eux un mastodonte de 70 ou 80 kg.

C'est d'ailleurs ce qui est à l'origine de la coupe d'oreilles et même de la coupe de queue : on essayait de diminuer toute prise sur ces chiens pour qu'au cours du combat l'adversaire ne puisse pas les faire plier en leur tordant l'oreille – ou en la leur mordant lors des combats entre chiens –, et n'ait aucune prise. Les coupes d'oreilles ne ressemblaient pas beaucoup à ce que l'on fait aujourd'hui. Maintenant, même si elle tend à être interdite dans de nombreux pays, la coupe d'oreilles a une visée esthétique alors qu'à l'époque on coupait le plus ras possible pour les raisons évoquées plus haut.

Beaucoup de ces chiens de guerre ont été ensuite recyclés soit comme chiens de garde, soit comme chiens de défense des personnes, notamment un chien très spectaculaire qui est considéré aujourd'hui comme le plus grand chien – 90 cm au garrot : l'*irish wolfhound* (ou lévrier irlandais). C'est le grand lévrier de chasse au loup qui était donc à la fois un chien de chasse, pour traquer le loup, mais aussi le garde du corps des rois et des grands seigneurs d'Irlande.

Les chiens d'attaque

Vers la fin du siècle dernier et surtout au début de ce siècle, avec les armes modernes et une meilleure connaissance des techniques d'apprentissage, on s'est mis à faire le dressage à l'attaque tel qu'on le connaît aujourd'hui.

➤ Les dobermans

C'est sûrement la Seconde Guerre mondiale qui a fait de certains chiens, dans l'imaginaire collectif, des animaux effrayants. Ainsi du doberman et du berger allemand qui ont été massivement utilisés par l'armée allemande pour être « lancés » sur des personnes. Encore une fois, ces utilisations violentes existaient mais de façon plus anecdotique – un certain nombre de grands seigneurs avaient des chiens de défense. L'utilisation de façon systématique et très organisée des chiens « lancés » sur des personnes remonte à la Seconde Guerre mondiale, d'où les associations qui ont souvent été faites pour certaines races – comme le doberman – avec les forces nazies. Signalons, pour l'anecdote, que monsieur Doberman était collecteur d'impôts : il créa cette race de chien pour éviter de se faire détrousser. Le doberman est ensuite devenu le chien de la Gestapo, ce qui a beaucoup porté atteinte à l'image de cette race. La perfection esthétique de ce chien, sa couleur préférentiellement noire et feu, sa forme – petites oreilles coupées pointu – correspondaient à l'image qu'on avait des SS et de la Gestapo. Aujourd'hui encore, dès qu'on parle de doberman, les gens pensent que c'est un chien agressif. En quinze ans de consultation, j'ai traité à peu près douze mille chiens agressifs dont seulement une petite dizaine étaient des dobermans. En revanche, j'ai vu énormément de dobermans anxieux ou dépressifs : c'est plus un chien d'une grande fragilité émotionnelle qu'un chien systématiquement agressif.

➤ Les rottweilers

Aujourd'hui, d'autres races sont en train de supplanter les dobermans dans l'image du chien dangereux : les rottweilers et les pitbulls dont nous parlerons plus loin (page 339). Le rottweiler, au départ, n'était pas du tout destiné à l'attaque. C'était un chien de boucher qui servait à protéger la caisse et à faire avancer les gros bovins qui n'étaient pas toujours d'accord pour aller se faire abattre. D'emblée, il était bien placé pour être bien nourri, parce que son propriétaire le voulait costaud. Certains bouchers faisaient des paris : « Mon chien est plus fort que le tien », mais c'était surtout un chien d'utilité. Petit à petit, il est devenu un chien militaire et, à l'époque moderne, un chien de défense.

Il est vrai que c'est un véritable « char d'assaut ». Les mâles pèsent facilement 45-55 kg, et on utilise des muselières spéciales, très rigides, qui font une véritable coque autour du nez du chien : celui-ci apprend à taper au niveau du thorax de l'adversaire, ce qui suffit à le mettre KO, tant la puissance à l'impact est grande.

➤ Le chien de ring

Ce type de chiens définit un domaine qui est, avec la chasse, l'un de ceux où le dressage a été le plus théorisé. Il faut savoir que ce qu'on appelle « théorisation » est ici plutôt la transcription sur papier des différentes croyances et procédures utilisées par certains dresseurs qui ont pensé avoir des méthodes particulièrement efficaces, sans qu'il y ait eu ni validation scientifique ni véritable discussion de ces méthodes. Il s'agit de techniques particulières qui ont abouti à des disciplines sportives, notamment le ring.

Le ring rassemble une série d'épreuves dans lesquelles on demande aux chiens d'attaquer un individu volontaire qu'on appelle l'« homme d'attaque » et qui est habillé de façon particulière puisqu'il a un costume renforcé pour pouvoir être mordu. Il est aussi équipé d'une espèce de matraque en lame de bambou ou en bois, qui lui permet de faire ce qu'on appelle le « barrage », en l'agitant et en tapant sans risque de blesser le chien : il peut ainsi voir si le chien a suffisamment d'allant pour vouloir mordre si on lui en donne l'ordre, alors même que l'adversaire se défendrait.

Le problème, c'est qu'on a érigé cette discipline en sport sans forcément réfléchir sur son sens. Or, quand on regarde ce que sont les règles du ring, on s'aperçoit que le chien doit attaquer sur ordre de son maître sans interposer de phase de menace avant l'attaque, et qu'il doit mordre et tenir jusqu'à ce que son maître lui donne l'ordre d'arrêter, de lâcher. Cela correspond à un transfert de l'ensemble des autocontrôles du chien vers un individu extérieur et implique donc au départ de casser complètement tous les acquis au cours de la socialisation du chien. On a vu (pages 85 à 100) que la socialisation du chiot – que ce soit à l'intérieur de sa propre espèce ou ensuite avec l'homme – consiste à apprendre à contrôler l'agression et notamment le passage à l'acte de morsure, en interposant une phase de menace qui, la plupart du temps, va suffire à régler le conflit. Or, dans ce « sport », on supprime cette phase de menace, de même qu'on supprime le contrôle de la morsure inhibée – puisque, normalement, le chiot a appris que, quand l'adversaire se soumet, il doit relâcher. Là, pas du tout, tant que le conducteur n'a pas dit de lâcher, il tient et mord.

Quand ce type de dressage est bien fait, avec des gens qui savent exactement ce qu'ils font, qui ont compris comment tout cela fonctionne, quand il s'agit de chiens parfaitement socialisés au départ, enfin quand cette pratique se déroule dans des conditions parfaitement standardisées (avec un terrain particulier, un moment particulier, un individu habillé de manière particulière), il n'y a pas de risque grave : le chien peut parfaitement faire la différence entre les situations, et il est capable d'être un excellent chien de ring, puis de rentrer à la maison et de jouer avec les enfants en parfaite sécurité. Le problème est qu'il n'y a aucun prérequis parfaitement défini pour pouvoir rentrer dans le travail de ring, et qu'on est arrivé à des abus.

Il m'est advenu de voir en consultation des gens complètement désespérés qui avaient acheté au départ un chien d'une race dite de travail particulièrement intéressante pour le mordant, et qui finissaient par avoir chez eux un chien dangereux. Je pense notamment à un schnauzer géant noir que j'avais vu en consultation parce qu'il avait gravement mordu ses propriétaires à la maison. Ce chien présentait une dyssocialisation primaire : il n'avait pas acquis la socialisation, ni à l'intérieur de son espèce ni avec l'homme, et ne respectait aucune des règles hiérarchiques. Il n'était pas capable de se contrôler et donc attaquait sans prévenir dès qu'on le contrariait.
Inquiets de l'évolution de leur chien, ces gens ont appelé l'éleveur, qui leur a dit : « Il faut le faire dresser, ça le canalisera. » Ils sont donc allés dans un club spécialisé, où le chien a fait un peu de dressage à « l'obéissance ». Comme cela ne se passait pas très bien, l'éleveur décréta : « On va lui apprendre à mordre, ça le défoulera. » Le problème, c'est que ce chien qui mordait de façon « artisanale » est devenu un vrai « professionnel ». Les propriétaires se sont retrouvés dans des situations où ils ne pouvaient plus rien contrôler. Le chien agressait ses propriétaires comme les visiteurs et il était encore plus difficile à rééduquer que si on avait pu le traiter sans cet intermède de dressage.

Toutes ces observations justifient la position de la plupart des vétérinaires comportementalistes dans le monde à l'heure actuelle, qui est de demander l'interdiction pure et simple de la pratique de cette activité pour les particuliers.

Les chiens de combat

Cela nous conduit à parler d'un sujet épineux puisqu'il a amené des législateurs et les gouvernements de différents pays à prendre des mesures légales. Cette question concerne à la fois les chiens d'attaque et les chiens de combat.

➤ Les combats avec d'autres animaux

Les chiens de combat sont souvent destinés aux combats entre animaux. Pas uniquement entre chiens puisqu'on a vu aussi, au cours des siècles, dès les jeux du cirque à Rome, les chiens amenés à affronter d'autres espèces et, parfois même, des êtres humains. On a fait se battre des chiens avec de nombreux animaux : des fauves, des grands félins, certains textes parlent d'affrontements avec des bovins – on en reparlera à propos des combats entre taureaux et chiens qui étaient une grande spécialité du XIXe siècle. Les arènes ont vu des choses assez surprenantes, comme des combats avec des hippopotames. Dans la grande période de décadence de Rome, on y mettait tout ce qu'on pouvait imaginer pour que les jeux soient le plus délirants possible et montrent la puissance et l'imagination de l'organisateur.

Mais il vrai que, de tout temps, dans la haute société comme dans les milieux plus pauvres et dans les campagnes, on a organisé des combats de chiens. On en trouve un peu partout dans le monde, mais ceux qui les ont développés et théorisés sont les Anglo-Saxons. D'où la création d'un certain nombre de races pour les combats, que ce soit les combats entre chiens ou les combats entre chiens et taureaux. C'était l'une des grandes attractions du XIXe siècle : on faisait entrer dans une sorte d'enceinte – qui pouvait être une grande cage de cirque ou bien une arène – un taureau et un ou plusieurs chiens. On retrouve des traces de ce passé chez un certain nombre de races, comme le bull-terrier, le bulldog (*bull* signifie « taureau » en anglais), qui à l'époque n'avaient pas exactement la tête qu'ils ont aujourd'hui : c'était des chiens molossoïdes, à mâchoires courtes, dressés à attaquer des taureaux, avec pari à la clé.

Plus tard, ces races ont été utilisées pour des combats entre chiens. La légende dit qu'aux États-Unis, dans les très bons élevages de bull-terriers de combat, quand un dresseur voulait montrer la valeur du chien – qui dépendait de son agressivité puisqu'il y avait des paris –, il prenait un chiot d'une portée, l'excitait pour qu'il morde un autre chiot, et au moment où il attrapait l'autre chiot et le mordait, l'éleveur coupait la tête du mordeur pour montrer qu'il continuait à mordre alors que la tête avait été coupée. Même si ce n'est qu'une légende, il est intéressant de voir ce qui était considéré comme un signe de qualité chez ces chiens.

➤ Le pitbull

Plus près de nous, le pitbull est né de ce passé de combats. Le pitbull est l'optimisation du chien de combat à travers plusieurs races, notamment l'american staffordshire bull-terrier, le bull-terrier, avec toute une série de croisements dont personne n'a vraiment suivi l'évolution et qui ont abouti à cet animal. Il n'est d'ailleurs pas morphologiquement très homogène, ce qui fait que, dans beaucoup de pays, le pitbull n'est pas une race reconnue.

Le pitbull est ce qu'on fait de mieux, si l'on peut dire, en matière de chien de combat. Il est sélectionné au départ, au plan de la morphologie, avec un bras de levier de mâchoires terrible, une musculature telle que, sous un volume assez réduit, c'est un chien puissant – dans sa classe de taille et de poids.

Mais, contrairement à ce qu'on croit, si on ne fait rien de particulier, le pitbull est un chien comme les autres. On peut ne pas l'apprécier sur le plan esthétique, mais, pour le reste, il n'a rien de différent d'un autre chien, il n'est ni plus ni moins paisible. Sa seule caractéristique particulière, c'est sa puissance physique.

C'est cette puissance liée à sa morphologie qui fait que, si on lui applique un mode d'éducation, de dressage particulier, on obtient le chien terrifiant qu'on connaît, avec un taux de perte très élevé. Les témoignages, notamment d'un éleveur français très réputé de pitbulls de combat, sont en effet étonnants. Rappelons que les gens qui viennent dans ce type d'élevage veulent acheter un chien d'une férocité extrême. Pour obtenir ce résultat, cet éleveur français a raconté publiquement, devant les médias, qu'il choisissait d'abord les chiennes qui allaient produire les chiots : elles étaient elles-mêmes entraînées au combat. Ces chiennes étaient élevées dans des sous-sols en isolement complet. En général, on ne pouvait pas leur laisser leur chiot parce qu'elles les auraient agressés : il ne les mettait donc avec leur mère que pour la tétée. À 3 ou 4 semaines, on les sépare complètement de leur mère et, à partir de là, ces chiots vont tout doucement entrer dans un cycle particulièrement terrible : dès qu'ils sont capables de se déplacer, dès que leur motricité est acquise, ils vont avoir avec l'être humain qui les dresse des rapports systématiquement violents. C'est-à-dire qu'ils sont battus dès qu'ils adoptent des comportements de soumission, de façon à casser la synchronisation « je me soumets, je ne suis plus agressé », qui est la socialisation normale du chien. Ensuite, les combats entre chiots sont systématiquement encouragés, ce qui est exactement l'inverse de ce que fait la mère qui normalement réprime les combats entre chiots. Puis le chien subit un entraînement. Des reportages dans des élevages aux États-Unis – où ce type de dressage existe depuis beaucoup plus longtemps que chez nous – montrent, d'une part, un entraînement physique extrêmement dur avec le recours systématique au tapis roulant – c'est quasiment du body-building pour chiens – d'autre part, un dispositif assez fameux dans ces milieux : il s'agit de l'utilisation d'un chat vivant attaché à une grande roue tournant autour du même axe qu'une roue plus petite à laquelle est attaché le chien. On excite le chien pour qu'il se jette sur le chat et qu'il le tue. Enfin, l'éleveur raconte qu'il met systématiquement en place des combats entre chiens dans une arène avec son chien le plus féroce. Tous ceux qui sont impressionnés sont abattus. Il faut donc savoir qu'à l'issu de ce dressage le « déchet » est de 50 à 60 %.

Aujourd'hui, un pitbull utilisable aussi bien comme chien de combat comme chien d'attaque sur l'homme se vend entre 12 000 et 15 000 F. Ces pitbulls sont systématiquement entraînés, et il y a encore des combats, clandestins puisque aucun des pays ne l'autorise. Les paris peuvent être très importants, les chiens vainqueurs vendus parfois à l'issue du combat. La plupart des combats vont jusqu'à la mort, mais, si le chien vaincu en réchappe, il est abandonné. Les vétérinaires qui ont eu l'occasion d'en soigner parce qu'une une âme sensible s'était émue du cas du chien qu'elle avait trouvé abandonné et l'avait déposé chez le vétérinaire savent dans quel état abominable ces chiens peuvent leur être apportés.

Très vite, aux États-Unis, l'habitude s'est développée d'utiliser ces chiens pour se protéger des forces de l'ordre. Notamment, les dealers glissaient – et glissent encore aujourd'hui – des sachets de drogue dans le collier du chien. Au début, ils ont choisi le pitbull, parce que c'est un chien de petite taille qui convenait au milieu de petit trafic de drogues, pas très fortuné. Puis cette course à l'armement a amené petit à petit à choisir d'autres races avec le même potentiel mais avec une taille de plus en plus en plus importante : le boerbull, qui est un chien *a priori* d'Afrique du Sud – bien qu'on ne sache pas très bien à la suite de quelle cuisine diabolique on a créé cette population –, le dogue argentin, un chien tout à fait identifié, le rottweiler, des races plus exotiques comme le tosa japonais. Le tosa est une sorte de pittbull entre 40 et 60 kg, une espèce de char d'assaut improbable, très honoré au Japon dans les combats, puisqu'on l'affuble pratiquement des mêmes décorations que les lutteurs de sumo. J'ai eu l'occasion, lors d'un voyage au Japon, de voir des colliers de tosa : ce sont des œuvres d'art avec des dorures, une torsade, une sorte de gros nœud qu'on met autour de la taille du vainqueur exactement comme on le fait chez l'homme. On commence à voir des tosas en Europe. Ils sont très appréciés comme chiens « antipolice ».

C'est de tout cela qu'est née l'espèce de psychose collective qui a abouti à des textes de loi. Le premier pays ayant réagi en Europe est la Grande-Bretagne, qui a édicté le « dog dangerous act » qui impose la castration des pitbulls, et le port de la muselière à tous les pitbulls castrés : ils ne peuvent sortir sans muselière sous peine de mort, un pitbull dans la rue sans muselière est aussitôt présenté devant un tribunal – on passe les chiens devant les tribunaux en Grande-Bretagne –, et il est condamné à mort. Il y a quelque temps, on a vu une affaire retentissante parce qu'un pitbull parfaitement sociabilisé, connu de tout le monde pour être un chien charmant avait fait une gastro-entérite. Son maître le promenait dans un jardin public, et comme le chien avait des nausées, il a été obligé de lui enlever la muselière pour qu'il ne risque pas de s'étouffer. Un policier a vu le chien sans muselière, a immédiatement arrêté le chien et le propriétaire, et le chien a été condamné à mort. Il y a eu une pétition pour demander la grâce du chien parce que c'était une situation particulière.

Il est vrai que cette loi pose un certain nombre de problèmes : on voit bien qu'il faut appliquer un traitement abominable au chien pour arriver à en faire cette machine de guerre, et on peut imaginer que n'importe quel chien ayant des qualités physiques requises, c'est-à-dire une grande puissance de mâchoires, peut parfaitement entrer dans ce système. C'est pourquoi les législations uniquement basées sur l'aspect racial sont vouées à l'échec, ne serait-ce d'ailleurs que pour une autre raison tout à fait terre à terre : c'est qu'il faut être capable de reconnaître le chien en question. J'ai le souvenir d'être parti pour un congrès en Grande-

Bretagne : devant l'aéroport de Birmingham, le premier chien que j'ai vu sur le trottoir était un pitbull, une femelle un peu obèse, ce qui fait qu'on voyait moins sa musculature. Elle était tenue en laisse par une dame qui avait une allure tout à fait convenable – pas du tout par un individu au look alarmant –, et ne portait pas de muselière. Comme devant tout aéroport, il y avait beaucoup de policiers, mais personne ne lui a rien demandé.

Il est bien évident que, de surcroît, ces législations ne sont pas très applicables car, en fait, les utilisateurs frauduleux de chiens d'attaque font des croisements eux-mêmes, de manière à rendre le chien soit plus grand, soit plus puissant, et d'un aspect moins connu, donc moins alarmant pour les forces de l'ordre.

Le chien de recherche

L'être humain s'est vite aperçu que le chien était très performant avec son nez. On a déjà vu page 326, avec la chasse, une utilisation du nez qui était la recherche au sang, mais l'homme a aussi utilisé le chien pour rechercher des choses qui l'intéressaient.

➤ La truffe

On pense tout de suite au chien de recherche des truffes, grande utilisation traditionnelle, dans laquelle le chien est plus facilement manipulable que le cochon, qui, bien que très efficace, a l'inconvénient de vouloir manger la truffe. Le chien est moins intéressé par la truffe, et on peut tout à fait lui offrir autre chose de façon à la récupérer. Et puis il est plus facile de faire monter un chien dans sa voiture qu'un cochon qui pèse quelques centaines de kilos…

➤ La drogue

Outre cette recherche ancestrale, on trouve des activités plus récentes, comme la recherche de drogue. C'est une utilisation qui a commencé avec le haschich, car le chien perçoit bien le haschich au plan olfactif. Au début, on a utilisé les races qui étaient connues dans l'administration soit militaire, soit douanière, comme le berger allemand. Puis, dans la mesure où le berger allemand a eu des problèmes médicaux, à une certaine époque, du fait d'une sélection inappropriée, on a commencé à se tourner vers d'autres races : le labrador, le berger belge, des chiens de chasse et plus récemment des caniches nains. Ceux-ci ont l'énorme avantage d'être très maniables, notamment pour aller chercher la drogue dans les soutes à bagages où ils sont moins gênés que les grands chiens. En revanche, ils sont moins à l'aise sur les tapis à bagages, quand il faut sauter par-dessus les valises. Mais là où les caniches nains sont très précieux, c'est quand le douanier est une douanière, habillée en civil, qui se promène dans l'aéroport avec un chien dont personne ne se méfie : du coup, si le caniche se met à sentir avec insistance un bagage, il est facile de mettre la main sur un trafiquant sans l'alarmer.

Pendant longtemps, on a raconté qu'on droguait les chiens pour les inciter à rechercher la drogue. Il semblerait qu'il y ait eu des gens qui ont essayé, mais ça ne marche pas du tout. Le dressage à la recherche de drogue est véritablement un conditionnement dans lequel on associe le fait d'avoir trouvé la drogue avec la possibilité de jouer. On fait jouer le chien, car chercher de la drogue n'est pas très motivant pour lui, c'est une odeur peu intéressante pour un chien, contrairement à la truffe dans laquelle on trouve des composants d'odeurs de différents animaux. En tout état de cause, les chiens ne peuvent pas travailler de longues heures d'affilée, car même la motivation pour le jeu a ses limites. Souvent, on est obligé de leur donner de grandes périodes de détente pour qu'ils acceptent de recommencer à travailler.

En outre, toutes les drogues ne sont pas reconnaissables pour le chien : la cocaïne et l'héroïne sont vraiment très difficiles à détecter, et, de surcroît, la cocaïne a tendance à passer sous des formes de plus en plus variées qui ne sont pas forcément à la portée des chiens.

➤ Les explosifs

Autre produit recherché par les chiens : les explosifs. Certains plastics sont parfaitement détectés par les chiens. Actuellement, dans les aéroports, les brigades spécialisées dans la recherche d'explosifs ont souvent recours aux chiens, avec les mêmes difficultés que pour les chiens de drogue, c'est-à-dire avec la nécessité de grandes plages de détente avant de travailler. Mais, comme le chien peut aller fureter à différents endroits, il arrive assez bien à détecter.

➤ Les termites

Grâce à un certain nombre d'observations, on a constaté que, dans la race beagle, il y avait des lignées très sensibles à l'odeur des termites. Certaines études envisagent donc d'utiliser des beagles pour détecter les termites dans les bois. Autrefois, on ne trouvait des termites que dans certaines régions, notamment dans le Bordelais, mais, aujourd'hui, il y a des termites un peu partout. À Paris, des escaliers se sont effondrés. Or, en dehors des techniques qui s'appuient sur l'émission de sons particuliers par les termites et utilisent du matériel électronique, le chien pourrait permettre une autre technique de détection.

➤ Les gens

Il y a des chiens auxquels on fait rechercher des gens.

La recherche de fugitifs

De nombreuses légendes anciennes racontent l'histoire de chiens recherchant des fugitifs. On pourrait dire que le premier être humain victime d'une meute de chiens lancée à ses trousses était, dans la mythologie gréco-romaine, Actéon. Mais il avait fallu qu'Artémis (Diane chez les Romains) le transforme en cerf pour se faire dévorer.

Il y a beaucoup d'autres situations bien réelles, dans lesquelles on a recherché des fugitifs : les Américains appellent le saint-hubert *bloodhound*, c'est-à-dire chien de sang, ce qui révèle son utilisation typique dans les États du Sud où le chien servait à rechercher les esclaves fugitifs. Aujourd'hui, il existe des clubs de pistage de personnes dans lesquels sont inscrits des propriétaires de saint-hubert, et la police continue à les utiliser aux États-Unis et au Canada pour retrouver aussi bien des prisonniers en fuite que des personnes disparues.

La recherche de victimes

S'il est vrai qu'au départ on a d'abord recherché des fugitifs, quelle que soit la cause de leur fuite – prisonniers, délinquants ou malheureusement esclaves –, plus récemment, avec le développement des secours, s'est mise en place la recherche de personnes. Aujourd'hui, il existe sur le territoire français différents groupes de chiens qui appartiennent soit à la police, soit à la protection civile et qui ont été dressés à pister des personnes.

Dans cette recherche de personnes, il y a évidemment des situations très particulières, comme l'avalanche. On pense tout de suite aux énormes saint-bernard des moines du col du Grand-Saint-Bernard, énorme est le mot puisqu'on connaît des saint-bernard qui peuvent peser jusqu'à 110 kg. Tout le monde se souvient du célèbre Barry, et le saint-bernard avec son petit tonneau d'alcool attaché au collier est devenu une véritable image d'Épinal. Il faut savoir qu'aujourd'hui les chiens d'avalanche ne sont plus des saint-bernard pour toute une série de raisons. C'est d'abord un chien difficile à transporter : en général, il est héliporté et descendu par un filin avec son maître ; l'idée de descendre avec un chien de 100 kg n'est pas des plus enthousiasmantes. En outre, son poids fait que, sur des neiges molles et instables, il n'est pas très performant. On utilise donc des chiens plus légers comme le berger allemand. Malheureusement, compte tenu de ses problèmes ostéo-articulaires importants liés notamment à des erreurs de sélection, et aussi parce qu'il développe facilement ce qu'on appelle des « kératites pigmentaires » (d'où des inflammations de l'œil liées aux UV et à la réverbération sur la neige), ce n'est pas non plus le chien idéal. On a très vite essayé d'autres races, et aujourd'hui on trouve, outre le berger allemand, le labrador, quelques chiens de chasse, des bergers belges. De toute façon, on maintient systématiquement des contraintes en termes de poids, c'est-à-dire que ce sont des chiens d'une trentaine de kilos : on essaie de ne pas aller au-delà, parce que c'est difficile dans une avalanche.

Le froid peut évidemment, dans certains cas, gêner le chien. Mais le problème est surtout que le chien ne sera performant qu'aussi longtemps que la victime est vivante, car la chaleur corporelle de celle-ci favorise l'exhalaison des informations olfactives. À partir du moment où la victime entre en hypothermie profonde, *a fortiori* si elle décède, on n'arrive plus à la retrouver. D'où cette idée qui régulièrement refait surface : en dehors des petites balises de détection qu'on trouve maintenant dans un certain nombre de vêtements de ski, voire du port de système de détection qu'on conseille chaque fois aux gens qui vont faire du hors-piste, un certain nombre de personnes ont pensé à mettre sur les vêtements de ski une cartouche d'une substance qui, quoi qu'il arrive, serait détectable par les chiens. Mais une telle substance n'a toujours pas été trouvée et pose des problèmes techniques : il faut en effet que le produit résiste au lavage.

Les chiens apportent aussi leur concours dans les recherches en décombres. Là aussi, en matière de tremblement de terre, il y a toujours les limites qui peuvent apparaître en fonction de la nature de la catastrophe : quand il y a beaucoup de boue ou des fuites de gaz, dans des villes, il est évident que les chiens peuvent être gênés dans leur travail d'olfaction, et qu'à ce moment-là les performances baissent. Cependant, il est évident qu'ils sont des auxiliaires de recherche très précieux.

On ne sait pas exactement ce que le chien reconnaît, il faut être tout à fait clair, pas plus que dans la recherche du gibier. On manque de travaux scientifiques et comme, empiriquement, cela fonctionne bien, peu de moyens ont été mis en œuvre pour avancer sur cette question. Ces dernières années, les connaissances en matière d'olfaction et en communication chimique ont tellement progressé qu'un jour on finira par comprendre ce qui se passe exactement. Ce jour-là, on pourra optimiser cette utilisation du chien et faire une meilleure sélection des individus ayant les bonnes capacités. Car on voit bien que, dans une même race, il y a des individus beaucoup plus aptes que les autres, qui ont une discrimination olfactive meilleure que celle d'autres chiens. On évoquait plus haut les beagles détecteurs de termites, mais tous les beagles n'en sont pas capables. Il y a des lignées qui sont sensibles à la présence de termites et d'autres non, qui pourraient très bien vivre dans une maison dévorée par ces animaux sans que cela les fasse réagir. À la limite, on ne sait pas si c'est l'olfaction ou autre chose. *A priori*, c'est olfactif, mais ce n'est pas certain.

Le chien d'assistance

Autre métier du chien : le chien d'assistance. Il s'agit évidemment en premier lieu du chien guide d'aveugle qui est l'une des pratiques les plus abouties aujourd'hui.

➤ Le chien guide d'aveugle

Même si les autres techniques commencent à être satisfaisantes, le chien guide d'aveugle est une méthode d'utilisation du chien qui s'est mise en place progressivement et qui, depuis maintenant le milieu du XXe siècle, a progressé pour devenir une technique assez fiable. Dans la mesure où elle fait appel à l'utilisation d'un être vivant, elle est susceptible d'un certain nombre d'imperfections, mais il est vrai qu'elle apporte beaucoup aux aveugles, d'une part parce qu'elle leur permet de s'autonomiser, d'autre part parce qu'il se crée un lien affectif important entre le chien et son maître – on aura l'occasion de voir que cela peut poser des problèmes, la vie du chien étant plus brève que celle de son maître.

Ce qu'il est indispensable de comprendre, en matière de chiens guides d'aveugles, c'est qu'évidemment le chien reste un auxiliaire de l'homme et qu'en aucune façon on ne peut considérer le chien comme un individu capable de prendre en charge l'aveugle. Ce qui explique plusieurs points importants.

▪ Premier point : les écoles de chiens guides d'aveugles – en tout cas toutes celles qui sont compétentes et responsables – subordonnent l'acquisition d'un chien guide d'aveugle à une formation psychomotrice particulière de l'aveugle, de façon à s'assurer qu'il s'agit de quelqu'un qui, déjà par lui-même, est capable de bien gérer son orientation. C'est-à-dire qu'il n'est absolument pas question de mettre un aveugle derrière un chien en se disant : « Il est sauvé, et le chien fera tout. » En réalité, cela ne fonctionne que si l'aveugle est capable de contrôler le chien, dans la vie quotidienne, à la maison. Si ce n'est pas le cas, notamment quand l'aveugle est hyperattaché au chien, on va avoir toute une série de troubles comportementaux qui sont les mêmes que ceux qu'on a vus avec les chiens de compagnie. La difficulté est que le chien de guide d'aveugle est à la fois un chien de compagnie et un chien professionnel.

■ Deuxième point : le chien a appris pendant sa formation une certaine façon de marcher, comment contourner les obstacles, comment évaluer une hauteur sous un obstacle de manière à ne pas faire passer l'aveugle à un endroit où il va se cogner la tête – et ce n'est pas l'un des moindres problèmes dans la mesure où cette dimension n'a pas de valeur au départ pour le chien. On lui apprend aussi à marquer les bords de trottoir, c'est-à-dire à s'arrêter avant de traverser la rue. On essaie de supprimer certaines motivations, notamment les motivations sexuelles : c'est pour cela que tous les chiens guides d'aveugles sont castrés, que ce soient les mâles ou les femelles, de façon qu'il n'y ait pas de changements de comportement en fonction de leur état d'excitation sexuelle. Le problème, c'est que, bien évidemment, si l'aveugle est totalement dépendant et n'est pas capable de contrôler le chien, le chien étant un être vivant, il peut céder à ses propres motivations : une belle poubelle bien odorante, un autre chien à aller voir de l'autre côté de la rue, etc. Et, à un moment ou à un autre, ce type de situation risque de survenir. Mais le risque est moindre si l'aveugle a parfaitement compris que le chien a besoin d'être éduqué et maintenu dans son éducation en permanence : c'est-à-dire que, le jour où, par exemple, le chien marque mal le bord du trottoir, il doit le rappeler à l'ordre en disant : « Là c'est non, tu dois t'asseoir. » Or le problème se pose avec certains aveugles trop dépendants et incapables de bien contrôler le chien, mais aussi avec ceux qui sont expérimentés, et qui ont tellement l'habitude de faire un certain trajet, par exemple, qu'ils ne vont pas s'offusquer parce que, ce jour-là, à cet endroit-là, dans une rue bien connue, le chien n'a pas marqué le bord du trottoir.

Il est vrai que tout cela implique une grande responsabilisation de l'aveugle, et, souvent, les familles comprennent mal pourquoi on ne veut pas, sur une demande immédiate, dire : « Voilà, il y a un chien, on vous le donne. »

De surcroît, il faut savoir qu'un chien guide d'aveugle coûte très cher (plusieurs dizaines de milliers de francs) Pourquoi ?

D'abord parce que tous les chiens ne s'avèrent pas aptes à être chiens guides, et qu'il y a donc des pertes importantes. Ces dernières années, on a réussi à éliminer beaucoup de causes de réforme : en France, des collaborations ont été mises en place entre la Fédération des chiens guides d'aveugles et les vétérinaires des différentes spécialités, notamment dans les problèmes ostéo-articulaires – parce que, dans des races qui ont des problèmes de coxarthrose, ou arthrose des hanches, dès l'âge de 5-6 ans, s'il faut réformer le chien à 5-6 ans cela fait une durée d'utilisation très courte. Même problème avec des races qui avaient des faiblesses ophtalmologiques. Cela peut paraître tragi-comique, mais, chez le labrador, il y a des cas de cécité dus à des anomalies héréditaires de la rétine : on a donc effectué des dépistages. Ce qui a amené petit à petit la Fédération à mettre en place son centre d'élevage de chiens guides d'aveugles pour essayer d'avoir une population qui soit la plus sélectionnée possible, exempte au maximum de tares génétiques.

Il y a eu aussi collaboration avec des vétérinaires comportementalistes qui a amené à comprendre la façon dont on doit élever les chiots et le suivi pendant la vie en famille de tutelle – car ces chiens ne sont pas laissés en chenil, ils vont dans des familles de tutelle et sont suivis par des moniteurs de chiens guides d'aveugles, de façon que le chien soit bien socialisé. C'est seulement à partir du moment où il commence l'apprentissage qu'il retourne à l'école et qu'il y reste la plupart du temps. Il s'agit vraiment d'un énorme travail, qui en fait un animal extrêmement précieux, mais opérationnel seulement si son utilisateur est correctement formé.

On voit dans cette utilisation du chien beaucoup de labradors parce que, d'abord, on s'aperçoit que, pour aller un peu partout, le labrador a une morphologie rassurante : les aveugles qui ont un berger allemand essuient plus de réflexions et s'exposent souvent à une demande de port de muselière. Cela peut sembler ridicule car il y a autant de labradors mordeurs que de bergers allemands mordeurs – je pourrais même dire qu'il y en a plus –, mais, dans l'imaginaire collectif, un labrador, c'est gentil. Il est vrai que c'est un chien placide, qui a notamment des réactions plus lentes qu'un berger allemand. Il possède de bonnes capacités d'apprentissage, moins bonnes manifestement que celles du berger allemand, mais suffisamment fiables. C'est un chien pratique, très prolifique, qui ne demande pas beaucoup d'entretien : on avait envisagé, et on continue d'en parler régulièrement, d'utiliser le caniche royal, mais, deux fois par an au moins, il faut le faire tondre, ce qui le disqualifie comme chien guide d'aveugle. Le labrador a l'avantage de ne pas laisser de poils sur les tapis, ce qui n'est pas le cas, par exemple, du golden retriever, chien à poil mi-long qu'il faut brosser – ce que du reste beaucoup d'aveugles apprécient de faire.

On a utilisé d'autres races : le griffon cortal, qui est un chien de chasse à poil dur un peu de la même taille, le beauceron, bien qu'on ait de nombreux cas de beaucerons anxieux, le colley, mais il y a aussi beaucoup de colleys anxieux et surtout, ils sont abondamment poilus, ce qui, au niveau de l'entretien, demande du travail.

➤ Le chien d'assistance aux personnes paralysées

L'expérience de l'éducation des chiens guides d'aveugles a beaucoup servi à la création de chiens d'assistance pour les personnes paralysées, avec notamment, au départ, une cible qui était l'enfant. On a obtenu aujourd'hui des résultats très intéressants. Dans ces situations, on avait en effet essayé d'autres espèces ; il y a eu des tentatives fameuses avec des singes, mais qui posent des problèmes éthiques – parce que ce sont des espèces sauvages qu'il faut soustraire à leur milieu – et pratiques, l'entretien d'un singe étant très difficile parce que c'est un animal qu'on n'arrive jamais vraiment à discipliner au plan de la défécation, ce qui veut dire : change complet porté en permanence. Il est vrai que les singes ont des mains, mais quand on voit la façon dont ils font manger les handicapés, et finalement le coût d'un singe, la solution d'assistance par un chien semble bien préférable… Un chien est capable de faire beaucoup de choses : ouvrir des portes, appuyer sur le bon bouton de l'ascenseur, porter les courses, aller chercher un objet, etc.

L'assistance aux handicapés est donc une utilisation qui, bien qu'elle ne soit pas nouvelle dans la mesure où il y a toujours eu des personnes qui ont eu l'idée de dresser leur chien de cette façon, se généralise aujourd'hui.

➤ Le chien de compagnie

Aujourd'hui, le métier le plus courant mais aussi le plus compliqué qui soit est celui de compagnie. Cela peut paraître saugrenu dans la mesure où l'on se dit qu'un chien de compagnie, c'est banal. En fait, vivre en compagnie de l'être humain est horriblement complexe et périlleux. L'animal, on l'a vu, est l'objet de multiples enjeux au sein de la famille, il est pris dans tous les nœuds affectifs de cette famille : le métier de compagnie demande donc une solidité psychique à toute épreuve, ce que tous les chiens ne possèdent pas, pas plus que les humains. Il s'agit d'une activité qui met souvent le chien en difficulté. Il faut bien dire qu'apparemment c'est l'utilisation première du chien, comme on l'a vu pages 316 à 318, même si ce n'est pas la seule.

Cela étant, l'Histoire nous donne l'image d'un chien de compagnie lié à l'aristocratie, par exemple à travers ce qu'on appelle le « chien de manchon », c'est-à-dire ce petit chien qu'on mettait dans le manchon où l'on glissait les mains. On les retrouve dans la peinture des XVIIe et XVIIIe siècles, chez Vélasquez notamment, ou en France, dans les portraits de la cour de Louis XVI. Il est vrai que le fait de nourrir un chien, à des époques où tout le monde ne mangeait pas de façon constante et surtout en termes de qualité, en prélevant une partie de la nourriture familiale et surtout une nourriture principalement carnée, implique d'avoir un certain niveau de vie. Les chiens qu'on rencontrait hors des milieux aristocratiques étaient donc des chiens d'utilité, qui souvent mangeaient fort mal : c'est sûrement l'origine de cette mode qui consiste à donner au chien du pain trempé dans de l'eau, et que les vétérinaires ont eu beaucoup de mal à combattre notamment en France à partir du moment où on a commencé à s'occuper de l'alimentation du chien. Car si ces chiens n'étaient pas nourris correctement, ils se débrouillaient pour trouver le reste : quand on était chien de ferme, ce n'était pas très difficile, il y avait toujours un poussin qui traînait, une souris, un rat, n'importe quoi à croquer. C'est évidemment moins vrai pour le chien qui vit aujourd'hui au quinzième étage et mange des croquettes ou des boîtes parfaitement équilibrées, ce qui évite bien des soucis.

L'utilisation du chien comme animal de compagnie ne s'est généralisée, on peut dire démocratisée à nouveau qu'au cours du XXe siècle. Pour être plus précis, c'est une situation qu'on observe à partir des années 1950, après la Seconde Guerre mondiale, liée à la prospérité. Avec un phénomène extrêmement intéressant : l'un des témoins de cette évolution est la médicalisation des animaux de compagnie et notamment du chien. En effet, jusqu'à cette époque, il faut savoir que, pour les vétérinaires, soigner les carnivores, et entre autres le chien, était une activité qui oscillait entre l'anecdotique et le ridicule. La médecine vétérinaire noble, l'aristocratie vétérinaire était équine… Soigner les chevaux, cela représentait le summum. Le reste, qui semblait parfaitement logique, consistait à soigner tous les animaux qu'on mange : les bovins, les moutons, les cochons, etc. On castrait le chat de la fermière pour lui rendre service, et sans anesthésie générale. Mais le chien, personne ne s'en souciait.

En France, l'un des premiers à s'être soucié de la médicalisation et d'ailleurs de façon tout à fait prémonitoire est un vétérinaire, Fernand Méry : il a été le premier à avoir une activité de médecine vétérinaire canine dans Paris, au début du XXe siècle, alors que les vétérinaires parisiens soignaient les chevaux. Il était évidemment considéré comme un farfelu. Ce qui semblait envisageable, c'était de soigner des chiens quand ils avaient une utilité ou une valeur – un lévrier de course, un chien de chasse particulièrement performant – mais, *grosso modo*, on ne s'éternisait pas beaucoup, et les choses étaient très simples.

À partir des années 1950, on voit un phénomène sociologiquement intéressant parce qu'il rappelle quelque chose qu'on a connu au début du XXe siècle. Avoir un animal de compagnie malade et ne pas le soigner est devenu une espèce de scandale. C'est-à-dire que, si on l'aime, on le fait forcément soigner. Cela rappelle ce que l'on a vu avec les enfants : jusqu'au début du XXe siècle, la mortalité de l'enfant, même si évidemment personne ne s'en réjouissait, faisait partie de la vie. Du point de vue des pouvoirs publics, il n'y avait pas matière à prendre des mesures importantes à partir du moment où l'on ne faisait pas soigner un enfant malade. Et puis tout d'un coup, avoir un enfant malade et *a fortiori* un enfant qui meurt est devenu une chose scandaleuse, et on s'est mis à préconiser les soins.

Très curieusement, on observe une évolution analogue dans les années 1960-1970 avec d'abord l'apparition dans les pharmacies de gammes de produits exonérés, c'est-à-dire ne nécessitant pas de prescription médicamenteuse. Ce qui permettait aux gens de traiter par eux-mêmes tout un tas de petits bobos chez leur chien. Ces mêmes gammes de médicaments lancèrent des campagnes de publicités dans lesquelles la grande thématique était : « Si vous les aimez, soignez-les. » C'est à partir de ce moment-là que, véritablement, il y a une explosion, explosion de la demande et du coup, explosion de l'obligation pour la médecine vétérinaire de s'adapter à cette demande. Avec un développement de techniques spécifiques, l'apparition de cliniques et d'hôpitaux vétérinaires, ce qui, maintenant, nous apparaît comme parfaitement banal. Mais, encore une fois, il faut bien se rendre compte que cela a été tout à fait particulier, avec une première époque où l'on a fait une transposition de l'homme à l'animal – puisqu'il fallait répondre vite –, pour s'apercevoir petit à petit qu'il y avait des différences qui nécessitaient des matériels spécifiques, des techniques spécifiques, et aboutir aujourd'hui à ce que, dans l'ensemble des pays économiquement développés, on ait des gens spécialisés en ophtalmologie, ou en cardiologie. On peut très bien poser un pacemaker sur un chien, faire des transplantations rénales notamment sur le chat, et même sur le chien, opérer des tumeurs cérébrales. On a maintenant des centres de radiothérapie-scanner, on peut dépister des cancers et les traiter. On a même fini par avoir des spécialistes qui soignent les troubles psychiques de l'animal…

L'une des activités économiques les plus importantes qui s'est parallèlement mise en place est l'industrie du *petfood* (l'alimentation de l'animal de compagnie). C'est une activité économique absolument gigantesque. D'autres phénomènes, d'autres débordements ont fait leur apparition : la haute couture pour animaux avec défilés de mode, des centres (au Japon) où l'on fait faire du yoga au chien et au chat, de la thalassothérapie pour chat et chien (on a vu des chiens avec des enveloppements de boue), des réceptions entre chiens (aux États-Unis), des mariages avec des robes de mariée, alliances portées à la patte ou à la queue, un défilé de layette pour chiots au mois de septembre. L'Europe n'a pas été épargnée puisqu'en Allemagne, un divorce a été prononcé aux torts de l'épouse parce que le mari a argué du fait que, pendant leur vingt ans de mariage, son épouse ne lui avait jamais fêté son anniversaire alors qu'elle organisait des réceptions avec les chiens du quartier pour fêter l'anniversaire de son chien.

Il y a toujours eu, lors de périodes sociologiquement compliquées, des débordements de cet ordre : on cite toujours le cas de Caligula invitant son cheval à manger et le nommant sénateur. Mais aujourd'hui, le développement économique fait que ces phénomènes ont pris des dimensions étonnantes : on parle même de chaînes de télévision avec des programmes pour chiens. Qu'est-ce qu'un programme pour chiens ? C'est difficile à dire. Le principe repose sur le fait que presque tous les chiens sont intéressés s'ils entendent des bruits d'animaux dans la télé et viennent voir, au moins un petit moment : les chiens, comme les chats et les enfants, aiment ce qui bouge, ce qui fait des bruits bizarres et qui ne dure pas longtemps.

Dans tout cela, ce qui est surtout intéressant, c'est la projection du désir de l'animal vu par le propriétaire qui en arrive à lui proposer des activités humaines. Autre trouvaille : les chaînes d'hôtels pour les propriétaires de chiens qui partent en vacances. Au début, il y avait des pensions pour animaux, mais, évidemment, la tentation a été grande de pouvoir augmenter leur tarif en jouant sur un certain nombre de demandes des propriétaires – qui souvent culpabilisent à l'idée de laisser l'animal. On a donc vu fleurir de véritables chaînes d'hôtels (en Corée, aux États-Unis) où l'on peut mettre sa tortue, son poisson rouge, jusqu'à son cheval, avec des chambres individuelles, de la pâtisserie à l'heure du thé – ce qui diététiquement est très contestable. Les gens déposent en même temps que l'animal ou envoient des cassettes audio ou vidéo d'eux-mêmes. Il suffit de voir aujourd'hui, dans des pensions sérieuses en France, les courriers de recommandation qui sont laissés en même temps que l'animal, spécifiant à quelle heure il faut lui donner à manger, ce qu'il faut lui donner, ne pas lui donner, quels sont les mots à utiliser, etc. pour se rendre compte du niveau d'angoisse des propriétaires de chiens. Ce qui nous donne une idée de la place affective de l'animal et ce qui permet de mesurer combien cela peut être tentant pour des gens qui souhaitent exploiter cette demande.

Les différentes races de chiens

Imaginons un extraterrestre qui arriverait sur notre planète. Cet individu serait zoologiste, et on lui présenterait une exposition canine. Dans le même bâtiment, il verrait donc un chihuahua, un bouledogue anglais, un dogue allemand, un bobtail, un yorkshire, un saint-bernard, que sais-je encore. On lui annoncerait alors que tous ces animaux, zoologiquement, appartiennent à la même espèce. Il serait sans doute très étonné, voire incrédule, mais, s'il utilisait les outils biochimiques qu'on mettrait à sa disposition, il constaterait que c'est effectivement la vérité. Si en plus on lui montrait un loup et qu'on lui annonçait que tous ces chiens ont été fabriqués à partir de cet animal, il serait encore un fois très surpris.

D'où viennent les différentes races de chiens ?

Il est vrai que le chien est une espèce d'une extrême variabilité morphologique. Mais il faut bien comprendre que toutes ces bizarreries n'existent et ne perdurent que parce que les hommes les ont créées. Un jour, quelqu'un a pensé : « J'aimerais bien avoir un chien avec une tête plutôt longue, un corps très aplati latéralement, des grandes pattes et de longs poils… », et il a créé le lévrier afghan. Il était suffisamment passionné pour se dire : « Si je marie, à l'intérieur d'une population de chiens, ceux qui sont le plus proches de ce que je veux, je vais finir par obtenir le chien que je veux. » C'est de cette façon que peu à peu sont nées les différentes races de chiens. La nature n'y est pour rien, elle est juste intervenue pour qu'à un moment une mutation bizarre s'accomplisse.

Prenons l'exemple du bouledogue. On se rend compte qu'on trouve son équivalent dans d'autres espèces : chez les bovins, il existe ce que l'on appelle les « veaux bouledogues ». Ils sont une calamité pour les éleveurs parce qu'à cause de leur mâchoire aplatie et de leur énorme boîte crânienne la tête ne sort pas normalement à la naissance – ils naissent donc forcément par césarienne. Ensuite, ils ont du mal à téter et, en général, ne survivent pas. C'est pourquoi personne n'a jamais eu envie, dans cette espèce qui doit répondre à un certain nombre de contingences économiques, de garder les veaux bouledogues. Pourtant, il existe des chiens bouledogues anglais, aujourd'hui. Mais, si on arrête de faire de l'insémination artificielle, si la mère ne subit pas de césarienne et si on ne veille pas avec un soin particulier sur ces chiots, il n'y aura plus de bouledogues anglais sur notre planète.

Il en va de même pour les chiens qui ont beaucoup de poils et notamment des poils devant les yeux. On entend souvent dire : « Il ne faut surtout pas couper les poils devant les yeux de ces chiens, parce que c'est une adaptation de la nature pour les protéger. » C'est totalement faux : il faut savoir que, lorsqu'on regarde des photos de chiens comme les briards par exemple, prises il y a cinquante ans, quand ils gardaient encore les vaches ou les moutons, on constate qu'ils n'avaient pas de poils sur les yeux. Ensuite, on a remplacé les chiens de troupeau par des clôtures électriques et, à partir de ce moment-là, les gens qui se sont entichés de ce type de chiens ont décidé de sélectionner les chiens qui avaient la plus grande robe. Mais il faut bien comprendre qu'aucun berger n'aurait voulu autrefois d'un briard avec un poil très long parce qu'il aurait été une source de problèmes. Ou bien alors, le berger l'aurait tondu. Il est évident que ces chiens ont aujourd'hui des ennuis : on voit régulièrement en consultation des briards qui se sont mis à mordre après la puberté parce que c'est le moment où les poils commencent à pousser sur le devant des yeux. Que se passe-t-il ? Le chien est complètement affolé parce que quelque chose lui arrive dessus, alors que c'est le visage de son propriétaire qui s'approche pour l'embrasser. Résultat : le chien panique et plante ses crocs dans le visage de son maître.

Tout cela pour dire que non seulement ce n'est pas la nature qui est ici en jeu, mais que cela résulte du goût humain qui n'est jamais complètement gratuit et souvent lié à l'utilisation du chien.

Les colons anglais ont voulu « faire » un lévrier pour chasser les gazelles parce qu'ils habitaient en Afrique et qu'ils avaient vu les guépards : ils avaient donc à l'esprit la morphologie du guépard lorsqu'il court derrière une gazelle. D'où les chiens comme les lévriers, les sloughis, etc.

Les bichons ainsi que d'autres formes de chiens de compagnie sont des chiens de manchons : on assiste là à une tentative de rapetisser le chien. Ce nanisme est apprécié parce qu'il déclenche un tempérament plus lié à une image affective.

La race du chien détermine-t-elle son caractère ?

Ce rapport entre morphologie et caractère marche dans le sens de la création, mais aussi dans l'autre sens, quand les gens perçoivent ces différences morphologiques selon les races.

➤ Comment l'homme attribue au chien un caractère selon sa morphologie

Si l'on montre à quelqu'un des photos de chiens, les réactions sont toujours les mêmes : « Qu'il est mignon, on a envie de le prendre dans ses bras ! » pour les races à tête ronde qui, dans les descriptifs, sont toujours présumées aimer les enfants, les bébés, et les autres animaux. Pour les chiens aux oreilles dressées, c'est l'inverse : ils sont perçus comme menaçants, méchants et sont censés être des chiens qui protègent ou qui surveillent. Cela jusqu'au point que les races que l'on veut utiliser pour la garde sont transformées par voie chirurgicale : c'est le cas des chiens à oreilles coupées. Le doberman, le dogue allemand ou le berger de Beauce sont des chiens qui spontanément ont les oreilles qui tombent. Si vous allez visiter une exposition canine en Grande-Bretagne (puisqu'il y est depuis longtemps interdit de couper les oreilles des chiens), vous pourrez voir ces mêmes races avec leurs oreilles d'origine : les dobermans ont les oreilles basses et, du coup, n'inspirent pas du tout les mêmes craintes aux gens. Je me souviens, lorsqu'on me demandait de couper les oreilles à un doberman ou à un beauceron destiné à travailler dans une société de gardiennage et que, n'étant pas très amateur de ce genre de pratique, j'essayais d'expliquer pourquoi ce n'était pas bien, d'avoir entendu un propriétaire me répondre qu'il ne pouvait pas faire du gardiennage avec un chien aux oreilles tombantes.

Ce qu'il faut bien comprendre, c'est qu'il y a une parenté très étroite entre la morphologie d'un chien et ce qu'elle déclenche chez l'homme sur le plan affectif. On peut dire qu'une galerie de portraits de chiens est une succession de déclencheurs fantasmatiques. Quand on dit que le lévrier est distant, c'est tout à fait lié à sa morphologie et à son comportement social particulier, avec peu de contacts directs et des mouvements faciaux plus discrets.

➤ Les capacités physiques selon les races

Dans l'absolu, on pourrait très bien faire d'un caniche un excellent chien de garde. Ce qui fait la différence, ce sont ensuite les contraintes physiques propres à chaque race. Il est sûr qu'un caniche nain est beaucoup moins dissuasif qu'un doberman : on peut imaginer que le malfaiteur sur qui on lâche un caniche nain a plus de chance d'arriver à se sauver.

Il y a d'autres exemples comme celui d'une dame qui aimait beaucoup le sport canin – ce qu'on appelle le ring – et qui s'était amusée à dresser son cocker comme un chien d'attaque. Il était allé en finale du championnat de France. Bien sûr, dans le saut d'une palissade de deux mètres, le cocker serait disqualifié par rapport à un berger allemand ou un berger belge. D'autres races vont être plus efficaces parce qu'elles ont tendance à avoir une agressivité plus grande : c'est le cas du malinois sur lequel on a fabriqué un délai de réponse extrêmement bref, de telle sorte que l'animal est en permanence synchrone avec les ordres. Mais, dans les conditions très particulières du sport canin, le cocker était tout à fait performant.

On sait aussi que le dogue allemand, par exemple, compte moins de cellules olfactives que d'autres races. Il vaudra donc mieux éviter cette race si on désire un chien de pistage ou un chien truffier. À l'inverse, le teckel est le type même de l'animal polyvalent à la chasse : les gens ne l'imaginent pas, mais il a été créé pour chasser les grands animaux comme le cerf, le sanglier et même l'élan dans certaines régions du nord de l'Europe. Il peut aller sous terre chasser les renards ou les blaireaux, il peut servir dans la quête au sang, c'est-à-dire chercher un animal blessé. C'est aussi un excellent chien de truffe, et il peut être un chien de compagnie qui a le succès qu'on lui connaît.

Si vous cherchez à faire du pistage avec un lévrier, cela ne marchera pas, parce que c'est un chien qui a tendance à ne pas chasser « au nez » mais « à vue ». Il existe des chiens de chasse qui font ce qu'on appelle la « quête au vent » : ils balaient l'air avec leur nez et ont une morphologie spéciale qui n'est pas la même que celle des chiens limiers comme le saint-hubert qui se promène le nez collé au sol et se sert de toutes les odeurs enfouies dans le sol.

Mais pour ce qu'on appelle le « caractère », il est très étonnant de voir à quel point il y a une étroite corrélation entre la réputation de caractère d'un chien et sa morphologie. Aujourd'hui, les clubs de races parlent de sélection sur le caractère, ce qui pose un énorme problème parce que, malheureusement, pour une part, les mécanismes de sélection qui sont mis en œuvre peuvent sembler donner raison aux gens qui pensent que c'est génétiquement programmé : si vous éliminez de la reproduction toutes les chiennes anxieuses, il est vrai qu'il y aura de moins en moins de chiots anxieux parce qu'on sait très bien qu'une chienne anxieuse a des réactions plus brusques, que plus tard elle montrera des réactions de panique qui seront ensuite imitées (on l'a vu pages 17 à 23).

On en est arrivé chez le chien à un grand fantasme de la génétique, ce qui encore une fois est très étonnant, puisque que les mêmes gens mettent en avant la génétique, puis vous parlent pendant des heures de l'intelligence du chien en vous disant que celui-ci est capable de tout comprendre. Certains dresseurs croient dur comme fer au caractère des races et pensent en même temps que le chien comprend le langage humain – ce qui n'est pas le cas, comme on l'a déjà vu pages 147 à 152. Tout cela est totalement contradictoire.

Conseils pour l'acquisition d'un chiot

Où trouver un chien[1] ?

Pour faire l'acquisition d'un chien, plusieurs possibilités s'offrent à vous.

- *Les refuges*

On y trouve les chiens qui ont été abandonnés. Bien qu'il soit tout à fait louable d'avoir envie de faire une bonne action, il faut être conscient que, si vous allez dans un refuge, vous adoptez un chien qui a un passé et que ce passé a de grandes chances d'avoir été difficile, même si le chien n'a fait qu'un bref séjour en refuge. En outre, il n'est pas possible de savoir pourquoi le chien a été abandonné, sauf dans les cas d'animaux mordeurs d'enfants pour lesquels les associations de chiens de refuges exigent que les familles adoptantes n'aient pas d'enfant. Si donc vous adoptez en connaissance de cause, il faut d'une part que cela corresponde à un moment où vous avez beaucoup de temps pour vous occuper de l'insertion du chien dans la famille, et que d'autre part vous n'ayez pas d'enfant en bas âge (même si par la suite vous pensez avoir des enfants). Dans le cas où il s'agirait d'un chiot, le risque est moindre.

1. On emploie de façon neutre le mot « trouver » car l'idée qu'on « achète » un chien est discutable ou scandaleuse à certains.

■ *Les particuliers*

On considère souvent que c'est le meilleur endroit, mais ce n'est pas une règle absolue : un particulier dont la chienne a eu une portée par accident peut très bien reléguer les chiots et leur mère dans un coin à l'écart. Vous pouvez donc faire l'acquisition d'un chien souffrant de privation sensorielle (comme on le décrit pages 112 à 130) alors qu'il est né au sein d'une famille. C'est pourquoi, si vous voyez que les chiots ne sont pas en contact avec les personnes de la famille où il est né, mieux vaut vous abstenir.

■ *Les éleveurs*

Pour savoir si vous avez choisi le bon éleveur, lisez attentivement l'encadré suivant.

Mais ceux dont il faut surtout se méfier, ce sont les faux éleveurs, c'est-à-dire qu'il s'agit de collecteurs de chiens, qui ont généralement cinq ou six types de races qu'ils ont achetées à droite et à gauche, parfois dans des productions en batterie, et qu'ils revendent. Souvent, ils vont même avoir aussi des chiens adultes qu'ils font passer pour la mère.

■ *Les animaleries*

Aucun vétérinaire comportementaliste n'est très favorable aux animaleries. Pourquoi ? Parce que c'est un lieu de vente, avec les soucis de gestion de stock que cela implique : pour avoir le temps d'être vendus, les animaux arrivent très jeunes. Ils ne sont pas nés sur place, ont été séparés de leur mère alors qu'ils étaient en pleine période d'attachement, et déplacés. Ils restent dans une cage en vitrine pendant un certain temps, ce qui est très contestable, en termes de stress et de maladies infectieuses. Par ailleurs, on a du mal à évaluer le comportement de l'animal dans ce cadre-là.

Conclusion : les parents qui veulent acheter un chiot ne doivent pas aller se promener dans une animalerie avec leurs enfants, d'abord parce qu'il est parfois difficile de résister aux implorations de sa progéniture, ensuite parce que c'est un lieu où l'on n'a pas la possibilité de réfléchir à son achat. L'avantage de l'éleveur, c'est qu'il n'a pas toujours le chiot au moment où on le veut, ce qui permet un délai de réflexion.

Choisir le bon endroit

Choisir le bon chien, c'est choisir le bon endroit. Pour cela, vous devez être attentif à plusieurs points.

- *L'hygiène*

Ce n'est pas parce qu'on élève des chiens que cela doit sentir mauvais. Ce n'est pas une fatalité, un chien peut être parfaitement propre. Une fois que vous avez localisé l'endroit où vous trouverez votre chien, allez-y à l'improviste, parce que l'élevage peut être très propre sur rendez-vous et ne pas l'être le jour où l'on vient sans avoir prévenu.

- *De bonnes conditions pour le développement d'un chiot équilibré*

On peut aussi avoir une structure hygiéniquement irréprochable mais comportementalement catastrophique. Il faut se rappeler que le chiot a besoin d'être stimulé pour se développer : vous devez donc vous assurer que l'endroit est construit de telle sorte que le chiot soit en contact avec l'être humain.
Cela veut dire qu'il faut absolument éviter les endroits où les chiots sont à l'écart dans un sous-sol, un bâti-

ment complètement disjoint du reste de l'activité humaine, *a fortiori* dans ces grands chenils qui sont des usines de production où les chiens n'aperçoivent que des soigneurs qui viennent apporter la nourriture et passer le jet pour nettoyer. Cela ressemble à un élevage industriel de veaux ou de cochons, mais ne permet pas de produire des chiens adaptables.

Autre aspect : il faut absolument refuser qu'on vous présente le chiot isolé de son groupe, sans avoir vu le chenil. Si on ne peut pas vous faire voir l'élevage ou la mère avec le reste de sa portée, il ne faut pas acheter. Parce que c'est le meilleur moyen d'avoir un chiot qui n'a pas acquis les autocontrôles moteurs (comme la morsure inhibée), qui sera difficile à éduquer et risque de développer des troubles. Si les chiots sont systématiquement séparés des adultes, vous remontez dans votre voiture et vous repartez.

Choisir le bon chiot

■ *L'âge du chiot*

Si vous êtes jeune et que vous avez une bonne connaissance des chiens, soit parce que vous en avez déjà éduqué vous-même sans problèmes particuliers, soit parce que vos parents en ont eu quand vous étiez enfant, vous pouvez choisir un chiot entre 7 et 9 semaines : ainsi, vous aurez un animal extrêmement bien socialisé à l'espèce humaine. Mais encore une fois, il faut bien connaître les étapes du développement du chiot pour savoir comment l'encadrer et ne pas hésiter, au moment des vaccinations, à demander conseil à votre vétérinaire pour pouvoir bien suivre le développement de l'animal.

Si, en revanche, vous n'avez jamais eu de chien, il vaut mieux choisir un chiot entre 10 et 12 semaines, de façon que la mère ait eu le temps de bien mettre en place les autocontrôles. En effet, tout cela est vraiment très fragile et très délicat si on n'a pas l'habitude.

▪ *Établir un contact avec le chiot*

Ensuite, au moment de l'acquisition du chiot, il est absolument essentiel de pouvoir établir un contact avec le chiot dans un endroit où il y a un peu de place. Faire connaissance avec un chiot qu'on vous met entre les mains ne suffit pas. Il faut pouvoir prendre le temps : ne comptez pas forcément repartir avec le chiot ce jour-là. Deux écueils qu'il faut éviter :

– Ne choisissez pas le chiot prostré dans un coin, qui a l'air malheureux, comme c'est souvent le cas quand il est malade, soit organiquement, soit comportementalement.

– À l'opposé, celui qui se précipite sur vous à toute vitesse et qui commence à attraper vos vêtements, à les mordiller, a des chances d'avoir un syndrome d'hypersensibilité, d'hyperactivité (voir page 104) en cours de développement. Évitez donc ce genre de chiot.

Un chiot équilibré est un animal qui va réagir à vos signaux d'appel, au fait que vous allez vous accroupir, tapoter le bas de votre jambe, et l'appeler en faisant tout un tas de bruits doux : à ce moment-là, c'est lui qui vient établir le contact...

À la maison avec le chiot : avez-vous fait le bon choix ?

Il faut savoir que les troubles comportementaux apparaissent dans les quinze à vingt jours suivant l'acquisition du chiot. Il faut donc observer particulièrement si le chiot :

– reste prostré ou explore son environnement,

– est débordant d'activité.

Si l'une de ces hypothèses se confirme, soyez insistant auprès de votre vétérinaire pour qu'il prenne acte des difficultés comportementales. En effet, vous avez des recours :

– soit vous traitez, et, dans ce cas, il faut commencer le plus tôt possible,

– soit, si les troubles sont trop lourds, vous pouvez intenter une action au titre du vice caché ou une action à l'amiable, avec lettre recommandée.

Ajoutons qu'il vaut mieux ne pas réagir trop tard, car tout cela est beaucoup plus difficile quand il y a un lien d'attachement avec le chien. C'est pourquoi la meilleure solution est de faire, dans les deux semaines qui suivent l'acquisition de votre chien, une « visite d'achat » chez le vétérinaire, pour savoir si tout est satisfaisant au plan médical et comportemental.

Bibliographie

ALAMEDA A., 1998 *Les Sept Péchés familiaux*, Éd. Odile Jacob, Paris.

BROWN R.E., MACDONALD D.W., 1985 *Social Odours in Mammals*. Vol. 2, Clarendon Press, Oxford, p. 619-722.

CYRULNIK B., 1993 *Les Nourritures affectives*, Éd. Odile Jacob, Paris.

FILLIATRE J.-C., 1986 « Contribution à l'étude des systèmes de communication intra et interspécifiques chez un canidé *Canis familiaris* L. » Thèse de doctorat en sciences de la vie, Besançon, 208 pages.

FOX M.W., 1965 *Canin Behavior*, Charles C. Thomas Publisher, Springfield (Illinois).

GAUTHIER A., 1990 *La Domestication : et l'homme créa l'animal...*, Éditions Errance, Paris, p. 99-126.

LORENZ K., 1954 *Man Meets Dog*, Methuen Ed., Londres.

LORENZ K., 1971 « Évolution de la ritualisation dans les domaines de la biologie et de la culture » *in* HUXLEY J. : *Le Comportement rituel chez l'homme et l'animal*, Gallimard, Paris, p.45-95.

PAGEAT P., 1998 *Pathologie du comportement du chien*, 2e édition, Éd. Le Point Vétérinaire, Paris.

SCOTT J.P., FULLER J.L., 1965 *Dog Behavior : The Genetic Basis*, University of Chicago Press, Chicago.

SCOTT J.P., FULLER J.L., 1965 *Genetic and Social Behavior of the Dog*, University of Chicago Press, Chicago.

Table des matières

CHAPITRE 5 : Le chien âgé

Ouvrage proposé par Gérard Jorland
et publié sous la responsabilité éditoriale
de Catherine Meyer.

Crédits photographiques du cahier central
© Hans Silvester/Rapho : p. 1 (b), p. 2 (b),
p. 3, p. 4, p. 5 (b), p. 6, p. 8 (h)
Les autres clichés sont de l'auteur.

Cet ouvrage a été transcodé et mis en pages
chez Nord Compo (Villeneuve d'Ascq)

Impression réalisée par

BRODARD & TAUPIN

La Flèche (Sarthe), le 19-02-2010
N° d'impression : 56655
N° d'édition : 7381-2425-X
Dépôt légal : mars 2010

Imprimé en France